Romance Espírita

AL FINAL DE LA ÚLTIMA HORA

Psicografía de

André Luiz Ruiz

Por el Espíritu

Lucius

Traducción al Español:
J.Thomas Saldias, MSc.
Trujillo, Perú, Abril 2021

Título Original en Portugués:
"NO FINAL DA ÚLTIMA HORA"
© André Luiz Ruiz, 2011
Revisión:
Brenda Mayo Aroni

World Spiritist Institute

Houston, Texas, USA
E–mail: contact@worldspiritistinstitute.org

Del Médium

André Luiz de Andrade Ruiz

Se inició en el conocimiento espírita a través de los ejemplos recibidos de sus padres, Miguel D. D. Ruiz y Odete de Andrade Ruiz, igualmente admiradores de la doctrina codificada por Kardec.

Nacido en la ciudad de Bauru, Estado de São Paulo, Brasil el 11 de Agosto de 1962, desde la infancia estableció residencia en Birigui, en el mismo Estado, de donde se transfirió para Campinas en el año de 1977.

En 1979 pasó a frecuentar la *Sociedad Beneficente Bezerra de Menezes*, donde se encuentra hasta la actualidad, desarrollando, al lado de muchos companheros dedicados al ideal cristiano, la labor fraterna de atención a los hermanos en la caminata evolutiva.

Del Traductor

Jesus Thomas Saldias, MSc., nació en Trujillo, Perú.

Desde los años 80's conoció la doctrina espírita gracias a su estadía en Brazil donde tuvo oportunidad de interactuar a través de médiums con el Dr. Napoleón Rodriguez Laureano, quien se convirtió en su mentor y guía espiritual.

Posteriormente se mudó al Estado de Texas, en los Estados Unidos y se graduó en la carrera de Zootecnia en la Universidad de Texas A&M. Obtuvo también su Maestría en Ciencias de Fauna Silvestre siguiendo sus estudios de Doctorado en la misma universidad.

Terminada su carrera académica, estableció la empresa *Global Specialized Consultants LLC* a través de la cual promovió el Uso Sustentable de Recursos Naturales a través de Latino América y luego fue partícipe de la formación del **World Spiritist Institute**, registrado en el Estado de Texas como una ONG sin fines de lucro con la finalidad de promover la divulgación de la doctrina espírita.

Actualmente se encuentra trabajando desde Perú en la traducción de libros de varios médiums y espíritus del portugués al español, habiendo traducido más de 160 títulos, así como conduciendo el programa "La Hora de los Espíritus."

ÍNDICE

1. Sublimidades 7
2. Escuchando explicaciones 14
3. Comprendiendo la hora 24
4. ¿Sudor o llanto? 36
5. Ampliando los esfuerzos 50
6. De vuelta a los encarnados 61
7. Conceptos y prejuicios 69
8. Cosechando los frutos 77
9. Alertando a todos 88
10. Reacciones 96
11. Reajustando la industria 105
12. Solidaridad entre mundos y almas 116
13. Intentando salvar árboles enfermos 125
14. Los espíritas 135
15. Desacuerdo 147
16. Sabios y prudentes 153
17. Extrañas visiones 158
18. Entender, conversando 167
19. La noche avanza 182
20. ¡Ah! ¡si no fuera por la invigilancia de los hombres! 196
21. Amparo de emergencia 205
22. El esfuerzo de Aurélio 215
23. Escuchando a otras almas 226
24. La entrevista 238

25. Mucha gente y sin gente 250
26. Uno a la vez 257
27. Terquedad pseudodoctrinaria 266
28. Nuevas respuestas 278
29. Efectos de la locura 294
30. Decisiones infelices 302
31. Corazón del mundo 315
32. Orientación a los trabajadores encarnados 325
33. Comentarios sorprendentes 332
34. Explicando 341
35. El Bien y el mal 352
36. Traje nupcial 361
37. Abriendo ojos y oídos 372
38. ¡Por fin, una cosecha que ya estaba produciendo! 381
39. Lo que condena y lo que absuelve 393
40. Preparando la gran vibración 406
41. Corazón de María 414
42. Al final de la última hora 423

1.
Sublimidades

El ambiente era sereno y majestuoso.

Amplio salón de incomparable belleza, inaccesible a los más talentosos esfuerzos de descripción literaria, inspiraba en el alma de todo aquel que entraba en él la reverencia inmediata por la Inteligencia Suprema.

Nunca podría concebirse como obra del pensamiento humano. Grandeza sin opulencia, riqueza sin lujo, nobleza sin fastuosidad, superioridad sin arrogancia.

Ciertamente, fue sorprendente para la visión, incluso la acostumbrada a los lugares espirituales, lejos del denso núcleo del planeta, cuando se respira la elevación del alma sin los restos de la animalidad primitiva.

Había un gran grupo de trabajadores especialmente traídos para acompañar aclaraciones y comprender los sabios mecanismos de las leyes espirituales que gobiernan todo y a todos.

El ambiente estaba construido en un semicírculo que recordaba a los antiguos teatros griegos al aire libre, coronado por una bóveda translúcida, tallada en un material precioso que se asemejaba al diamante tallado por el artista más talentoso, permitiendo que la luz de las estrellas, pasando por sus bordes, revelara el delicado contorno de sus ángulos al ritmo de una profusión policromada en el espacio interior.

En el centro del escenario flotaba sereno e impasible, un majestuoso globo terráqueo, esculpido de una manera tan perfecta y real que, a la vista menos atenta, parecería que la propia Tierra había sido secuestrada de su órbita y miniaturizada para poder estar allí, reflejando todos los detalles de las fuerzas que actúan sobre su estructura.

Equipos espirituales complejos e invisibles produjeron este efecto de solidez y realidad para servir de base a la explicación que, en unos momentos más, daría un alto representante del gobierno espiritual responsable de los destinos de la humanidad terrestre.

Además de las autoridades espirituales en número significativo, asistieron al evento un sinnúmero de asistentes, conformado por la distinguida audiencia de representantes espirituales de todos los pueblos del planeta, además de una gran caravana de entidades encarnadas retiradas del envoltorio carnal durante el desdoblamiento producido por el sueño físico o por los procesos mediúmnicos conocidos y experimentados por sensitivos de los diversos caminos espirituales existentes en el mundo.

Los encarnados venían apoyados por amigos invisibles que se encargaban del equilibrio energético y el control de las emociones de sus alumnos, para que permanecieran allí atentos y conscientes de las lecciones que se les impartiría.

Para muchos de ellos, fue difícil contener su asombro por todo lo que tenían frente a ellos. La insuperable noción de pequeñez llevó a muchos a llorar de emoción, aunque solo se admitieron allí a aquellos que estaban espiritualmente equilibrados para sostener ese cónclave de luz y elevación.

La cercanía a la grandeza superior hizo crecer desde el centro de su ser las pústulas de un pasado de errores, las heridas morales contra las que lucharon todos, obligando a sus tutores invisibles a un esfuerzo más intenso para calmar la emoción de los encarnados admitidos en aquel encuentro.

Jerônimo, Adelino y Bezerra se encontraban entre los espíritus que conformaban la delegación representativa de la nación brasileña, que también incluía representantes espirituales de todas las creencias que ayudaban al Creador a conducir el rebaño bajo el bastón del compasivo pastor, el augusto maestro Jesús...

Además de ellos, no faltaron representantes encarnados y desencarnados de todas las áreas del saber, comprometidos con la evolución humana por los senderos luminosos del verdadero progreso, aquel que no contamina la conciencia ni se deja influir por la voluptuosidad de los intereses materiales, cuando la inteligencia y el talento son puestos al servicio de la iniquidad, en detrimento de muchos.

Y, como ya se ha dicho, allí estaban todos los pueblos del planeta, representados por espíritus de alcance moral, entrenados para resistir este sublime contacto.

Encantado e inquieto ante tal sublimidad, Adelino se acercó a Bezerra en el susurro del confesionario, preguntando:

– Papá, ¿acaso estaremos en la vibrante morada del Cristo de Dios?

Tan generoso y paternal como siempre, Bezerra aclara:

– No hijo mío. Estamos en una esfera de alta vibración que rodea la Tierra a niveles más altos, pero ciertamente no es el entorno donde se encuentran las oficinas del augusto gobernante de todos nosotros.

– Pero aquí todo es muy diferente y maravilloso, doctor. Las vibraciones son tan especiales que tengo que contenerme para no caer de rodillas llorando como un niño.

– Sí, Adelino, yo también siento lo mismo. Siempre que nos enfrentamos a la generosidad del Creador de todas las cosas, nos sentimos en deuda, incluso cuando no se nos exige nada. Un sentimiento de gratitud y vergüenza por la nada que hemos sido marca nuestra conciencia para siempre y le da a nuestra imaginación poco sentido de lo que significa el crecimiento del Espíritu en los caminos de la evolución.

Al escuchar el diálogo, Jerônimo agregó, preguntando:

– ¿Sería eso, papá, lo que Jesús quiso decir cuando nos aconsejó hacer "la voluntad del Padre"?

– Eso creo, Jerônimo. Cuando nos sentimos en presencia de tan sublime bondad, todo pierde sentido. Las luchas de la ambición humana, nuestro deseo de mejora personal, nuestros intereses, se ven amenazados por la comprensión de la duración de nuestro retraso o por el reconocimiento de la inmensa animalidad que aun domina nuestros pensamientos y sentimientos. Entonces, sintiéndonos en el centro de ser el pulso generoso de la vida y avergonzados del auto–juicio silencioso que nos recuerda nuestra irresponsabilidad, indiferencia, ligereza o inmadurez, surge en nosotros la determinación de responder seriamente con la sublime voluntad que nos sostiene cada día.

Vivimos en su respiración, abastecidos no solo de alimentos que matan el hambre del cuerpo, sino provistos de los elementos de fuerza que condicionan la evolución del alma, su crecimiento en constante transformación hacia el infinito.

Al sentir la voluntad del Padre, el hijo comprende los motivos y esfuerzos del Genitor, se olvida de sí mismo, afligido por su propia pequeñez, y comienza a esforzarse con todas sus fuerzas por convertirse en un humilde colaborador en la obra de la creación.

Ciertamente no estoy en condiciones de interpretar las palabras de Jesús para explicárselas a nadie. Sin embargo, creo que, cuando entendemos la voluntad del Padre, empezamos a despreciar todo lo que significa hacer nuestra voluntad, como el niño que abandona los juguetes ofreciendo sus manos serviciales para ayudar a su padre o a su madre que luchan solos contra inmensos obstáculos.

El entorno; sin embargo, no permitió más recorridos.

Las fuerzas espirituales cargadas de música celeste dominaron e igualaron todas las vibraciones, en una lluvia de energías que penetró a todos los presentes, denunciando que el inicio del discurso no se demoraría.

El respetuoso silencio solo fue interrumpido por discretos suspiros y contenidas lágrimas, en el éxtasis ante aquel espectáculo sin pompa.

En el semicírculo inferior, no lejos de todos, rodeando a distancia el globo terráqueo, se encontraban cinco entidades cuya luminosidad no dejaba lugar a dudas sobre su excelencia.

En cierto momento, sin ninguna afectación ni artificialidad, uno de ellos se levantó y, comunicando que daría comienzo el encuentro, pidió a todos los presentes que concentraran sus altas vibraciones en ese globo, con el que todos estaban conectados por lazos de gratitud. como si estuvieran ante el vientre bendito de todas las madres que ya habían prestado cuerpo y amor para materializar cuerpos en la Tierra.

La metáfora no podría ser más feliz.

Inmediatamente, conmovidos por los recuerdos maternos incrustados en cada corazón, comenzaron a emerger luces desde lo más profundo de todo el público.

Parecía que un control misterioso había conectado la fuerza de millones de luciérnagas que, simultáneamente, comenzaron a brillar.

El amor de madre, almacenado en las vivencias de cada ser, fue el combustible indispensable para la armonización y potenciación de las energías allí concentradas. A partir de ese momento, todas estas fuerzas que miraban a la Tierra con la misma gratitud con la que recordaban a sus madres vibraron en una sola melodía, comprendiendo el papel generoso de ese diminuto orbe, flotando en el centro del escenario, recibiendo de todos emisiones de gratitud en la luz que cada uno emitía, en respuesta a la convocatoria de la noble entidad que allí había iniciado el encuentro.

Repleta de la superioridad de las fuerzas, la armonía sonora proporcionaba el vínculo especial que unía a todos bajo la misma augusta esperanza, en melodías que no se pueden traducir al oído humano.

Los rayos de luz provenían del corazón de todos, migraban directamente a esa patria, como pequeños cometas que atraviesan la atmósfera y penetran el campo de fuerza de ese mundo que los incorpora a su carga específica. Luego, con el pasar de unos instantes, la propia Tierra comenzó a emitir su propia luz, intensificada por la concentración de las cinco entidades que dominaban el escenario.

Al observarlo, la opacidad azulada con la que se conoce el orbe se fue perdiendo lentamente, asemejándose a un diamante transparente, dando la impresión que un sol se había encendido en su núcleo, sin oscurecer los ojos de quienes lo veían. Al mismo tiempo, convirtiéndose en un verdadero dínamo alimentada por energías colectivas, una misteriosa luminosidad venía de arriba, como de otras dimensiones más sublimadas, en una unión de fuerzas cósmicas en respuesta a la llamada del amor filial.

Parecía que, desde el cosmos estrellado, un indefinible rayo de luz se proyectaba sobre la bóveda diamantina de ese entorno, que se abría a su reluciente paso, como si un astro en forma de cometa descendiera de la noche en respuesta a la oración de los allí reunidos.

La luz adquirió una cualidad diferente en cuanto se fusionaron los dos planos vibrantes, envolviendo el globo en una sustancia traslúcida y brillante que lo eclipsó de la vista de los presentes, asemejándose a una explosión cósmica que deslumbró a quienes la miraban directamente.

No tardó más que un instante y la luminosidad volvió al patrón anterior, emergiendo de ese poderoso condensador de energías, alma generosa, ese espíritu al que se le asignaría la tarea de iluminar a todos en el inolvidable evento.

Su figura inspiró una devoción espontánea. Su personalidad parecía estar compuesta de sencillez y grandeza, haciendo que todos los presentes se sintieran modificados por el simple contacto de su magnetismo.

La misma entidad que había iniciado el encuentro se dirigió a él y le ofreció un saludo fraterno:

– El corazón de todos se alegra por tu presencia entre nosotros, Venerable Antênio.

– La satisfacción de este encuentro, Aurélio, alimenta nuestro ánimo para los milenios venideros, llenos de la gloria de Dios en la construcción de nuestros destinos.

Y conociendo las tareas a realizar en esa asamblea, el angélico instructor se dirigió a todos, saludando al público con palabras de aliento, optimismo y ánimo.

Todos se unieron a ese augusto ser, como si fuera el mismo Cristo y el representante del Creador en persona, identificados por la voluntad común de escuchar las enseñanzas que orientarían sobre las sublimes determinaciones sobre el futuro de la Madre Tierra.

2.
Escuchando explicaciones

Revestido con las características de sencillez y grandeza inherentes a las almas elevadas, Antênio se dirigió a la asamblea extática, que le dedicó la más reverente atención.

– Amados hermanos en Jesús, que las sublimes bendiciones de esta hora marquen nuestros corazones para siempre. Comprometidos con la realización de los ideales evolutivos sublimes, nuestra presencia alrededor de la cuna terrenal guarda el simbolismo propio de quienes velan por el desarrollo del embrión en el vientre materno de la vida.

Como sabéis, no hay aislamiento en el universo y, de la misma forma que cada uno es solidario del hermano que tiene a su lado en el camino evolutivo, de la misma forma que los países ayudan a los otros en tiempos de crisis o catástrofes, que los pueblos más civilizados extienden sus manos amigas para ayudar al desarrollo de las naciones primitivas, los planetas cooperan entre sí para el crecimiento y maduración de sus humanidades, en un vínculo que trasciende la imaginación humana, acostumbrada a aferrarse a viejas tradiciones superiores egoístas y pueriles.

A casi 82 mil millones de kilómetros de la Tierra, como miembros de la humanidad que habita el sistema de Sirio, nuestros ojos están sin embargo vueltos al orbe azul, todos reunidos bajo la dirección compasiva del mismo crucificado, cuyos esfuerzos como embajador de la esperanza son en el sentido de acelerar el intercambio, a través del cual quienes ya han alcanzado condiciones evolutivas más iluminadas se solidarizan con quienes están rezagados en el crecimiento.

El amor del amigo divino va mucho más allá de lo que suponen sus seguidores más lúcidos. Las luces de su alma sublime abrazan esta región del cosmos como la atmósfera azul abarca a la humanidad. Por eso, desde nuestro brillante orbe, que se puede ver desde cualquier región de este planeta todas las noches, se han iniciado esfuerzos para apoyar y alentar a los hermanos que han vivido aquí durante muchos milenios.

En las tradiciones verbales de los pueblos que habitan determinadas regiones del actual continente africano se encuentran las huellas de esta solidaridad entre nuestras humanidades, reflejada en la conciencia de los actuales Dogon, habitantes de la nación de Mali, reproduciendo en las leyendas los recuerdos de este intercambio, tanto como los antiguos escritos egipcios atestiguan nuestra participación en los destinos evolutivos de la humanidad y nuestras conexiones fraternales.

Como se puede ver, estamos hermanados por la augusta dirección espiritual, y de larga data, miembros de la misma humanidad en luchas de crecimiento.

Observando el entorno terrestre en nuestros ojos, podremos analizarlo directamente.

Antônio luego se dirigió a ese cuerpo celeste que flotaba en el centro del escenario, con la apariencia que lo tocaría con sus propias manos para transformarlo en un tablero de estudio.

De hecho, parecía que ese cuerpo se transformó por el contacto con el mensajero, debido a los efectos desconocidos de la tecnología terrenal que solo se encuentran en las representaciones cinematográficas de películas de ficción.

Tocando un rincón remoto del Océano Atlántico, Antênio hizo que las imágenes de la rica civilización ancestral se ampliaran para que todos las vieran.

Luego vinieron los contornos de una vasta ciudad que lidera una parte considerable del continente insular.

Dirigiéndose a los presentes, continuó explicando:

– Miren la legendaria Atlántida. Desde el comienzo de su organización, hemos estado trabajando para la expansión de los principios espirituales en la comprensión de la humanidad terrenal. Bajo la guía directa del Cristo de Dios, se fueron construyendo experiencias evolutivas, buscando inculcar en el núcleo de las almas encarnadas, en ese entorno, la necesidad de búsquedas trascendentes. Naturalmente, los ingenieros siderales no se conformaron con la formación de un estado religioso. Aprovechando la rusticidad del terreno y las necesidades orgánicas, los esfuerzos invisibles demandaron construir las vías de crecimiento de ese núcleo en dos aspectos básicos: inteligencia y emoción.

Observarán, de un vistazo rápido, la sucesión de miles de años de una civilización sencilla y generosa que, paulatinamente, fue creciendo en poder intelectual, perdiendo la sensibilidad de preferir dedicarse al cultivo de los defectos propios del primitivismo ancestral.

Obedeciendo los ciclos naturales de la evolución planetaria, observarán la destrucción cataclísmica periódica que redujo la gran y mundana civilización atlante a casi nada.

A través de este mecanismo, tales adquisiciones beneficiaron a otros pueblos, ya que los Atlantes reconstruyeron su propia civilización en tres ocasiones y, obedeciendo los ciclos evolutivos del mundo, terminaron victimizados por catástrofes periódicas que terminaron por enterrar sus glorias materiales bajo pesada cortina de agua salada, en las profundidades del mismo océano que, en la denominación, guarda el homenaje a esta gloriosa etapa evolutiva.

Entenderemos que la aparente destrucción funciona como un mecanismo de fertilización utilizado por las inteligencias organizadoras para difundir los beneficios ya logrados por algunos, a todos los miembros de la civilización ubicadas en otros lugares. Concentrados en un punto específico, en este caso el continente Atlante, desarrollaron conocimientos y técnicas que los acompañaran a todos los lugares donde se dispersaron debido a los cataclismos transformadores.

El desarrollo psíquico de una parte de sus habitantes les proporcionó un sentido más claro de las realidades trascendentes, mientras que la otra parte de la población, acostumbrada a la practicidad de la vida, se habían dejado guiar por las luchas de conquista material, alimentándose de satisfacciones inferiores, conduciendo a divisiones culturales y antagonismos irreconciliables.

Ciertamente, cuando fueron presionados por las diferencias, incluso antes del colapso de su civilización, parte de los Atlantes emigraron a otros territorios, llevándose consigo las adquisiciones morales y espirituales, enraizándolas en las perspectivas de otros pueblos primitivos que ya existían en ese momento, en continentes circundantes.

Asimismo, los intelectuales inmediatos que sobrevivieron a los mismos hechos violentos que sacudieron y hundieron sus viviendas físicas se dispersaron por las regiones aledañas, continuando su afán por construir y disfrutar.

Sin embargo, ambas tendencias se han degenerado a lo largo de los milenios. Los Atlantes que se ocupaban de las relaciones espirituales, salvo contadas excepciones, se entregaron a cultos religiosos externos como una forma de imponerse a los salvajes, dominándolos a través de rituales y conductas místicas, ya que estos pueblos primitivos aun estaban muy atrasados intelectualmente para comprender conceptos que los Atlantes ya dominaban.

A su vez, aquellos Atlantes que cultivaban exclusivamente la inteligencia y que, por tanto, conocían las técnicas de producción de diversos artefactos, se imponían a los otros hermanos menos avanzados, a quienes pasaban a comandar, iniciando así los procesos de esclavitud de los menos inteligentes por los más capaces. Vistos como poderosos gracias a la capacidad tecnológica, fueron vistos como seres superiores nacidos entre ellos para ser venerados y temidos.

Sin embargo, en ambas direcciones, se sembraron las nociones de búsqueda espiritual y capacidad tecnológica, dependiendo solo del tiempo de transformación de tales semillas, en plantas que, una vez convenientemente podadas por inteligencias sublimes, crecerían y darían frutos para el mejoramiento del carácter general de los seres vivos en esta escuela espiritual.

Ante las miradas atentas de los presentes, las palabras de Antênio fueron ilustradas por las escenas que brotaban de esa región perdida en el océano y se ensanchaban, como si ese trozo de tierra se sacudiera de la superficie hacia el conjunto.

Después de una breve pausa, el noble representante de Jesús continuó hablando.

– Después de tantos milenios de paciente elaboración, en los que innumerables emisarios se materializaron en el accidentado suelo del orbe primitivo, entre los que destaca el propio gobernante sublime, observamos el crecimiento espiritual de la semilla primitiva, así como el avance de las conquistas del intelecto. Sin embargo, bautizada por el ejemplo vivo del augusto mesías, la civilización de hoy tiene las condiciones para obtener el título de bachiller, definitivamente, poniendo fin al ciclo de tragedias renovadoras. Las cicatrices en el cuerpo colectivo producidas por siglos y siglos de guerras despóticas atestiguan que el cuerpo está listo para la prueba final que definirá los pasos de un futuro prometedor para cuantos elijan de manera adecuada. Para ese momento venidero, Jesús mismo no descansó durante milenios, abriendo las puertas de esta morada del amor a los espíritus de otros orbes, recibidos como miembros de la familia divina traídos aquí, tanto para ayudar a los seres primitivos como para madurar en la práctica de nobles conceptos espirituales que aun no han podido experimentar en otros lugares.

Estos eran los espíritus extranjeros, provenientes de otros mundos en evolución, que se convertirían en ayudantes aquí, fertilizando las almas de los antiguos residentes con nuevos conocimientos.

Ahora se acerca el nuevo ciclo de profundas transformaciones, mediante el cual se realizará un supuesto censo de aquellos marcados por la evolución compatible con la nueva humanidad y de aquellos cuyos defectos ancestrales aun dominan su voluntad.

Nótese, entonces, que esta no es una valoración apresurada, un procedimiento basado en la improvisación y la intolerancia. Cuando miramos los miles de años que abarca la marcha ascendente de la humanidad a través de los miles de ciclos ya experimentados, reverenciamos la augusta paciencia que, mezclada con compasión y devoción, no se apresura, pero tampoco se retrasa ni retrocede.

Los hombres de hoy piensan que podrán continuar la antigua ronda del culto religioso sin entender y pensar sin responsabilidad moral, la misma danza que marcó la vida de los ancestros atlantes y que ha caracterizado el ciclo actual de la civilización humana, que no dejan de ser, aun así, los viejos Atlantes en nuevos cuerpos.

Y si las fuerzas telúricas se mantienen activas en obediencia a los largos procesos de renovación, estamos ante el último período en el que el dolor tiene la función de bisturí que extirpa, selecciona tejidos, o del jardinero disciplinante que quita la maleza y elige nuevas semillas... Para abrir el camino de evolución superior, iniciando el camino hacia los que hoy componen la humanidad de Sirio, será necesario tirar los lastres inútiles con los que no es posible realizar ninguna ascensión.

Nuestros esfuerzos se renuevan con más intensidad en este período porque el amigo divino, administrador de Dios en la ejecución de su voluntad, está buscando a la oveja perdida para salvarla antes que la tormenta caiga sobre todos.

Se multiplican los llamados, se acelera la propagación de las luces para que las conciencias se difundan en la dirección de la verdad y todos los que somos solidarios con la esperanza y la paz, estemos comprometidos en ampliar los esfuerzos encaminados a la salvación de quienes queremos salvar.

Sin embargo, en vano, el hombre se arrodilla ante las estatuas, pidiendo una protección que él mismo nunca dio a sus semejantes, pidiendo una misericordia que nunca concedió en un simple gesto de perdón o compasión. Los Atlantes indiferentes, burlones y violentos, siempre apelarán a un Dios que nunca sintieron ni quisieron seguir, imaginando que las viejas fórmulas exteriores podrán ayudarlos en la hora extrema. Y los pseudoreligiosos, los antiguos Atlantes que han olvidado su fe pura y auténtica, se encontrarán desenmascarados ante su poder ilusorio, incapaces de acceder a los arcanos celestiales que permanecerán cerrados a sus mezquinas y artificiales fórmulas.

En la última hora; sin embargo, los sinceros encontrarán apoyo, los servidores del bien serán sostenidos, los que aceptan el sacrificio de sus propios intereses mundanos encontrarán consuelo.

Por eso el Señor reservó para estos tiempos el envío del Consolador Prometido, una llamada de atención para la conciencia endeudada, para explicar a los hombres las sencillas reglas de la salvación y para garantizar a quienes deseen seguirlas la posibilidad de hacerse un lugar en el arca de la esperanza en la que La Tierra hoy está transformada.

Cuando las puertas de este barco se cierren, los que no se hayan transformado adecuadamente serán arrastrados por el torbellino y, finalmente, se iniciará un nuevo período de crecimiento para todos los que han perseverado hasta el final.

Desde varios orbes esparcidos por la cúpula de la Tierra, espíritus amigos envían vibraciones y recursos para sostener a la humanidad en la prueba.

Presente entre los terrestres, en Espíritu, o vistiendo cuerpos carnales para unirse a ellos en el testimonio del ejemplo valiente y mostrar el camino de la superación, hay un gran contingente de soldados del amor, hijos de la misma Tierra. Son los voluntarios de la solidaridad y el desinterés, servidores anónimos del bien en todos los ámbitos de la vida social, que soportan el peso de los desajustes colectivos y los excesos y abusos de los viejos rebeldes Atlantes y que se niegan a cambiar, tratando de hacer aun más difícil la renovación de todos aquellos que logran mantenerse bajo la perniciosa influencia de los malos ejemplos.

Junto a ellos, la comunidad de los hermanos de otros orbes cuya visita constante desde el lejano pasado se ha perdido en las tradiciones ancestrales y está representada en las figuras, dibujos y lienzos que adornan los carros de fuego que venían del cielo.

Además de estos, otros espíritus que ya han emigrado a mundos mejores y que han aceptado volver a la retaguardia, ya sea retomando la vieja vestimenta física o uniéndose a los colectivos espirituales de las diferentes colonias del mundo invisible, sustentando las luchas de los encarnados en momentos cruciales.

Aquí, nobles amigos, está la ardua y gloriosa tarea de todos. Vengo, como emisario de la otra casa del Padre, para invitarlos a la lucha incesante, pero también para decirles que estamos reunidos en esta batalla desde los lejanos comienzos de la civilización. Las almas misioneras de Sirio y las delegaciones de otros mundos brillantes están presentes entre ustedes, compartiendo los dolores del mundo y llenándolos de las esperanzas del cielo.

Nunca olvides que la indiferencia no existe en este paraíso soñado.

Nuestras almas están definitivamente unidas en el ánima divina y, si los antiguos y conocidos cataclismos vuelven a este momento de la vida humana, es ahora para definirle el nuevo rumbo.

No estaremos esperando por ustedes en nuestra casa mejorada, a miles de millones de kilómetros de distancia.

Asegúrense que todos los que puedan asistir a esta hora decisiva, aquí abordaremos las luchas de la renovación, como hermanos que reconstruyen las casas derribadas por la tormenta, agradeciendo la tormenta que nos permitirá reconstruir la vida bajo nuevas pautas.

La emoción de sus palabras resonó en nuestras almas.

Al mencionar la solidaridad de la comunidad de Sirio, una estrella brillante había descendido por la corriente luminosa que rodeaba la imagen de la tierra flotante en el centro del escenario, como si el propio orbe lejano respondiera a la llamada, abrazando, lenta y gentilmente, el cuerpo del planeta azul en un abrazo de fraternidad y esperanza.

Alzando la mano derecha que brillaba como un sol diminuto en un saludo fraterno, Antênio caminó lentamente hacia la Tierra, entrando en ese centro planetario luminoso que estaba ofuscado por el contacto de la estrella que lo había envuelto, y, como si fuera una nave espacial esperándolo, se proyectaba a través del mismo rayo brillante que servía de camino cósmico para el regreso del emisario al planeta de origen, en el sistema estelar hermano que estaba con los brazos abiertos para todos aquellos humanos del mundo que, pronto, serían sometidos profundamente a la prueba final.

3.
Comprendiendo la hora

La intensa emoción de ese contacto se mantuvo en la intimidad de cada alma presente, que no se atrevió a romper la inmaculada vibración, flotando en el más augusto silencio, enmarcado por el sonido de un conjunto invisible de voces entonando una melodía celestial.

Después de unos momentos, el mismo anciano que había presentado a Antênio se dirige a la audiencia para las recomendaciones finales.

Se trataba de Aurélio, el antiguo líder del Evangelio de Cristo, figura destacada del cristianismo ancestral.

Sin ceremonia alguna, se pronunció:

– Queridos hermanos de lucha, ha llegado el momento de la transformación decisiva.

Como herederos de nosotros mismos, no podemos escapar del desafío final sin perjuicio de nuestro mañana. Por mucho que nuestros hermanos que se visten con el polvo del mundo carnal, también estaremos entre los que deben superar el negro abismo de nuestro pasado, donde nuestra debilidad ha dejado marcas como manchas que ensucian nuestra ropa. Este es el momento de lavar nuestras verdaderas prendas, ya que solo los miembros encarnados de la Madre Tierra no serán seleccionados. Todos estaremos sujetos a juicio. Allí, las multitudes visibles e invisibles se agitan en conmociones morales, tentaciones de todos los órdenes, luchas de poder, que hacen que existir sea casi cruel. Las injusticias sugieren revuelta. Corrupción que inspira deshonestidad social. Las discrepancias materiales alejan a los hermanos unos de otros en castas privilegiadas y montones de gente hambrienta. Los espíritus cristalizan en el odio y la satisfacción animal junto a los encarnados que se asocian con ellos, convirtiéndose en armas de agresión que buscan el goce ilimitado.

Entre todos, dos caminos esperan a los hermanos de la humanidad: el de la luz y el de las tinieblas.

Ciertamente, no faltarán quienes incentiven la búsqueda de lo más fácil, invitando a la inferioridad a actuar de manera vil, ridiculizando los valores nobles para cuya experiencia es necesario ejercer con firmeza una voluntad decidida.

Debilitados por mecanismos hedonistas, en los que el placer es valorado por encima de todo, se insta a los indiferentes a comportarse como los vencedores del goce, sin imaginar nunca que este camino es un camino ancho de vicios hacia el humedal de la perdición.

Como no hay lucidez en la mayoría para establecer el freno moral y decidir por la retirada oportuna, las tragedias se abordan paso a paso, día a día.

Frente a la trampa del consumo y con el materialismo como principal objetivo, el ser humano tiene poco espacio para comprender las verdades eternas que piden templanza, fuerza de voluntad, capacidad de lucha sin revueltas. Hábilmente manipulado por la dirección inferior de algunos que se creen dueños de la Tierra, gran parte de la humanidad se dejó contaminar por la enfermedad de la voluntad, gracias a la cual sus miembros renuncian al ejercicio de la voluntad mediante la acción, limitándose a los mecanismos viciosos de la reacción.

A pesar de ello, creen estar ejerciendo al máximo el poder de elegir, confirmando el letal envenenamiento de la conciencia que ha perdido la capacidad de autoanálisis. Todos quieren lo que todos parecen querer y todos parecen querer lo que algunos les muestran como placentero, como esencial, diciéndoles la dirección en la que deben dirigir la voluntad.

Sin embargo, no se trata de un ejercicio pleno y libre, basado en una comprensión consciente de los verdaderos escollos en los que se han involucrado.

Por tanto, hipnotizados por sus propias debilidades, no les queda más que el camino oscuro, a menos que escuchen el único clamor capaz de despertarlos.

Esta vocación de las religiones de la Tierra, cuya función más profunda es restablecer el contacto con el origen divino de cada criatura reconectándola con el Creador, está bajo el fuerte ataque de las hordas que pretenden ser dueños indefinidos de la casa terrena.

Única arma lo suficientemente poderosa para ajustar a los inadaptados, iluminar a los ignorantes, traer de vuelta a los perdidos, levantar a los caídos, la verdad espiritual que representan las creencias para los hombres es el gran adversario de las hordas malignas y, por tanto, considerarla el principal enemigo, el verdadero adversario, el único capaz de amenazar su triunfo. Durante mucho tiempo, por tanto, la verdad espiritual ha sido atacada por todos lados por los agentes de las tinieblas que, cuando no logran desacreditar su contenido filosófico moralizante, invierten en contra de sus representantes, para desanimarlos, intimidarlos. o para neutralizar sus acciones, hiriéndolas o matándolas.

Lamentablemente, a pesar de tener nociones claras sobre las leyes espirituales, muchos representantes de los diferentes caminos religiosos del mundo se han acumulado en la loca búsqueda de los placeres, a través de las emociones inadaptadas, el carácter tibio, la debilidad sin disciplina, perdiéndose en el núcleo confuso de los compromisos inferiores.

Por su parte, los representantes religiosos, muchos de ellos llevando consigo las manchas de la voluntad adicta, aceptaron compartir una doble vida, provocando el desprestigio o desprecio de la creencia que pretenden representar.

Avanzando por el camino sagrado – que requiere renuncia – y, al mismo tiempo, por el camino mundano – que ofrece un disfrute incesante y fácil – muchos líderes religiosos han caído en la trampa tendida por intereses inferiores, convirtiéndose en malos ejemplos para los hermanos de la humanidad.

Indicando al rebaño un camino que ellos mismos evitan, yendo en sentido contrario al recomendado, se hicieron los indignos modelos de una religiosidad mentirosa y de apariencia que casi nadie más salva.

Esta disparidad, esta brecha, neutraliza el último freno moral que evitaría que nuestros hermanos se proyectaran en el abismo del error.

De esta manera el camino está abierto a nuestra influencia. Es reviviendo la verdad de la fe que tendremos, quizás, el último recurso, el único lo suficientemente poderoso para actuar en este momento, llevando a las criaturas al despertar apropiado, antes de la gran tormenta que ya se vislumbra en el horizonte.

Mi historia de caídas morales no les es desconocida, a quien el Señor al que amamos honró con el apoyo indispensable para que regresara del pantano del error. Hablo, por tanto, como el humilde jornalero que conocía tanto la entrada como la salida de las marismas. De esta manera, hijos del corazón, no nos faltará el servicio en un entorno como el que tenemos que afrontar.

Sin embargo, les recuerdo a todos que el juicio presentado es de toda la comunidad humana, incluyéndonos a nosotros en su acusación.

Invitados al desánimo, no acepten la debilidad interior como consejera. Laven las manchas del descontento en el río del servicio más intenso.

Si son aconsejados a rendirse ante la indiferencia de los hombres, cambien de campo de cosecha, elijan otras almas más receptivas y reinicien el trabajo.

La nueva Tierra no la construirán los irritables, los desanimados, los insatisfechos o los frágiles. Si los hombres del mundo sufren a causa de diversas tentaciones, nosotros, sus fieles amigos, sufriremos a causa de los hombres. Sin embargo, es necesario resistir sin desánimo ni abatimiento. Por cada hermano rescatado del camino de las tinieblas, quedarán millones que todavía esperan nuestro concurso de luz. Ni siquiera habrá tiempo para fijarnos en pequeñas victorias o logros.

La retaguardia resguardará los tesoros de nuestros esfuerzos, pero la primera línea es la que espera manos activas, un sentimiento de bondad y el coraje para perseverar hasta el final.

No esperemos un éxito fácil o un campo sin obstáculos. Será fuera de los templos donde encontraremos el lugar para nuestros sermones más fructíferos. Atrás quedaron los días de la predicación arrolladora que impregnó el corazón de los oyentes con ideales sacrosantos.

Hoy el mensaje del bien compite con la televisión, con el universo de las imágenes virtuales, fáciles y atractivas, que alimentan el fuego de las emociones desestabilizadoras, por parte de inteligencias que saben manipular la debilidad del carácter.

Trabajaremos con dos humanidades en un mismo patrón de inferioridad: la de los encarnados y la de los que pertenecen al mundo espiritual.

Por eso, debemos utilizar una estrategia diferente para cada caso ya que, en cada circunstancia, la relación entre los dos mundos tendrá un peso diferente en el cuadro que tenemos ante nuestros ojos.

En esta lucha contaremos con el apoyo de innumerables casas de oración esparcidas por la Tierra, así como de pequeños núcleos asentados en los hogares de muchos encarnados que ya han aprendido a cultivar una vida noble, resaltada en el seno de la vida para honrar a Dios y a Cristo con sacrificio. sus propios intereses.

Cabe destacar que, en los núcleos construidos a la luz del Consolador Prometido, la augusta doctrina del amor por excelencia, obtendremos apoyo para recuperar fuerzas, encaminar a los afligidos y alertar a los que aun duermen.

Por lo tanto, esta no es solo la última hora de los que viven en la carne. También es nuestra última hora, queridos hijos. Lo que hagamos por la victoria del bien corresponderá a lo que encontraremos mañana, en este orbe o en otro.

Hablando así, Aurélio Agustín se dirigió al globo flotante que, al roce de sus dedos, se transformó lentamente en otro mundo, perdiendo su encanto y belleza para dar paso a otra forma, igualmente globular, pero sin ningún ambiente amistoso...

Ante la mirada sorprendida de los integrantes de la asamblea, apareció el orbe intruso, el nuevo hogar de los viejos e implacables espíritus inferiores, llevando su densa, primitiva y difícil psicósfera en la que las almas de la humanidad terrena que no supo responder al llamado de la conciencia recta y noble.

– Este será el nuevo hogar en la casa del Padre para miles de millones de Espíritus que aun viven en la Tierra. Y aunque, como espíritus, ya hemos aprendido a no desdeñar ninguna tarea a la que estemos llamados, perseveraremos para que no sea, igualmente, nuestro futuro hogar por algunos milenios más.

Ante las miradas meditativas, el astro primitivo giraba con todos los detalles físicos y magnéticos que le eran propios, presagiando la procesión de dolores y dificultades que aguardaban a sus futuros habitantes, en particular a los que dejarían la generosa Madre Tierra para cambiarla por tan dura como inhóspita morada.

Por eso, una vez más, se justificaron las palabras de Jesús a los hijos de la Tierra:

– *Esfuérzate por entrar por la puerta estrecha...*

Aurélio guardó silencio. Ante la imagen del destino futuro al que se aplicaban los imprevistos candidatos, finalizó la asamblea, colgando en el aire el llamado silencioso a la lucha valiente por el bien, a los esfuerzos intensos, a las más ardientes renuncias, al compromiso inquebrantable por cada vez más los seres humanos puedan modificar el camino del abismo, quedando capaz de permanecer en el glorioso y materno seno terrenal.

Las innumerables delegaciones comenzaron a salir del recinto, rumbo a destinos terrestres, en los diferentes círculos civilizadores que correspondían a su experiencia actual.

Bezerra, que dirigía la caravana de trabajadores de la *Patria do Cruzeiro*, se despidió de sus integrantes y, pidiendo a sus compañeros de trabajo más cercanos, Jerônimo y Adelino, que lo acompañaran, informó a los demás que se quedaría unos momentos más en el recinto para recibir orientación adicional sobre el trabajo, pero pronto estaría con ellos nuevamente al frente de la lucha.

En rápidas despedidas, se encontraron en el amplio recinto, por los entendimientos a los que se había referido el Dr. Bezerra.

– A pedido del noble Aurélio, estaremos esperando unos minutos más su palabra paternal y generosa – dijo el médico de los pobres a los dos amigos que lo flanqueaban.

No demoró mucho antes que llegara el emisario luminoso, invitándolos al encuentro propuesto, que se llevaría a cabo en otro ambiente, una cámara de trabajo en ese núcleo de puro idealismo.

La belleza del entorno era la característica dominante de cada ángulo de construcción. No se desperdició nada en el lujo del exhibicionismo.

Las vibraciones del lugar eran tan sublimes, que ni Adelino ni Jerônimo tenían idea de qué hacer o cómo comportarse en una circunstancia tan rara.

Querían arrodillarse allí mismo, pero la presencia de Bezerra les sirvió de medida para no estar en desacuerdo con la conducta del sublime médico.

Aurélio ya los estaba esperando.

– Gracias por aceptar mi invitación, querido Bezerra. Su liderazgo en la familia espírita será muy importante, mucho más allá de lo que ya ha sido, para dirigir nuestros esfuerzos en esta hora decisiva de nuestros destinos.

– Aquí estamos para servir al Señor de la vida, en obediencia a su guía, santo de Dios – respondió Bezerra, sin afectación.

– ¡Qué es eso! Querido hermano, dejemos los títulos con los que los ingenuos compañeros de la Tierra nos calificaron indebidamente. Sabes, Bezerra, que la santidad es una prerrogativa de otras dimensiones.

Buscando aprovechar el tiempo como un empleado dedicado que valora los minutos, Aurélio fue directo al grano.

– Gracias a los mecanismos que el Consolador Prometido tiene en el corazón de la nación a la que estamos ligados por los lazos definitivos de puro afecto, necesitaremos acelerar las acciones con las comunidades espíritas de Brasil y las que aceptan su influencia en el mundo actual. No se trata de enviar ejércitos de trabajadores para llevar a cabo la predicación puerta a puerta. Tampoco debemos invadir la intimidad de quienes no desean abrirse a las verdades del alma.

Sin embargo, nuestros esfuerzos están encaminados a que, utilizando los mismos vehículos de comunicación que esparcen la pestilencia moral, seamos capaces de traer a la conciencia un rayo luminoso de esperanza e iluminación.

En ningún otro lugar de la Tierra estará sucediendo lo que hemos conseguido realizar en la *Patria do Cruzeiro*, en beneficio de una mayor difusión de las realidades del alma.

En respuesta a las llamadas de conciencia y al deber misionero al que se han comprometido varios buenos obreros reencarnados en el mundo de hoy, hemos podido producir material de calidad para difundir la semilla de la verdad del espíritu a todo aquel que se interese en ella.

Los medios de comunicación, siempre reacios a cualquier esfuerzo moralizador, a costa de décadas de perseverancia, abrieron espacios para que el mensaje llegara a la gente, iluminando las almas y pacificando los conflictos morales.

Ya no son solo las casas de oración dedicadas al Espiritismo cristiano las que hablan del Evangelio del bien. Ahora, veremos difundir este mensaje, incluso gracias al esfuerzo de criaturas no espirituales, aquellas que están interesadas en la ganancia material, en el retorno de sus inversiones financieras o en la fama pasajera que las impulsa hacia adelante. A través de espíritas y no espíritas, ganamos espacio para la propagación de la esperanza, con alertas que despiertan al ser que se durmió en la cuna de los anhelos soñados o conquistados. Ciertamente hubiera sido mucho mejor si la iniciativa hubiera venido de los propios espíritas, abrir sus bolsas para destinar recursos limitados a la multiplicación del pan del alma. Sin embargo, la codicia y la avaricia resurgieron en el corazón de muchos obreros espíritas que partieron de aquí llenos de promesas, pero no supieron resistir los apegos conocidos. Además, la vieja vanidad ha poseído a muchos de los directores que, en su afán de crearse un escenario para sí mismos, se desdoblan en un sinfín de gastos para concursos intelectuales en lugar de invertir tanto dinero en la difusión del mensaje liberador para quienes no lo conocen, financiando otras formas de difusión mucho más completas y, en ocasiones, mucho menos costosas de lo que les cuestan esos eventos.

Se asemejan a quienes, al enaltecer la necesidad de repartir alimentos para la salvación de las criaturas hambrientas del mundo, realizan una fiesta gastronómica para los ricos y obesos, sirviéndoles los platos más apetitosos, mientras los hambrientos siguen pasando hambre.

Pese a ello, Bezerra, no hemos perdido la fe y, gracias a las iniciativas de algunos, el mensaje empieza a llegar al gran público, que muchas veces no va al Centro Espírita, por miedo o prejuicio.

Por lo tanto, las obras no se pueden desperdiciar ni las semillas que se plantaron en el corazón de multitudes que, a través del teatro, el cine, la radio, la televisión y varios otros medios digitales, encontraron la aclaración de viejos porqués nunca contestados por las religiones dogmáticas y tradicionales.

Bezerra y sus amigos siguieron atentamente sus palabras, coincidiendo con el análisis práctico y objetivo que la sabia entidad realizaba sobre la realidad del mundo espírita.

– Con su liderazgo con los espíritas de la comunidad brasileña, no será difícil inculcarles la noción de urgencia del servicio. Dejemos que las iniciativas de servicio tomen el bien y, si no lo hacen, no se conviertan en piedra de tropiezo para quienes están haciendo la obra que perteneció a los herederos del Evangelio primitivo. La familia espírita debe estar unida al mensaje que se difunde, abriendo el corazón para reunir a todos los interesados en descubrir tales realidades.

Por eso, invitemos a líderes y obreros de la causa de Jesús que representa el Espiritismo para que estén listos para servir como ejemplo vivo de todo lo que saben sobre el Consolador Prometido.

Que se dediquen a vivir en paz, sin los conflictos producidos por la envidia apenas contenida, por la ambición desagradable, por el orgullo herido ante el éxito ajeno.

No olviden que cuanto más atesorado por los tesoros de aprender las leyes verdaderas, más pesado será el juicio de las actitudes íntimas.

Que no se conformen con hechos ilusorios donde, bajo la apariencia de falso amor fraterno, exponen la disputa partidista y ejercitan la caza del aplauso del mundo, mientras la ignorancia brama fuera de los lujosos recintos.

Que no descuiden el trabajo pesado, la renuncia en la familia, el trabajo simple que limpia la suciedad material de los necesitados, por preferir tesis filosóficas en discusiones interminables y controvertidas.

Que no imaginen que tienen mucho tiempo para desperdiciar o que no se someterán, igualmente, a los criterios del juicio, que será mucho más riguroso con la familia espírita que con cualquier otra.

No olviden que el trabajador no elige el trabajo ni lucha contra el mal con las armas del mal.

Que es a él, en persona, a quien Cristo se dirige, exhortando a la humanidad a ser fraterna y vigilante, generosa con los demás y estricta consigo misma, a construir tesoros en el cielo y no en las arcas del mundo.

Sí, Bezerra, tu justa y sabia palabra exigirá un trabajo de última hora, que no es el baile de ideas en los salones a los que se dirige, sino el de acoger con amor a los que llegan cansados a la posada de la casa de Cristo.

Ya no es posible concebir una Casa Espírita en la que el orden mata el cariño, la organización convierte a las personas en máquinas y los organigramas burocratizan la caridad en sectores y departamentos impersonales. Ni siquiera si el liderazgo natural del bien se sustituye por una competencia en busca de puestos y poderes en las instituciones, porque, cuando esto ocurra, ese trabajo se identificará como humano y no divino. Puede ofrecer comida para el estómago de muchos o parecerse a una tienda de ropa para el cuerpo, farmacia con medicinas para los órganos, escuela para alimentar las neuronas. Sin embargo, será solo compañía humana.

Que tu palabra directa y franca, hijo mío, se escuche en todas partes, a través de todos los canales que puedan recibir tu influencia, además de ser el canal de conducción para exhortaciones superiores para orientar a toda la comunidad de líderes invisibles sobre los objetivos reales en hora fatal de los destinos humanos.

Que todas las almas con responsabilidad de dirección espiritual dentro de la familia espírita se dediquen a difundir el llamado a la abnegación y la devoción a los demás.

No hay tiempo que perder.

Con tales palabras, el venerable Aurélio terminó su exposición con la que los involucró en el idealismo de su luminosa bondad, invitando a Bezerra al coloquio privado, mientras los dos amigos esperaban, meditando en orientaciones tan serias como verdaderas.

4.
¿Sudor o llanto?

— Creo que necesito más remedios. Los que estoy tomando no me hacen nada. Parece que nadie se entera de lo que tengo... –. se quejó Geralda, atrapada en su casa, con miedo de salir a la calle.

El entorno de su hogar, si pudiera calificarse de esta manera, era una expresión de desequilibrio.

Entidades de patrón bajo vibratorio absorbieron sus energías vitales, favorecidas en este comportamiento por la sintonía del viejo médium con pensamientos inferiores.

Desde que salió de la Casa Espírita dirigida por Ribeiro y Jurandir, Geralda había ido decayendo.

En las primeras semanas alejada de las tareas de la institución, envuelta en los chismes que había escuchado y fortalecida con el apoyo de otros dos trabajadores, Peixoto y Cássio, tan mal asistidos como ella, sus sentimientos eran los mejores posibles.

Lejos de las disciplinas que la obstaculizaban en sus formas volubles, Geralda parecía respirar libremente.

— ¡Uff! Gracias a dios decidí dejar ese centro. Parecía más un cuartel, vigilado cada minuto. El Sr. Jurandir, estricto, todo malicioso, implicando con mi ropa, mis chucherías, mi maquillaje... algo de hombre sin sensibilidad a las necesidades de las mujeres.

Me alegro que Peixoto se me acercara para abrirme la cabeza. Y si me equivocaba, ni él ni Cássio habrían salido del centro. Es este Jurandir el que está obsesionado.

En su mente infantil, Geralda creó los escenarios más adversos con los que justificó la ruptura de la responsabilidad mediúmnica, siempre echando la culpa a los demás.

No aceptó caminar sobre la línea. Llevaba la mente perdida en la ansiedad por encontrar al hombre de su vida y no quería comprender que la casa de Dios era el campo donde la renunciación debía ejercerse en todos los sentidos. No fue la pasarela ni el escaparate de la exposición en busca de otros intereses.

Cuando Bezerra desligara a los tres de las actividades de la institución, en un pasaje descrito en la obra *Herederos del Nuevo Mundo*, cada uno se alegró de no necesitar mantener las rutinas que los ataban a valores que, en el fondo, ni defendían ni consideraban importantes.

Cássio mantuvo una doble vida, en el ámbito de la sexualidad promiscua, apareciendo sobrio y erguido durante el día, pero actuando como un libertino tan pronto como la oscuridad lo permitía.

Peixoto llevaba su alma perdida en intereses materiales, imaginando que la mediumnidad debería ser una puerta de acceso a la caja fuerte llena, como una forma de solucionar sus problemas personales.

Geralda, a su vez, rebelde y frívola, codiciaba al marido de las otras que acudían a las reuniones en silencio, soñando con construir la propia felicidad incluso con la destrucción de la felicidad de los demás.

No les servía de nada escuchar las lecciones del Evangelio cada semana. Incluso las comunicaciones de las entidades sufrientes que los acompañaron no fueron suficientes para enmendarse.

Así, descontentos con las reglas de la obra de Dios que allí se desarrollaba, los tres decidieron marcharse, no sin antes intentar influir en los incautos como ellos, tratando de encontrar apoyo para sus actitudes egoístas.

Este período de conflicto duró algún tiempo, bajo la supervisión de los espíritus rectores de la institución, que, con la autonomía y bondad que los caracterizó, neutralizaron todos los ataques oscuros que se aprovecharon de los tres indiferentes para intentar reestructurar el entorno e implantar el desequilibrio y el desamor.

Entonces, luego de partir, Geralda se mostró satisfecha de poder disfrutar de sus aventuras personales, lejos de las disciplinas morales propias de todo aquel que ejerciera la mediumnidad de manera seria y responsable.

Las entidades obsesivas que habían estado involucradas durante mucho tiempo intentaron complacerla con la aprobación de su conducta, prometiéndole que encontraría al hombre de su vida. En realidad, desde entonces, la ex médium había pasado por una fase de euforia y expectación. Había decidido que ya no se uniría a una institución espírita. Si ese fuera el caso, ejercería la mediumnidad dentro de su propia casa, lejos de cualquier "disciplina castradora", como suelen considerar los médiums rebeldes e inmaduros.

Después de unos meses, ayudada por las entidades oscuras que la usaban, encontró a un muchacho que le había parecido el príncipe azul. Guapo, agradable, aparentemente acomodado, todo lo que una mujer inteligente quiere encontrar para unirse a sus caprichos.

Los primeros encuentros fueron calurosos y apasionados para ella, segura que realmente había dado el paso correcto al dejar el trabajo en el bien para dar importancia a su vida personal.

Resulta que, con la intimidad favorecida por la falta y las ganas de atar al pretendido, Geralda empezó a notar que, cada día que pasaba, el novio se volvía más esquivo a cualquier compromiso más serio.

Eduardo, en verdad, también manipulado por las entidades inferiores, era de carácter muy dudoso, a pesar de las llamativas apariencias. Asimismo, quería encontrar una mujer a la que pudiera quitarle algo, sin importar cuánto la hiciera sufrir. Ambicioso, veía a cada mujer como una mujer útil, acercándose para conocer mejor la situación financiera de la joven y manteniendo la relación mientras le pareciera conveniente y ventajosa.

De la misma manera, pero con otros argumentos, Geralda también quería la compañía de alguien, aunque no fuera perfecta. Sin embargo, la figura de Eduardo tenía todo que ver con lo que soñaba una mujer.

En realidad, ambos se usaban el uno al otro y esperaban obtener algo el uno del otro.

Cuando el chico se ganó la intimidad de la compañera, la utilizó sin respeto por sus sentimientos, y cuando Geralda se entregó, fingidamente apasionada, pretendía enganchar al chico por la atracción física, antesala de un compromiso definitivo que un embarazo haría aun más consolidado.

Pasó el tiempo y, al darse cuenta que Geralda no tenía la riqueza que Eduardo esperaba, su correspondencia con el ardor de la mujer fue menguando, poniendo fin a los votos apasionados que fueron reemplazados por palabras secas y frases artificiales.

La joven; sin embargo, sabiendo cómo funcionaba la personalidad masculina, fingió no darse cuenta y, con cada encuentro, se volvía más cálida e insinuante. Esto molestó un poco al joven, pero, por otro lado, considerando las circunstancias, le pareció interesante explorar las inclinaciones sexuales de su pareja, a falta de algo más interesante, hasta que la dejó por una nueva aventura.

Después de todo, para un hombre como él, guapo y amable, tenía muchas pretendientes.

Geralda había articulado la famosa estafa del embarazo, pretendiendo hacer uso del remedio adecuado para tener relaciones sexuales seguras, pero, en realidad, no hizo nada para prevenir la fecundación.

– El hombre siempre es fácil de enganchar. Se vuelven locos por la emoción física y confían en la mujer. Qué tontos son estos chicos – pensó la chica, sintiéndose en el dominio de la relación.

Todo ya estaba planeado. Revelaría el embarazo en medio de lágrimas que fingirían no saber cómo había sucedido.

– Pero ¿no estabas tomando el anticonceptivo? – preguntó Eduardo, atónito, ante el examen que confirmó la circunstancia. Habíamos acordado que esto no sucedería.

– Claro, cariño, lo estaba tomando normalmente. Mira aquí la cartilla con todas las pastillas que demuestran que no me perdí ni un solo día. No sé cómo sucedió – gritó la mujer fingida, dándole tiempo al chico para pensar en la responsabilidad que pesaba sobre él.

– Pero no quiero ser padre, no quiero interrumpir mi vida para criar hijos – respondió Eduardo, molesto por el hecho.

– Tampoco pensé en ser madre, Edu. Nuestra relación siempre ha sido lo que más soñé, y tú, la persona más importante de mi vida. ¿Recuerdas que hicimos planes para viajar juntos durante una luna de miel larga y continua?

– Sí, me acuerdo, Ge... –. respondió el chico –. Y si lo crees así, al menos me siento aliviado. Podemos resolver este asunto y continuar juntos para que nuestro futuro sea como lo planeamos.

La frase reticente facilitó la comprensión de lo que quería el muchacho.

– Dado que ni tú ni yo queremos ser padres en este momento, es muy fácil resolver el problema. Conozco a una amiga que ha pasado por esto y no tuvo problemas para encontrar a alguien que le practicara un aborto. Sencillo, rápido e incluso económico...

Geralda se estremeció. No porque se opusiera moralmente al aborto, sino porque no quería renunciar al "anzuelo" que enganchaba al pez gordo en su plan de tener a alguien a su lado.

– ¡Caramba! Eduardo, ¡qué frío! ¡Dices eso sin siquiera pensar que es tu hijo el que está adentro!

– ¡No te preocupes, Geralda! No me pongas este drama, no. Ese asunto que está ahí es un trozo de tejido que va creciendo. No lo conozco y nunca me vio. Somos dos desconocidos y seguiremos así.

– Pero... no podemos acabar con una vida así... –. intentó discutir la joven.

– La vida somos los dos, Geralda. Siempre supiste que ahora no quería tener hijos. Si te pasó a ti, está bien. Entiendo que pudo haber sido un accidente. Sin embargo, o tomas medidas para sacarlo, y yo te ayudo con eso, o te dejo sola para criarlo, porque no contarás conmigo.

Al ver que Eduardo estaba perturbado por la noticia, como ella pretendía, se volvió más dócil y comprensiva, fingiendo estar de acuerdo.

— Bueno, cariño, siempre nos llevamos bien y no será esto lo que nos separará. Mira, hagamos algo. ¿Piensas un poco más en la posibilidad que este niño sea tu hijo y pueda representarte en el mundo, pueda correr a recibirte en casa, después del trabajo, saltar a tu regazo e idolatrarte como un héroe? Piensa en las cosas buenas durante unos días. Luego hablamos de nuevo y decidimos qué hacer.

— Mira, Ge. Entiendo tu versión, pero en realidad, el tiempo solo empeorará las cosas. Cuanto más pasa, más grande se vuelve la galleta allí y luego, será más difícil sacarlo. En cuanto al sentimiento de un padre, no necesito imaginar nada de esto, porque cuando quiera un hijo, sé muy bien cómo hacerlo. Tú eliges. Puedes tener a ese niño sola o sacarlo con mi ayuda.

Era ella, ahora, la que se había preocupado por la firmeza de Eduardo, que en ese momento bordeaba la dureza.

No queriendo perder al muchacho así, decidió estar a la altura de su deseo, accediendo a un aborto rápido.

— Mira, querido, entiendo tus sentimientos. Si esto te va a hacer feliz, lo sacaremos. Prefiero quedarme contigo, y si ese es el precio, estoy dispuesta a pagarlo. Pero nunca olvides este sacrificio que hago para cumplir con tus deseos.

— Está bien, Geralda, lo arreglaré todo y mañana por la tarde, te llamaré para fijar los detalles.

✳ ✳ ✳

No hace falta decir que Geralda, a pesar de todo lo que ya sabía sobre la eternidad de la vida, la existencia del alma y otras cosas relacionadas con la doctrina del amor, prefirió someterse al procedimiento que terminó con el embarazo, imaginando que, con eso, podría mantener la unión tan esperada.

Sin embargo, Eduardo, desde la solución ilícita del problema, comenzó a ser acosado por la entidad que había sufrido con la mutilación uterina, disgustada por el lamentable desenlace que eligieron los dos. Para castigar a la ex madre, la mujer indiferente y frívola, ese espíritu se acercó al ex padre y empezó a influir en él en el sentido de no querer nada más con Geralda.

– Esta mujer es una bruja. Manipuló cosas para intentar engancharte, tonto – susurró el infeliz espíritu a los oídos espirituales del muchacho despreocupado, que recibió sus sugerencias y las asimiló con facilidad.

– Sí, nadie me asegura que Geralda no volverá a hacerlo. En el fondo, muy en el fondo, es una serpiente bien camuflada. No es digna de mi confianza. Ahora que me las he arreglado para deshacerme del hijo, voy a deshacerme de la serpiente.

Y así, sin ninguna explicación ni noticia, Eduardo desapareció de la vida de la tonta Geralda, dejándola, ahora, solo con la compañía de la infortunada entidad que nunca se cansó de buscar venganza.

Los males orgánicos se multiplicaron, arraigados en la conciencia de la culpa, dañando los tejidos del cuerpo y del alma.

Las pesadillas se hicieron comunes, los médicos fueron consultados cada mes y las medicinas se convirtieron en el cóctel de esperanza para quien había dejado la medicina de Dios a cambio de aventuras mundanas.

Después de unos meses de desgracias y revueltas, odio y resentimiento contra su exnovio, decidió pedir ayuda espiritual en cualquier Centro Espírita. Prefería buscar uno en el que nunca había estado, ya que no quería que los hermanos de la antigua casa la vieran en ese estado de deterioro.

No pudo enfrentar el orgullo que la dominaba, poniendo un poco de humildad cristiana en su vida.

En la casa a la que acudió la recogieron como una desafortunada persona anónima que solicitó pases magnéticos para su recuperación.

Sin embargo, trató de recibir las cosas sin abrirse a las realidades. Su corazón era peor que su útero, cargando más impurezas de las que sería prudente para cualquier mujer en la condición de Geralda.

La institución espírita; sin embargo, no tenía las mismas características que la antigua casa que había dejado en el pasado. Desorganización, falta de disciplina, confusión de conceptos, ambiente desintegrado, a pesar de presentarse como un puesto de tratamiento para los necesitados. Los líderes fueron laxos en mantener el equilibrio vibratorio. La gente hablaba sin ningún compromiso con la elevación de los sentimientos. Todo tan diferente...

Esto lastimó a Geralda, que cada día se sentía más frustrada al descubrir que había dejado un trabajo serio para cambiarlo por aventuras sexuales, golpes indecentes y enfermedades espirituales para las que los médicos no tenían recursos.

Además, con el paso de los años, la ex médium se sintió atacada por el desequilibrio vibratorio debido a la falta de utilidad en el bien. Había tratado de buscar otros ambientes espíritas, pero después de haber sentido las vibraciones en la antigua institución, no había encontrado nada parecido en ninguno de los muchos otros que había visitado.

Parecía que el destino se había vengado de su frivolidad.

Había decidido buscar a Peixoto, pero al hacerlo, se dio cuenta que el viejo trabajador estaba perdido en sus asuntos, hablando incoherentemente, desprendido de cualquier trabajo mediúmnico que lo ayudara a mantener su compromiso de entrega.

La llamada a Peixoto fue seguida por una búsqueda de Cássio.

El viejo compañero, que siempre había parecido tan honesto y serio en las actividades del centro, le respondió con indiferencia.

En su voz, al otro lado de la línea, una mezcla de laxitud moral y malicia le dio un tono desagradable.

– ¿Qué pasa, mi gatita...? –. dijo Cássio, revelándose más íntimo de lo debido.

– ¿Cássio? ¿Eres tú? – Preguntó Geralda, sin querer creer.

– ¡Epa, bonita! ¿Y quién creías que fuese? ¿Peixoto? ¿Ese viejo esclerótico? Por supuesto que soy yo. Y tú ¿cómo estás? ¿Todavía tienes ese cuerpito maravilloso?

Hace un tiempo, tal conversación hacía que Geralda se sintiera animada para jugar con la fragilidad masculina, autorizando el diálogo picante. Sin embargo, ahora estaba buscando ayuda y esperaba encontrar a su antiguo compañero de trabajo.

– ¡Ah! Cássio, no te imaginas cómo estoy. Parece que me pasó por encima un tractor.

– No creo, querida, siempre modesta en relación a tus atributos. Sabes que el otro día me acordé mucho de ti.

– ¡Qué maravilla! ¡Qué bien! Al menos alguien me recuerda en este mundo. ¿Cómo fue? Cuenta.

– Bueno, ¿de verdad quieres que te lo diga? Quiero decir – dijo Cássio en suspenso – no quiero tomarme tu tiempo ni ser impertinente.

– Vamos, Cássio, sigue, dime. Quizás eso ayude a animarme.

– Está bien. Lo pediste, ¿eh?

– Eso, fui yo quien lo pidió... ve rápido, suéltala.

– De acuerdo. Entonces, escucha... Sabes, siempre fui un tipo serio... y lo sigo siendo...

– Sí... – respondió Geralda, fingiendo estar de acuerdo.

– Pero el otro día conocí a una chica que vino aquí a casa después de enterarse que estaba recibiendo espíritus.

– ¡Ah! Qué bueno, Cássio. ¿Sigues trabajando en mediumnidad? De eso también quería hablarte...

– Más o menos. Sabes, tenemos que defendernos de alguna manera. Entonces, cuando veo una gatita, uno de esos "trocitos", tengo que iniciar una conversación y me di cuenta que casi todas se quedan muy impresionadísimas cuando saben que tenemos mediumnidad y pueden estar en contacto con los que ya se fueron. Algunas tienen un poco de miedo, pero siempre tienen un amigo o familiar fallecido con quien quieren tener contacto. Entonces, es más fácil para nosotros iniciar una conversación.

La conversación de Cássio fue por ese camino, dando a Geralda la certeza que ya no era el mismo individuo que había conocido en el Centro Espírita. Pero para ver a dónde iban las cosas, dejó que siguiera hablando.

– ¿Y entonces?

– Bueno, después que comencé la conversación y dije algunas cosas sobre el otro mundo, una de ellas comenzó a buscarme pidiendo más información. Estaba necesitada, quería encontrar un compañero, quería saber si había algún espíritu perturbando su felicidad.

– ¿Y tú? ¿Qué hiciste?

– ¡Opa! Geralda, no podemos dejar pasar las oportunidades. Entonces, improvisé una pequeña reunión en casa. Solo ella y yo. Le expliqué cómo serían las cosas y dejé que pasara.

– Pero ¿ese espíritu se comunicó?

– Bueno, hasta ahora está pensando que sí... – respondió Cássio, riendo.

– Pero ¿qué te hizo recordarme en este caso?

– ¡Ahora, princesa! ¿Has olvidado tus necesidades? ¿Olvidaste que estabas arrastrando un ala por el prometido de Gláucia?

Geralda no respondió, pero se sonrojó porque recordó que Cássio conocía sus aspiraciones femeninas, incluso en el Centro Espírita.

– Pero en realidad – continuó Cássio –, el recuerdo más grande fue cuando, después que terminó la "sesión", la joven estaba llorando y necesitada, y entonces el viejo Cássio finalmente encontró la oportunidad que estaba esperando. Y de conversación en conversación, la joven terminó durmiendo en casa. Ahí fue cuando llegó la memoria de Geralda. Necesitas ver qué piernas tenía. Creo que solo perdía con las tuyas, querida. De hecho, ¿continúas cuidándolas bien?

Había sido un balde de agua fría para la esperanza de la ex médium.

Si estuviese en otras circunstancias, llena de las viejas ilusiones, a Geralda le resultaría fácil involucrarse sexualmente con Cássio, aunque fuera por un simple pasatiempo.

Sin embargo, el excompañero, asumiendo su lado irresponsable, le dio asco. Ciertamente, no buscaba nada más profundo en relación con la espiritualidad.

– Bueno, Cássio, lamento haberme tomado tu tiempo – dijo Geralda con cierta dureza.

– ¡Ahora! Querida, ¿qué pensaste de mi recuerdo? Después de todo, siempre supiste que admiraba tus atributos, especialmente aquellos que insististe en mostrar, a pesar de la vigilancia de Jurandir.

– Mira, Cássio, todo está bien y me alegro que sigas con tu vida. Me preguntaba si estabas asistiendo a un Centro Espírita. Solo eso.

– Dios no lo quiera, mujer. Después que me fui de allí, quiero seguir siendo libre para hacer lo que pueda. Ese negocio de vigilancia y abstención es para personas mayores que no tienen nada más que hacer. Estoy en plena forma física y me gusta mucho la vida para consumirme en oraciones. Lo más cerca que estoy de ellos es pedirle a Dios que siempre me envíe mujeres que valgan la pena.

– Está bien, Cássio. Que no te decepciones con las decisiones que has tomado. Cualquier día vuelvo a llamar. Adiós.

Y sin esperar respuesta, Geralda terminó la conversación, decepcionada de sí misma, más que de su viejo amigo.

Había caído en la trampa que su frivolidad y orgullo habían construido, paso a paso.

Se había apartado del trabajo serio, se había embarcado en aventuras afectivas, había intentado mentir para ganarse el cariño de los demás, había tenido un aborto, se había enfermado, se había desesperado y, ahora, no encontraba un hospital adecuado para tratarse espiritualmente.

Después que las cosas se aclararon, enterró la cabeza entre las manos y estalló en un amargo llanto de consternación.

– Necesito más medicina. Estas ya no funcionan.

Y ante la postración depresiva nacida de su reiterada frivolidad, en lugar de recurrir a la oración sincera, el arrepentimiento y la humildad, prefirió optar por la química farmacéutica para conseguir, fuera de sí misma, la solución al problema de su conciencia culpable.

No se dio cuenta; sin embargo, que, a su lado, la entidad que había sufrido la violencia permanecía en sintonía con sus vibraciones más bajas y, al mismo tiempo que Geralda repetía "necesito más medicina", dijo astutamente:

– Sí, Geralda, ¿por qué no tomas todos tus medicamentos a la vez? Después de todo, nadie se preocupa por ti... Esta vida de soledad y amargura puede terminar. Solo necesitas terminarla...

Estas sugerencias estaban invadiendo la mente inadaptada de la ex–sierva de la mediumnidad que, por elección propia y despreocupación irresponsable, prefirió la compañía de entidades oscuras a la protección de Bezerra de Menezes y el hermano Ribeiro.

El precio de sus elecciones insensatas, antes de lo que pensaba, le vino a cobrar el pago con el aumento de los intereses que representaba la acumulación del mal que había elegido.

* * *

Geralda, Cássio y Peixoto reflejaron la situación de las criaturas mediocres y sin carácter que Dios y Jesús intentaron ayudar a reformar, antes que el dolor y las contingencias adversas llegaran para enviarlos a otro destino.

Por su propia voluntad, se habían desviado del camino de la bondad y habían elegido el camino pedregoso y espinoso del error deliberado.

Entre el sudor y el llanto, habían elegido el camino de las lágrimas.

5.
Ampliando los esfuerzos

Tras largos minutos en los que Jerônimo y Adelino esperaron el regreso de Bezerra, el dulce servidor de los afligidos regresó al grupo, llevándolos a volver a la lucha por el bien del mundo.

En el camino, escucharon las sabias palabras del luminoso apóstol de la caridad:

– Saben, hijos, los esfuerzos de los planes superiores son sumamente minuciosos para aprovechar todas las oportunidades de alertar y rescatar a tantos como puedan aprovechar la hora decisiva.

Ciertamente continúan las actividades de desplazamiento de los Espíritus, que ya se han mostrado incompatibles con el panorama evolutivo que se está implantando en la humanidad, luego de largos milenios de siembra y desarrollo.

Sin embargo, según las palabras de san Agustín, es deber de bondad ir en busca de las almas vacilantes, de los que están al borde del despertar, de los espíritus que, como en la historia del antiguo Lot bíblico, aunque vivan en la ciudad de pecado, mantienen su alma dedicada al idealismo sincero.

Esto no significa que tales espíritus, al encarnarse en el mundo, no sufrirán los procesos angustiosos que se perfilan en el horizonte de la humanidad, de diferentes formas. Indica que aquellos que pueden mantenerse en la nueva Tierra deben ser buscados de todas las formas para que puedan tener la oportunidad, viviendo en el cuerpo o fuera de la materia, de participar en la graduación final como estudiantes aprobados.

Sí, amigos míos, porque nos estamos preparando para tal evento. Los alumnos con un rendimiento insuficiente no podrán participar en él. La valoración de los méritos personales se está realizando de diferentes formas y solo quienes perseveren en el bien y el amor tendrán el grado de vibración compatible con el ascenso a una nueva etapa.

Si miramos la declaración evangélica, nos daremos cuenta que ni siquiera las guerras y los rumores de guerras significan el fin de los tiempos.

El evangelista Mateo dice, en el capítulo 24:6–15 de su Evangelio:

Ustedes oirán de guerras y de rumores de guerras, pero procuren no alarmarse. Es necesario que eso suceda, pero no será todavía el fin.
Se levantará nación contra nación, y reino contra reino. Habrá hambres y terremotos por todas partes.
Todo esto será apenas el comienzo de los dolores.
Entonces los entregarán a ustedes para que los persigan y los maten, y los odiarán todas las naciones por causa de mi nombre.
En aquel tiempo muchos se apartarán de la fe; unos a otros se traicionarán y se odiarán;

y surgirá un gran número de falsos profetas que engañarán a muchos.

Pero el que se mantenga firme hasta el fin será salvo.

Y este Evangelio del reino se predicará en todo el mundo como testimonio a todas las naciones, y entonces vendrá el fin.

Aquello que ya vimos en el último siglo y que se repite a lo largo de la evolución como marca del atraso humano es la violencia que engendra mecanismos de destrucción y muerte. Pero todo esto es solo el comienzo de los dolor. Hambrunas, plagas, terremotos y dolores diversos estremecerán a las criaturas, como reflejo de su comportamiento y alarma de sus conciencias. Muchos despertarán de iniquidades como los que despiertan de un largo letargo gracias a la casa que se derrumba sobre sus cabezas o los sonidos de la tormenta que los sacude.

Los alumnos reincidentes de todos los tiempos, los que son más irresponsables que malos, necesitan acelerar sus esfuerzos personales en la búsqueda de un cambio real. Por eso, antes del fin bíblico, será necesario que el Evangelio del reino sea predicado en todo el mundo.

Esta es la etapa en la que estamos en la Tierra.

En todas partes, los esfuerzos evangelizadores se interpretarán como fanatismo religioso, audacia proselitista de la casta sacerdotal o como un retorno al medievalismo de la fe. Muchas personas, pretendiendo ser defensores del progreso y basándose en algunos avances científicos, mantienen una modernidad sin ética, un progreso sin moral, calificando de "retroceso" todo lo que se opone a la forma de vivir irresponsable.

No hay nada peor para una persona desvergonzada que enfrentarse a altas reglas morales que entran en conflicto con sus intereses inferiores en la defensa de los valores nobles.

Así, luchan por implantar en la sociedad la noción de una vida sin responsabilidades, de libertad sin límites, de vivir sin restricciones al gozo, valorando los comportamientos dementes y estimulando en las personas el lado oscuro de las personalidades para la exaltación de todos los placeres, como si el libertinaje correspondiera al justo ejercicio del libre albedrío.

Como ven, personas e instituciones vinculadas al viejo mundo manipulan las debilidades humanas empujándolas al precipicio del vicio, pretendiendo que es virtud, confundiendo mentes frágiles con la falsa noción que el progreso es esta voluptuosidad del consumo, este exceso de placeres, esta rueda de apariencias.

Los que no están preparados y escuchan su predicación dominan y luchan contra cualquier esfuerzo por mejorar la conducta noble, el crecimiento del Espíritu, la necesidad de esfuerzo personal para construir el verdadero yo.

Los ingenuos e incautos perdidos en el labertinto de las apariencias ceden a lo más fácil, a lo que mejor remunera el deseo de placer que confunden con la felicidad.

La mayoría de las iglesias no estaban preparadas para iluminar la mente atribulada con una guía sólida sobre el futuro. Perdidos en viejas fórmulas que ya no resultan convincentes, luchan entre sí por mantener un rebaño utilizando las amenazas de Satanás, las exigencias materiales o el ritualismo pueril.

Porque carecen de fundamento moral, ya sea porque vivieron a la sombra del poder terrenal o porque lo buscan con uñas y dientes en la bóveda de las ofrendas, tales credos, incluso respetables en sus tradiciones, no han podido apaciguar a buena parte de las criaturas perdidas en la guerra de información.

Con argumentos arcaicos y pasados de moda, con razonamientos viciosos y sin profundidad, quieren ganar sin convencer.

Por eso, el Consolador Prometido tiene un papel importante que jugar en este período final del desarrollo del ser, ofreciendo sus conceptos lúcidos a quienes están atentos en la búsqueda de otros caminos.

Son leyes simples y lógicas que caerán como bálsamo en el espíritu sediento, revelando la sabiduría del Creador y devolviendo la esperanza en el alma de tantos que, descontentos con la inmoralidad que brama libremente, no encontraron en ninguna parte las herramientas racionales y emocionales que brinda el Espiritismo, el más adecuado para combatirlo.

La Doctrina Espírita aparece así no como la única salida para las personas, sino como una posible opción para un mundo diferente, que no es el de un razonamiento inmoral que domina a la sociedad o el de una fe ciega y prejuiciosa, fundamentada en dogmas incomprensibles.

Comprendiendo la ley de causa y efecto, y la multiplicidad de existencias, el espíritu maduro encontrará la clave de sus nuevas elecciones, la lógica para cambiar de actitud, el deseo de ser diferente, porque sabe que nada termina y que toda dificultad existe para enseñarnos algo bueno.

Por eso, hijos míos, Aurélio nos recomienda el enorme esfuerzo, la firme voluntad de hacer aun más claras y directas tales enseñanzas, por todos los cauces adecuados, facilidad que nunca se pudo obtener en la divulgación doctrinaria, pero que hoy puede ser encontrada.

Al escuchar el discurso del Espíritu dedicado, Adelino hizo una breve pausa para preguntar:

– Pero, querido papá, a pesar de comprender este momento y reconocer la necesidad de esta propagación, ¿no estamos chocando con la falta de preparación de los hombres? ¿No encontraremos mentes acomodadas al viejo estilo de "no se debe hacer proselitismo", "no debemos hablar de Espiritismo para respetar las convicciones de los demás", "no debemos ceder a los impulsos de la vanidad con exposición masiva", y cosas similares? Hemos sido testigos de los comentarios más discrepantes en el movimiento espírita, incluido el discurso de algunos recomendando el regreso a las trincheras del anonimato, lejos del público, para que no se dañen viejas tradiciones de discreción. ¿Cómo solucionar este problema, cuando muchos espíritas son el problema mismo?

Con su peculiar cariño, Bezerra sonrió y dijo:

– Es cierto, hijo mío, esto ha sucedido a menudo. Sin embargo, el mismo Jesús señala el camino. Cuando se preparaba para entrar en Jerusalén para las celebraciones de la Pascua, en ese domingo festivo, la gente se aglomeró para verlo llegar montado en un humilde burro. Mientras tanto, sus discípulos y seguidores gritaban eufóricos, proclamando su nombre y el nombre exaltado del Padre, como nos dice el evangelista Lucas, en el capítulo 19:37–40:

Al acercarse él a la bajada del monte de los Olivos, todos los discípulos se entusiasmaron y comenzaron a alabar a Dios por tantos milagros que habían visto. Gritaban:
– ¡Bendito el Rey que viene en el nombre del Señor!
– ¡Paz en el cielo y gloria en las alturas!
Algunos de los fariseos que estaban entre la gente le reclamaron a Jesús:
– ¡Maestro, reprende a tus discípulos!
Pero él respondió:

– Les aseguro que, si ellos se callan, las piedras clamarán.

Entonces, Adelino, ciertamente encontraremos entre los simpatizantes o los curiosos a quienes, como los fariseos, no se preocuparán por la verdad, sino por las apariencias, tratando de intimidar el entusiasmo de los seguidores sinceros. Gritan al maestro que silencie a los que alzan la voz para resaltar la nobleza de Dios y la grandeza del mensaje cristiano. Es Jesús, entonces, quien responde:

"si ellos se callan, las piedras clamarán"

Este es el panorama que tenemos ante nuestros ojos.

El esfuerzo por multiplicar la Buena Nueva ya no puede limitarse a grupos de Centros Espíritas, algunos de los cuales han sido dirigidos por personas de buena voluntad, sino de voluntad cansada, acomodada, incompatible con la velocidad de las cosas en este decisivo período de cambios.

Esta clase de líderes inseguros o silenciosos se comporta como los fariseos que supervisan a los que quieren cantar las alegrías del reino en todas partes, tratando de intimidarlos.

Sin embargo, el movimiento por la liberación de conciencias no está bajo el control de los espíritas. Está en manos del mismo Cristo, quien aprovechará toda buena voluntad disponible para difundir la Buena Nueva.

Ciertamente contaremos con muchos trabajadores en el campo que serán de ayuda y apoyarán los objetivos definidos para las próximas horas.

Sin embargo, si no hay espíritas disponibles, Jesús contará con la participación de las propias piedras, que, ciertamente, responderán a su llamado.

Nuestro deber es sembrar en los corazones atentos a la noción de urgencia y la necesidad de ser ejemplos vivos, equilibrados y firmes de este camino luminoso de la elevación del espíritu.

Ayudaremos a despertar a los acomodados, utilizaremos las bocas y los brazos disponibles para dar voz al Cristo de Dios, en la llamada de los últimos minutos de la última hora.

– ¿Y en el caso de aquellos trabajadores que están encantados con la notoriedad y buscan el protagonismo para hablar más de sí mismos que del mensaje que dicen defender? ¿Y si aquellos que son los primeros candidatos al estrellato aparecen con mezquinas intenciones en mente y corazón?

– Los falsos espíritas que se aventuran en el camino para ejercer su propia vanidad, aunque logren esparcir la semilla, no podrán comprender y gozar por sí mismos del beneficio que divulgan a los demás. Al hacer el bien a los demás, estarán haciendo el mal para sí mismos, condenándose a sí mismos a los efectos de la vanidad, al interés por resaltar, al deseo de disputar la evidencia, saturando el ejemplo vivo del mensaje que predican. Estos son los obstáculos de la obra, pero ciertamente no se interpondrán en el camino del Señor.

Los obstáculos serán removidos por la sabiduría que guía todas las cosas, aunque, de una forma u otra, hayan sido útiles para salvar a algunos de los afligidos.

Entonces, que los verdaderos espíritas se pongan manos a la obra y no se dejen intimidar por el trabajo. Serán apoyados por las fuerzas del bien para dar testimonio de paciencia y amor a todos, amigos y opositores del mensaje que lucha contra ellos por no compartir la misma cosmovisión.

El respeto y la consideración por los que no están de acuerdo no impide que se realice el servicio y se esparza la semilla.

Es necesario sacar la vida–Espiritismo de los muros de las instituciones donde se vive con sinceridad y elevación para difundirla al entendimiento de quienes aun no han entrado en las casas espíritas.

Nuestros viejos centros de oración y aprendizaje no son las viejas catacumbas donde los cristianos antiguos se reunían en secreto, en completo anonimato.

La Doctrina Espírita tampoco se construyó para desembocar en contiendas intelectuales donde los espíritas discuten, argumentan, pontifican entre sí y para sí, aunque esto sea útil para algún tipo de maduración.

Ha llegado el momento que el Cristianismo Espírita emerja como el sol que asoma en el horizonte y sirva de camino a los que se han cansado de vagar en la oscuridad. Ha llegado el momento que la Doctrina se difunda por todas partes, utilizando todos los medios posibles y accesibles a través de la tecnología de la comunicación.

Ayudaremos a los trabajadores que sean sensibles a comprender esta urgencia de la hora de convertirse en llamas vivas, soportando los juicios del viejo fariseísmo de todos los tiempos, superando las calumnias intimidatorias sin utilizar los mecanismos inferiores para defenderse de tales ataques.

Aprovecharemos a los que sepan recibir agresiones y sigan sirviendo, sin miedo y sin arrogancia.

Cada uno se medirá por el tipo de reacción que muestre ante los desafíos, sabiendo que, tarde o temprano, todos entenderán el porqué de sus tareas y el porqué del esfuerzo multiplicador.

No es un trabajo para los orgullosos y arrogantes, debatientes y polemistas.

Es un trabajo para los siervos que han aprendido a obedecer.

Sintiendo que el entendimiento iba a terminar, Jerônimo quiso saber:

– Pero entonces, doctor, ¿qué será de las obras tradicionales de la Casa Espírita? ¿Deberían ser interrumpidos? ¿No serán de más utilidad?

– Imaginemos una estación de asistencia que, ubicada en una periferia lejana, se encargara de atender a los enfermos, curar las heridas, dar primeros auxilios, orientar en la profilaxis de enfermedades, siendo el único punto de apoyo para la población no asistida.

Sin embargo, si en lugar de esperar a que los enfermos lleguen a urgencias, equipos capacitados comienzan a visitar sus domicilios, atendiendo los callejones más sórdidos, y proporcionando recursos de farmacia y medicina para un número cada vez mayor de miserables, esto no significa que la sala de emergencias se ha vuelto inútil y que debería estar cerrada, ¿verdad?

Por el contrario, cada vez más pacientes se convertirán en usuarios del servicio, porque descubrirán las ventajas y beneficios que se encuentran disponibles en las instalaciones de la clínica, haciéndola aun más cotizada. Para ello, deberá estar bien equipado y gestionado por un equipo de técnicos y servidores capaces de atender de forma eficiente, correspondiente a las mayores exigencias.

Nunca antes había existido una mayor necesidad de experimentar la caridad desde todos los ángulos. Tanto en la multiplicación de la esperanza a través de la alimentación, la enseñanza profesional, la ayuda moralizante de la evangelización, la enfermería del espíritu a través de la mediumnidad consoladora y el diálogo fraterno, todo esto es y seguirá siendo indispensable para que el Espiritismo esté en el pueblo afligido.

La avalancha de interesados en el entendimiento doctrinario hará que se renueven muchas casas espíritas o que muchos líderes cristalicen en el cargo para dejar su puesto a otros menos acomodados.

Así sucederá, Jerônimo.

La institución espírita que no quiera cerrar sus puertas deberá adaptarse a la cualificación de sus trabajadores, preparándolos en abundancia para los enfermos.

No olvidemos que la valoración de los méritos será más rigurosa para los religiosos en general que para los que no están comprometidos con la fe, y aun más aguda para los espíritas religiosos que para los de cualquier otra fe.

Y, cerrando el asunto con la decisión que lo caracteriza con carácter decidido, exclamó:

– Hagamos nuestra parte. Si Dios cuenta con Jesús y Jesús cuenta con los espíritus superiores de este orbe y de los demás que asisten a la convocatoria, esas entidades superiores cuentan con nosotros, como tendremos nosotros con los hombres que nos escuchan. En última instancia, estamos en el papel de carteros de Dios. Vayamos a los destinatarios sin demora.

6.
De vuelta a los encarnados

Al llegar al plano físico, Bezerra se despidió, dirigiéndose a las tareas que le esperaban. Antes; sin embargo, recomendó a los dos amigos que se fortalecieran en el ideal de servicio para las difíciles luchas que todos enfrentarían y que, en cuanto tuviera condiciones, acudiría a ellos en la institución espírita que compartían con mayor afinidad, aquella que dirigía el valiente espíritu Ribeiro, ambos ya presentados al lector en la obra *Herederos del Nuevo Mundo*.

Recordándoles que la llamada estaba dirigida a todos los hijos de Dios, con especial énfasis en los espíritas en general, Bezerra se fue dejándolos solos.

– ¿Cuánto queda por hacer, Jerônimo? – Exclamó Adelino, preguntando.

– Sí, amigo mío, si el encarnado pudiera imaginarse el tamaño de la obra de este lado, ciertamente pediría permanecer para siempre en el mundo del encarnado. Creo que, teniendo en cuenta las recomendaciones de nuestro papá, debemos acercarnos a Jurandir, el líder encarnado de nuestro trabajo, para involucrarlo en este ambiente, transmitiéndole la advertencia indispensable para el trabajo de la noche – reflexionó Jerônimo.

* * *

Jurandir, para recordar al lector, era el líder encarnado de la institución espírita a la que se refería Bezerra y que estaba dirigida por la entidad Ribeiro.

* * *

— Es una medida realmente oportuna, querido hermano. Debemos empezar por los responsables, creando un campo propicio para la difusión de alertas.

El día ya había amanecido y ambos encontraron a Jurandir sentado a la mesa para desayunar.

Como solía hacer al despertar, su compañero elevó la oración con la que inauguró el día en la mesa del desayuno, donde reverenciaba la bondad del Padre por la noche de descanso, por el nuevo día y por la satisfacción de las primeras necesidades.

Jurandir, de esta manera, mantuvo el ambiente espiritual abierto y luminoso, en contacto con las sintonizaciones superiores, familiarizado con la certeza que todos fueron obreros de Cristo en cualquier momento y parte de sus vidas.

Los dos amigos invisibles se acercaron participando de las altas vibraciones que proporcionaba la oración del compañero sobre cuyos hombros se depositaba la responsabilidad de la dirección material del trabajo de la institución espírita.

Cerrada la conversación sencilla y sincera con Dios, se preparó satisfactoriamente el campo de la intuición para que la conversación entre ellos fuera efectiva.

Al tocar un determinado punto sensible ubicado dentro de la caja craneal, se observó que la luz interior se expandía, provocando que Jurandir entrara en un estado de trance lúcido, similar a una leve hipnosis, sin las características de la inconsciencia.

Un sentimiento de bienestar muy intenso se apoderó de su alma, lo que alimentó un profundo respeto por las cosas de Dios, sin los tonos nocivos del fanatismo o el prejuicio.

Él mismo atribuyó este estado al efecto saludable de la oración que acababa de decir, y luego comenzó a degustar un café simple mientras Jerônimo dirigía el diálogo mental favorecido por el campo vibratorio receptivo del encarnado, que surgía como una conversación consigo mismo.

– Qué bueno encontrarte en agradable armonía, Jurandir. La devoción y la vigilancia son muy importantes antes de emprender la jornada diaria.

Como si respondiera hablando mentalmente, respondió:

– ¿Qué sería de mí sin las bendiciones de la oración, verdad, Jurandir? Cuán importante es nuestra conexión con Dios en todo momento, especialmente en un período tan difícil como el que estamos viviendo.

Aprovechando la memoria espontánea, Jerônimo agregó:

– Esta es la oportunidad decisiva de todos, amigo. Tiempos difíciles para poner a prueba en valentía, en idealismo, en abnegación.

A lo que Jurandir respondió:

– ¡Así es…! Quién mejora en el mundo si no es sometido por las pruebas de la vida, ¿verdad? Lástima que la mayoría de las criaturas no se den cuenta de esto. Tantos se quejan, tantos buscan a Dios solo para pedir más concesiones materiales...

– Eso lo sabemos, Jurandir, y el Señor también. Por eso se está aprovechando estas motivaciones materiales de los hombres para llamarlos a la realidad.

— Pero — pensó Jurandir — qué difícil es para estas personas entender las cosas del espíritu.

— Sí, están dormidos a la verdad. Por eso es fundamental que líderes como tú estén dispuestos a hablarles con claridad sobre la urgencia de esta hora.

— ¿Cómo podría hacer que el mensaje del Evangelio fuera más atractivo para quienes lo escuchan? ¿Cómo competir con las compras, la televisión y las modas? — Jurandir siguió dialogando con espíritus amigos, pensando que meditaba con sus propios botones.

— El mayor problema es la claridad, amigo. No hay más tiempo para las parábolas, indirectas, y entre líneas. Es fundamental hablar con el corazón y la conciencia de todos.

— He abordado el tema de la última hora con cierta cautela. Comentamos extractos del Evangelio relacionados con el tema con cuidado de no producir miedo o desesperación en la audiencia.

— Eso lo sabemos, Jurandir, y esa siempre ha sido la postura adecuada para los tiempos que han pasado. Sin embargo, imagina que se acerca una gran tormenta y eres un meteorólogo que va monitoreando a través de satélites y computadoras. Sabiendo que llegará a una comunidad, ¿cuál es la medida adecuada para intentar salvar a sus habitantes?

Al decir esto, ayudado por Adelino, quien moldeó una pantalla fluida frente a la sensibilidad espiritual de Jurandir, Jerônimo sacó a relucir la escena a la que se refería.

Inmediatamente, conmovido por la idea de la tormenta, el líder encarnado comenzó a imaginar cómo sería su postura, si tuviera la responsabilidad de salvar una ciudad de los efectos catastróficos de un huracán.

— ¡Venga! Imagínense que me entero de una tormenta destructiva que pasará por una región en unas pocas horas y necesito ayudar a sus residentes a salvarse. ¿Cómo debo proceder? Reúno a la comunidad y les pregunto si tienen paraguas. ¿Solicito que se matriculen en una escuela de natación? Les voy a decir que no tienen que preocuparse, pero ¿lloverá un poco más en unas horas?

– Eso es correcto, Jurandir. ¿Crees que eso ayudaría a estas personas?

– Sí... creo que no tendría sentido en una situación como esta. Necesitaría buscar una emisora de radio, una televisión, convocar una rueda de prensa y relatar los hechos tal como los conozco, sin omitir nada, para que, dada la gravedad del pronóstico, cada uno tome las medidas que crea convenientes.

Al llegar al punto que era su principal objetivo, Jerônimo exclamó:

– ¡Muy bien mi amigo! Esto es lo mejor que se puede hacer. Hay muchos que no creerán en tus palabras. Sin embargo, además de haber escuchado la alerta, todos aquellos que sean receptivos al llamado de seguridad adoptarán las medidas preventivas que consideren oportunas, de acuerdo con la orientación de las autoridades en la materia.

– Siempre hay quien no cree en nada y ridiculiza todas las advertencias.

– Esto es desde siempre, Jurandir. No estamos haciendo esto por los incrédulos. Nos interesan aquellos que tienen el corazón abierto a las realidades divinas y que, aunque estén marcados por errores, pueden aprovechar los momentos finales para prepararse para la tormenta. Ciertamente, los malvados y los que valoran el mal con sus placeres no querrán escuchar ninguna disciplina o conducta moralizadora que no sean las que entronizan el egoísmo. Sin embargo, hay muchos más inmaduros que malos. Al primer rugido de la tormenta, caen de rodillas pidiendo perdón a Dios, arrepintiéndose. Si tienen un poco de sentido común, señalar el peligro les ayudará a decidir cambiar de rumbo.

– Sí... –. pensó seriamente – durante la tormenta no hay tiempo para las parábolas.

– Esperamos que no olvides esta sabia guía para que podamos contar con tus esfuerzos con los hermanos encarnados para poder iluminar alguna conciencia ante la gran oscuridad, amigo mío.

Y para que Jurandir no llegara tarde al trabajo diario, Jerônimo cerró la rápida conversación proyectando en la pantalla el rostro generoso de Bezerra de Menezes, en nombre de quien hablaban, repasando las advertencias elaboradas en esa noche tan especial, en corte celestial de Aurélio, Antênio y muchos otros.

La visión espiritual de Bezerra hizo que Jurandir se sintiera conmovido por la atmósfera dulce y firme del venerable anciano, interpretando esta sucesión de ideas como una inspiración que venía directamente de él.

– Gracias, papi – exclamó Jurandir en voz alta mientras terminaba de beber el resto de la taza de café con leche. Hoy comenzaremos el trabajo de alerta sobre la tormenta.

Jerônimo y Adelino, mirándose felices, consideraron exitosa la primera tarea del día, preparando al trabajador encarnado para la valiente tarea que tenían por delante.

Dejando Jurandir, se fueron a la institución donde, más tarde en la noche, un gran número de servidores del bien se reunirían en el mundo invisible y simpatizantes encarnados de la Doctrina Espírita Cristiana.

Cuando llegaron, buscaron a Ribeiro para recibirlo.

– A su debido tiempo, llegaron cuatro manos más para ayudar en nuestro trabajo siempre intenso – dijo el líder espiritual, sonriendo con satisfacción.

– Por supuesto, amigo mío – respondió Adelino –. Nuestra mayor alegría es que somos útiles para algo con tu generoso corazón, Ribeiro. Qué sería de nuestro tiempo sin esta casa de paz y recuperación, ¿verdad?

– Bueno, Adelino, la paz es la herencia del Cristo que nos dirige, pero en cuanto a recuperar... – dijo Ribeiro, hablando entre serio y juguetón –, todavía tengo que esperar esta oportunidad. Aquí, por ahora, estamos cumpliendo lo que tenemos que hacer.

– Haz esto, haz aquello, ayuda aquí, coopera allá... – agregó Jerônimo, uniéndose a la conversación.

– Eso es, queridos hermanos. De esta forma, celebramos la llegada de dos trabajadores más para apoyarnos en las tareas que nos esperan.

– Acabamos de llegar de una importante reunión donde asistimos en compañía de Bezerra, en la que se informaron hechos muy importantes y se hicieron ciertas solicitudes.

– Sí amigos, nuestro querido papá ya me ha informado de todo.

Sorprendido por la rapidez de la noticia, Adelino exclamó:

– Pero ¿ya? Nos despedimos de él hace menos de media hora, Ribeiro.

– Sí, Adelino. Sin embargo, a través del pensamiento, me comunicó las pautas urgentes para nuestras actividades. Algo como "agrega más leña a este fuego porque se necesita más calor en esta estufa." Bueno, no es así como lo dijo, pero, en el fondo, el mensaje es que debemos acelerar la iluminación de las criaturas para los preparativos finales.

– Eso es, Ribeiro. Me alegro que ya lo sepas, porque de esa manera podemos aprovechar al máximo nuestro tiempo.

– Sí. Sobre eso, ya he enviado algunas comisiones espirituales a la casa de los distintos médiums y trabajadores habituales de nuestro núcleo para que no abandonen el trabajo de hoy, cuando todos deben estar muy atentos a las advertencias. Simplemente no tenía que preocuparme por Jurandir...

Entendiendo que Ribeiro se refería a los cuidados que ya habían tenido en relación al líder encarnado, Adelino exclamó en tono de broma:

– ¡Santísima Virgen, parece que tienes una bola de cristal, Ribeiro!

Y Jerônimo agregó:

– Así es, Adelino. Ribeiro tiene una bola de cristal escondida en su corazón. De hecho, su corazón es uno de cristal, por eso lo sabe todo. Un día también seremos como él. Y para eso, tendremos que esforzarnos mucho en las tareas que nos esperan. ¿Nos vamos a trabajar, Adelino?

Sin esperar las protestas de Ribeiro, quien siempre desaprobó cualquier mención loable de sí mismo, los dos trabajadores se dirigieron a los incontables pabellones espirituales llenos de almas en recuperación esperando ser transportadas a núcleos del mundo invisible, además de albergar a un gran número de aquellos que, dormidos, solicitaron vehículos que los llevarían al gran transportador, hacia el exilio ya descrito anteriormente (en la novela *Herederos del Nuevo Mundo*) donde retomarían lo que ya no podían hacer aquí en la humanidad terrena: despertar a la verdad.

7.
Conceptos y prejuicios

La calle estaba llena de transeúntes apresurados, todos preocupados por sus luchas, ganancias, pérdidas y disputas terrenales. En todas partes, se observaron masas compactas de entidades que se mezclaban con los encarnados. Si los hombres pudieran observar la naturaleza de tales compañías, ciertamente se volverían locos, aterrorizados por la visión grotesca de la monstruosidad invisible que les hacía la corte, junto con sentimientos y pensamientos desconcertantes e inferiores.

La atmósfera vibrante prevaleciente indicaba el desajuste de la mayoría, al observar que todos parecían caminar rodeados de un vasto océano de materia densa, oscura y repulsiva, moldeada por mentes desequilibradas.

Los encarnados imaginaban la vida como la satisfacción de las exigencias básicas del instinto y, por tanto, vivía más como animales primitivos que como seres espirituales en proceso de elevación.

Sus mentes estaban atadas al suelo fangoso de un mundo en ruinas, esperando que él les quitara tesoros imaginarios sin darse cuenta que tales realidades estaban al servicio del crecimiento de sus espíritus.

El trabajo existía para disciplinar la voluntad, pero el hombre solo lo veía como una fuente de recursos para satisfacer las necesidades de la vida física o como una fuente de placeres.

La relación afectiva existía para que las personas aprendieran a cooperar entre sí, a tolerar las diferencias, a desplegarse para la supervivencia colectiva, formas para el desarrollo de las virtudes del alma. Sin embargo, la mayoría de las veces, las personas redujeron estas importantes oportunidades a simples experiencias sexuales, vinculadas a emociones mecánicas en los espasmos musculares.

No obstante, cuando se refería a la construcción del afecto seguro y sincero, comenzaron a quejarse de todos los problemas que se presentaban en el hogar, huyendo de la responsabilidad de la propia transformación.

El sufrimiento físico o moral fue la llamada al rescate del pasado o el pago de los excesos del presente, para aconsejar la modificación de la conducta, el abandono del vicio, sea cual fuera, el cambio de rumbo a seguir. Sin embargo, el encarnado veía la enfermedad como un mal divino, se quejaba del dolor, no tomaba los medicamentos correctamente y soñaba con curar la enfermedad para seguir practicando los mismos errores alienantes.

El hombre moderno había optado por transformar la escuela de virtudes en un gimnasio de placeres y crímenes.

Esto atestiguaba el grado de compromiso con la retaguardia moral, marcando el nivel de evolución que cada uno había logrado desarrollar en sí mismo.

En cuanto a la fe, no fue diferente.

Se repitió el escenario antiguo de la Roma clásica, aunque bajo los templos cristianos. Esto se debía a que, incluso dentro de las iglesias, la frivolidad había penetrado en los corazones que buscaban un refugio seguro.

En la Roma ancestral, una miríada de templos se mezclaban en calles y plazas romanas, cada uno con su procesión de deidades, sacerdotes y sacerdotisas, cultos y ofrendas. Y el pueblo, en busca de favores divinos para sus quehaceres humanos, imaginando que sus limosnas, donaciones o favores podrían corromper la voluntad de los dioses a los que se dedicaban.

El cristianismo; sin embargo, había cambiado el rostro de la humanidad. No más templos paganos donde el rostro aterrador de Júpiter, las costumbres glotonas de Baco, las seductoras insinuaciones de Venus o Afrodita sirvieron a los más diversos intereses de los hombres.

Reemplazada por la fe en el Dios único, atestiguada y enseñada por el Cristo amoroso, la nueva era había surgido con el vigor de la tierna planta que crece en un suelo favorable. Pero había pasado el tiempo, el entusiasmo de las primeras horas perdió fuerza en el corazón de los seres que, poco a poco, llevaron el culto pagano en su esencia al centro de los distintos cultos cristianos.

Las iglesias en sus diferentes denominaciones se multiplicaron, cada una atribuida a un santo, a un nombre llamativo, a un patrón importante, en los diferentes aspectos de la fe.

Y los que ayer fueron Júpiter, Afrodita, Apolo, Mercurio, se convirtieron en ese conjunto de denominaciones de diferentes escuelas religiosas, ahora todas adeptas al cristianismo.

A pesar de ello; sin embargo, el clima de fe quedó sumido en el oscuro labertinto del interés, en el camino de la irresponsabilidad, en la lucha por el éxito material por encima de cualquier otro logro.

Ciertamente, la fe de algunos todavía encontraba alimentos saludables dentro de tales congregaciones religiosas que, fundadas en el Evangelio de Jesús, difundieron sus enseñanzas a todos los que quisieron. Pero, innegablemente, en su mayor parte, las mismas instituciones que se autodenominaban casa de Dios se habían perdido en el camino del testimonio, acomodándose con los intereses más bajos, mirando al cielo, codiciando los bienes terrenales.

Pocos se mantuvieron fieles al antiguo proyecto de sencillez, autenticidad, valentía en el bien.

Y además, como en la antigua Roma, el ser humano no comprometido con su propia transformación migró de una creencia a otra sin la más mínima ceremonia, inclinándose hacia una que le garantizara la conquista de sus propios intereses de forma más rápida y barata.

Se veía a hombres y mujeres en los templos católicos haciendo promesas, para después, unirse a iglesias evangélicas o templos espíritas para pedir las mismas cosas. Buena parte de ellos pedían favores a Dios que significarían la deshonra de otros, el cumplimiento de pedidos que apuntaban a perjudicar a personas o comunidades, el patrocinio de pretensiones ilícitas o el apoyo a apuestas millonarias.

El panorama mundial indicaba, con raras excepciones, que buena parte de la humanidad no había despertado a las realidades de la evolución.

Y si la calle mostraba este espantoso intercambio entre vivos y muertos, la atmósfera de los grandes y bien ornamentados locales comerciales de la modernidad; es decir, los elegantes centros comerciales asustaban aun más.

Esto se debe a que, si en la vía pública se mezclaban personas de todos los niveles sociales, muchas de las cuales carecían de comprensión, de una formación moral más refinada o incluso de una simple cultura escolar, los lugares destinados al costoso comercio de las tentaciones reunían un público mucho más refinado, favorecido por los bienes materiales y, como era de esperar, más fino. Sin embargo, los espíritus que caminaban junto al cuerpo vivo eran más grotescos que los de las calles.

Por un lado, los hermosos escaparates con seductores arreglos, mercancías y provocadoras ofertas. Por otro, seres humanos invigilantes y distraídos, desprendidos de un pensamiento noble, emitiendo grotescas formas– pensamiento, sumadas a una compañía inferior y más peligrosa que la que se ve en la vía pública. Allá afuera, violencia y agresión unieron las dos humanidades. Aquí dentro, la astucia, la malicia, la codicia y la maldad refinada fueron la marca de las almas perturbadoras que se unieron con los socios de la carne, en lazos aun más profundos e intensos.

Se observaba una perfecta simbiosis en la que ambos mostraban la misma voluntad, y el encarnado no pudo decir si fue conducido por él mismo o por la influencia inferior con quien armonizaba.

Al evaluar las condiciones personales de quienes frecuentaban tales ambientes, lo que se pudo percibir, sin mucho esfuerzo y con pocas excepciones, fue esa ambición, envidia, dependencia de la materia, crueldad, egoísmo y toda clase de vicios y adicciones. Los defectos morales eran más graves y evidentes que los que deambulaban por la vía pública.

Tanto en las calles como en los centros comerciales, hubo personas que escapaban a la regla, empoderadas por su propio equilibrio para mantenerse protegidas por buenos pensamientos, nacidos de su vigilancia y de su elección interior hacia valores nobles. A su alrededor, una atmósfera diferenciada indicaba la mejor condición personal, como una huella psíquica que revelaba la vibración interior en el bien.

Sin embargo, en su mayor parte, la agitación mental fue la marca preponderante, transformando ese entorno de belleza material en un pantano pestífero, en el que serpientes invisibles se deslizaban junto a hombres y mujeres bien vestidos, compartiendo la codicia y la astucia, el egoísmo y el orgullo.

No importaba si era visible o invisible. En ellos, el veneno era un rasgo común que arraigaba raíces en la mente codiciosa. En ninguna parte había preocupación por Dios.

De hecho, era la gran iglesia moderna. Nichos de todo tipo para atraer gustos variados donde cada "dios material" prometía cosas, y la masa de fieles deambulaba por los pasillos en busca del dios que satisficiera sus búsquedas inmediatas.

Para unos era el dios de la belleza, para otros, el dios del placer, y para otros más, el dios de la seducción y cada tienda era un lugar de culto donde el interesado depositaba su donación y se marchaba con la bendición que anhelaba.

Y, en los pasillos, criaturas insatisfechas, infelices, soñadoras y egoístas, tratando de satisfacer sus antojos mediante la codicia de compra, la ilusión de tener, el viejo dios Mamón o Baal de la época pagana.

La escena representaba bien la realidad, bastaba contar la cantidad de veces que alguno de los encarnados fue al centro comercial y se comparase al tiempo que dedicaron a ejercitar sus creencias, donde se unieron a Dios en el ejercicio de la fe.

Un marco social de esta naturaleza mostraba una enfermedad colectiva que había contaminado a la mayoría de las personas.

Componiendo el mosaico de la colectividad, solo un pequeño número de criaturas atentas y vigilantes practicaron la profilaxis del alma de la manera recomendada por Cristo, superando sus limitaciones, olvidando sus intereses inmediatos, negándose a participar en la saga de alucinaciones que involucraba a las multitudes.

Para esta minoría, la atmósfera del mundo materialista era hostil porque, al no participar más de sus objetivos ni vibrar bajo las presion0es de la mayoría, vivían rodeados de una locura y futilidad que se volvía agresiva e injusta.

De hecho, esta fue y es la verdadera prueba.

Solo con el choque entre los conceptos nobles y los prejuicios del mundo es que una persona podrá demostrar que ha logrado reformarse.

※ ※ ※

Y tú, querido lector, estás llamado a tomar partido por la gran oportunidad de vivir y superarse a sí mismo, mientras haya tiempo.

Observa los conceptos que defiendes, cómo justificas tus actitudes hacia la vida, qué valores eligió tu mente para que sirvan de guía para tus comportamientos.

Este es el momento de la prueba.

Y es por eso que Jesús advirtió a todos sobre la salvación, al enseñar que solo aquellos que perseveraron en el bien, aquellos que lucharon por la realización de los valores nobles y se corrigieron en su voluntad de vencer las inclinaciones malvadas, realmente encontrarían la salvación.

Reformula tus elecciones, replantea tus conceptos materialistas, refuerza tu voluntad de servir por amor, olvídate de ti mismo para que los demás tengan derecho a ser felices, no te desanimes ante el testimonio moral o material, trabaja bien y aguanta firme. Llega el momento en que la prueba acaba y, entonces, solo queda esperar el resultado.

Por el fruto se conoce al árbol.

Analiza los frutos que estás produciendo y, conociéndote a ti mismo, esfuérzate por producirlos en mayor cantidad y con mejor calidad.

8.
Cosechando los frutos

El ambiente de lo que podría llamarse la casa de la esperanza era uno de los más tumultuosos e inapropiados, visto solo a través del prisma de los encarnados. Pasillos abarrotados, descontento en casi todos los rostros y, por otro lado, la mala voluntad de la mayoría de quienes, allí, cobraban por ejercer la medicina o la enfermería según las elecciones profesionales de cada uno.

Los pacientes que gritaban, médicos indiferentes junto con las enfermeras descontentas y sin amor eran algo común.

Ciertamente, hubo, aquí y allá, alguna excepción a tal forma de conducirse. Sin embargo, contaminados por la impaciencia colectiva, los pocos resignados terminaban siendo atacados por el desequilibrio de los demás.

Como era una casa cuya tarea era acoger a los enfermos, no hay nada más natural que albergar a los enfermos irritados por el dolor, impacientes por el sufrimiento, desesperados por la posibilidad de la muerte física, agitados por las dificultades de la vida.

Sin embargo, en lugar de mantener el firme propósito de ser un remedio para los amargados, su amargura parecía ser asimilada por los empleados de los diferentes sectores del hospital. Algunos lograron controlar el deseo de devolver el mal recibido por el mal servicio. La mayoría; sin embargo, aquí o allá, adoptó el viejo refrán de moda "ojo por ojo, diente por diente."

Los médicos se creían superiores a todo y a todos, contribuyendo significativamente a las malas relaciones colectivas en el entorno.

Expresiones simples como "por favor", "gracias", "¿sería posible?" hacía tiempo que habían dejado de escuchar en la relación profesional.

Al observar esta realidad, Bezerra le comentó a Ribeiro:

– Lamentablemente hijo mío, cuando observamos cómo se comportan los encarnados, tenemos que coincidir en que la buena convivencia ha sido la mayor víctima. En administración humana, este hospital se divide básicamente en tres categorías: pacientes, enfermeras y médicos.

Para nosotros, Ribeiro, solo hay una categoría: la de los enfermos.

Así tenemos a los enfermos–pacientes, los enfermos–enfermeros y los enfermos–médicos, porque todos reclaman una atención fraterna por algún tipo de sufrimiento que corroe sus sentimientos o sus mentes.

Difícilmente podemos encontrar un apoyo equilibrado y seguro en el corazón de cualquier profesional que, puesto por Dios en este lugar de servicio para el bien, cumpla adecuadamente la tarea de amar a los enfermos físicos, comprendiendo sus dolencias y crisis. Todos reclaman nuestra atención clínica, porque créeme, Ribeiro, la menor necesidad en este entorno de aflicciones es la de la carne enferma.

Sorprendido por el comentario, Ribeiro se quedó callado, esperando que Bezerra se detuviera en la lección fraternal, enseñada sin amargura en sus palabras ni sentimiento de contrariedad.

– Es cierto que hay pacientes físicos en estos pasillos. Sin embargo, las enfermedades de la emoción, la mente y el espíritu predominan en todos los que permanecen aquí, sin importar la razón que los haya traído aquí.

Pacientes físicos que empeoran su condición orgánica debido a la enfermedad emocional del miedo, la angustia, la desesperación.

Enfermeras enfermas de insatisfacción, con pensamientos indiferentes al dolor de los demás.

Doctores multiplicadores de sueños de grandeza y éxito material, comprometidos con ambiciones que creen justas y compatibles con el nivel social en el que se creen superiores a los demás, transitan aquí con la cabeza llena de planes, con el corazón vacío. Ven a sus pacientes como problemáticos e intolerables, olvidando que esta es la reacción natural de los que sufren.

Entonces, Ribeiro, los que aquí servimos por amor a todos, cuidamos a los enfermos del cuerpo, pero por el bien de su propio servicio, no dejamos de apoyar a los demás, sin excepción, porque, si entendemos la irritación en los enfermos, no preparados para aguantar, sufriendo pacíficamente, ¿qué será de este hospital si también se ponen en peligro, a raíz del desequilibrio, precisamente los que deben servir a los afligidos?

Para que la explicación sea más elucida, Bezerra se acercó a uno de los trabajadores del hospital.

– Mira a nuestra hermana, Alcinda – dijo, señalando a la enfermera jefe en la guardia nocturna.

Ribeiro se acercó con él a la referida servidora que, entre preocupada e insatisfecha, era la responsable de veinticinco pacientes en esa enfermería.

Al leer sus pensamientos, Ribeiro se sobresaltó:

– Pero está pensando en cómo deshacerse del exmarido que le causa problemas al exigirle el derecho a tener el hijo en común con ella, algo que no acepta porque fue traicionada por la anterior pareja que la dejó por alguien más joven.

– Así es, Ribeiro. Llevamos dos meses atendiendo a nuestra hermana Alcinda, cuando su drama moral empeoró. Extremadamente apegada a su hijo, la traición de la que fue víctima no dolió tanto como perturba la amenaza de su exmarido de quitarle la custodia del menor, alegando su falta de tiempo para cuidar al pequeño, como consecuencia de su trabajo en este hospital.

Y como puede ver, Alcinda está conspirando para envenenar a su exmarido Wálter, utilizando algunos recursos medicinales a los que tiene fácil acceso, sin levantar sospechas. Además, el exmarido se gana la vida como vendedor de propiedades y, en este momento, entre los veinticinco pacientes a su cargo, hay dos de ellos con el mismo tipo de actividad profesional. Alcinda, transfiriendo la ira que siente hacia estos dos infelices, que le recuerdan la actitud infiel de su exmarido que se involucró sexualmente con una compañera de trabajo, se inclina a despreciar a los dos pacientes ingresados aquí, como si también tuvieran alguna culpa de su deshonra.

Para ella, enferma de emoción, todo el que trabaja en este campo es oportunista y deshonesto, imaginando que brindará un excelente servicio a la comunidad si aniquila tanto a su expareja como a quienes comparten su actividad comercial.

Ribeiro quedó consternado ante el perfil de aquella criatura que, como jefe del turno de noche, tenía a tantas criaturas enfermas bajo su custodia.

– Entiendes, querido hijo, ¿cómo debemos tratar a todos, cada uno con su propio tipo de enfermedad? Si descuidamos a Alcinda, seguramente al menos otras tres criaturas, además de ella, pueden ver comprometidas sus vidas por la actitud insensata de una mente enferma.

Y lo hacemos porque Alcinda, contrariamente a lo que pueda parecer, tiene cualidades excepcionales en muchas otras áreas del carácter. Es sumamente disciplinada en los deberes de enfermería, hábil organizadora del grupo que tiene bajo su dirección, enfermera cariñosa en el trato con los niños, en los que identifica a su propio hijo amado, sin importar la clase social a la que pertenezcan.

Es generosa al comprender los problemas de los demás y fácilmente influenciable por nosotros, dando la bienvenida a la inspiración que le enviamos, sin los obstáculos normales que se encuentran en otros servidores.

De hecho, acabó contaminándose con el virus del rencor al pasar por un calvario personal, fuera del ámbito laboral. Esto; sin embargo, no la hace mala ni la menosprecia en tantas cualidades que adornan su alma. Nos ocupamos de lucha contra el virus de la emoción para seguir contando con el servidor dedicado en muchas otras áreas. Y, en este esfuerzo, visitamos su casa, abrazando el espíritu de la expareja para que el antagonismo afectivo no se lleve al extremo como viene diciendo que hará, ni use a su hijo como arma para desajustar la emoción de ex esposa.

En este esfuerzo, no nos negamos a prestar atención ni siquiera al compañero frívolo que está involucrado en la disolución de la familia. Es una hija de Dios engañada por el sueño de grandeza, fundada en una belleza física pasajera que ha venido utilizando como instrumento de seducción de los incautos para sentirse poderosa ante los demás.

Involucramos a Luciana, la actual pareja de Wálter, para que su mente astuta no avive el fuego de la venganza que ambos encendieron contra Alcinda, desde el momento en que iniciaron el romance afectivo, ante el cual la enfermera fue el mayor obstáculo.

Su corazón inquieto no está a la altura de las cualidades morales que son naturales en la hermana que tenemos ante nuestros ojos.

Luciana es frívola y, como una mariposa festiva, vive a la caza de aventuras, arrastrando a Wálter a los desatinos excitantes de la emoción, consumiendo a ambos en excesos físicos que no durarán mucho tiempo. Ahora que Alcinda ha sido apartada de su camino, Luciana no se conforma con haber arruinado a su familia. También quiere seguir creando obstáculos a su equilibrio, con el odio mortal de la exmujer por el intercambio de puyas verbales que ambas intercambiaron una vez, cuando Alcinda, descontrolada, la ofendió mucho.

Se juró a sí misma, la amante, que le enseñaría a nunca ofender a otra mujer. Ejerciendo el dominio sobre Wálter – un verdadero adolescente encantado por las emociones de la sexualidad que brinda Luciana –, ha ido sembrando en él las ideas de reclamar ante los tribunales la custodia del hijo que ambos saben que es el tesoro de Alcinda.

Entonces, Ribeiro, para ayudar a los pacientes hospitalizados en esta ala del hospital, no podemos dejar de atender el corazón de Alcinda, la mente inadaptada de Wálter, además de intentar apaciguar el odio de Luciana para que podamos devolver a todos estos pacientes a un nivel aceptable de equilibrio. general, emocional y orgánico.

Observando el gran y complejo trabajo de los espíritus activos en esa institución, Ribeiro comentó sonriendo:

– Bueno, doctor, sería bueno si hubiera una pastilla de sentido común, ¿verdad?

– Sí, Ribeiro, creo que la fábrica no podría manejar la producción – respondió el noble servidor del bien, involucrando a su compañero de luchas en la atmósfera de su amor.

Después de la lección esclarecedora, Bezerra llevó a Ribeiro a la habitación donde yacía una criatura extremadamente abatida, agonizando. Era una mujer madura cuyo sufrimiento físico había provocado un acentuado desgaste orgánico y que, incluso en una habitación equipada con un equipamiento avanzado y complejo, llevaba en el alma la marca vibrante de las bestias enjauladas. Junto a la cama limpia, visitantes invisibles y de mal aspecto se apiñaban, como si esperaran que la paciente continuara sus aventuras de bajo nivel.

Ribeiro ya sabía quién era.

– ¡Caramba! Doctor, pensé que el cuadro no era tan malo – dijo, mirando a Leda en momentos cruciales en el cuerpo carnal.

Respondiendo a su exclamación, Bezerra agregó:

– Como enseña el viejo dicho popular, muy común en los círculos espíritas, Ribeiro, "la siembra es libre, pero la cosecha es obligatoria." Nuestra hermana está en los últimos momentos de la vida física, pero, fíjate, sus mayores tormentos no son los de la carne enferma. Son los del espíritu asustado por lo que le espera en el viaje de ultratumba.

Con el relajamiento de los lazos orgánicos, Leda está en contacto directo con toda la maldad de las entidades inferiores con las que se relacionaba a diario, las que conoció en fiestas inapropiadas, bajo la dirección de nuestra conocida baronesa Moira (personaje de la novela *Herederos del Nuevo Mundo*).

Ya no le favorecen las intercesiones espirituales de su antiguo compañero, nuestro querido hermano Alberto. Tras la separación entre ellos, cuando prefería las ilusiones aventureras, se dedicó con énfasis a las amistades mentirosas, creyendo que allí encontraría el apoyo necesario. Unos meses después, el gran alentador de su frivolidad, ese ente repulsivo que la envuelve en el lecho y era conocida como la baronesa, regresó al mundo espiritual y, aunque no fue recogida por los espíritus encargados de la selección de la paja y el trigo, las viejas amistades están unidas por el vínculo de placeres indignos en el campo de la sintonía inferior. Leda pasó de la esperanza a la decepción, sin siquiera contar con el apoyo de sus hijos y compinches, Robson y Romeo.

Cuando surgió el cáncer, cruel y rápido, todos los antiguos socios de la ilusión huyeron de una vez por todas. Ella se habría quedado sola, de no ser por la solicitud fraternal de su exmarido que ella misma había humillado hacía unos años.

Gracias a los contactos que le quedaron tras la quiebra, Alberto logró rodear a Leda con especial cuidado que la favoreció con un poco de alivio.

Sin embargo, el acercamiento de su exmarido hizo que el complejo de culpabilidad pareciera aun más cruel. En el momento de la bancarrota, Alberto ya no le servía si no como motivo de vergüenza. Lo culpó por perder su antigua posición y destaque material. Leda, en la hora más dolorosa de Alberto, había optado por abandonarlo. Ahora, era la mano de su exmarido, seguidor del Espiritismo cristianismo, quien le sirvió de único sustento y último refugio.

Alberto siempre la visitaba, conociendo su estado terminal, tratando de prepararla para la desencarnación. Pero como médium que es, aun con sus pensamientos elevados al bien y al amor, registró las perversas compañías que se asociaron con Leda, sin siquiera respetar su dolor físico o moral.

La habitación era casi una guarida de bajo nivel. Mientras la paciente gemía a un lado, entidades frívolas se arremolinaban por la habitación, como bailarines que se entrenan para no perder su forma. De vez en cuando, uno de ellos maldecía a la pobre mujer, diciendo que sus gemidos estropeaban su concentración en los pasos del ballet.

Alberto sintió las vibraciones difíciles de esa habitación, aunque no se dejó contaminar por ese ambiente.

Y gracias a su compromiso a través de oraciones y súplicas, los trabajadores espirituales del Centro Espírita al que estaba vinculado comenzaron a seguir el caso de Leda, aunque sabían que no podían cambiar el curso de los hechos, respetando la ley que ordena a cada uno recoger lo que ha sembrado.

Bezerra y Ribeiro se acercaron a la cama sin ser vistos por los otros espíritus.

Tampoco Leda los identificó, perdida en las alucinaciones del inframundo que la envolvían con sus demandas y bromas.

Mantenida bajo la acción de sedantes que le daban un alivio orgánico, su espíritu no podía contar con el refugio del cuerpo para esconderse de las horribles persecuciones que la rodeaban.

Sin embargo, incluso bajo la acción de los anestésicos, se mantuvo pegada a la carne física como último recurso de defensa, tratando de esconderse de las invitaciones indecentes y los rostros monstruosos que la llamaban con el tono y la intimidad de viejos amigos.

Bezerra colocó su mano luminosa sobre la mente cansada de Leda y, actuando directamente en los delicados centros, le transfirió recursos magnéticos gracias a los cuales pudo visualizar la presencia fraterna de Ribeiro, allí a su lado.

– Gracias a Dios – gritó el paciente –. Finalmente, alguien viene en mi ayuda. Doctor... doctor... sácame de aquí... esto no es un hospital, es un manicomio... déjame volver a la compañía de mi Alberto, por favor...

– Cálmate, Leda, te están ayudando. Piensa en el Creador, eleva una oración a Dios y pide el apoyo que puedas otorgar a tu caso, hija mía...

– Pero mi problema no es de oración, no. Estoy enferma, doctor. Necesito una cirugía rápida, atención de emergencia, medicación fuerte. Pero mientras no me operen, ¿por qué dejan que toda esta escoria de gente entre en la habitación? ¿Dónde has visto algo así? ¡Qué falta de respeto por una paciente que lucha por vivir...!

– Mira, Leda, seguiremos cuidándote. Sin embargo, piensa en cuánto te has dado al descuido. Has estado pidiendo medicinas y cirugía como el individuo que, en medio del fuego, quiere aspirina en lugar de combatir las llamas. Tus dolores físicos están terminando, hija mía. Pero, ¿alguna vez has pensado en el dolor moral? ¿Has meditado en las cosas que te esperan después?

– Oh... doctor... Dios no lo quiera también... – respondió Leda, cambiando el tono de voz –. ¡Ni siquiera quiero pensar demasiado en eso! Nunca creí en el infierno, pero tengo demasiado miedo de terminar allí.

Al ver que Leda no se animaba a afrontar su propia situación, Ribeiro le sonrió y concluyó:

– Pues bien, no es mejor que recurramos a la oración en estos momentos de incertidumbre, ¿Leda? Solo Dios puede enviarnos la protección que necesitamos, ¿no crees?

– Sí, doctor, creo que tiene razón. Solo Dios mismo puede ayudarme con su bondad...

Al darse cuenta que la conversación iba a terminar, Leda tomó las manos de Ribeiro entre las suyas y, en un esfuerzo desesperado, pareciendo olvidar toda la conversación anterior, exclamó:

– Pero ¿te las arreglarías para que estos mendigos y gente miserable no entraran más en mi habitación? No soporto la compañía de esta turba, doctor... al menos no en estos delicados momentos que estoy atravesando... por favor...

Comprendiendo la falta de preparación de Leda para el momento de la desencarnación y su negativa a aplicar el beneficio de la oración a su favor, Ribeiro sonrió y exclamó:

– Pediré a los guardias que impidan su entrada. Sin embargo, Leda, no te olvides de rezar. Con tu oración, podrás bloquear su entrada. Es tu elección, hija mía.

Bezerra sacó la mano derecha de encima del cráneo del paciente y, saliendo con Ribeiro de la habitación, comentó que la desencarnación se produciría en aproximadamente 12 horas.

No habían pasado ni tres años de la separación de Alberto, y Leda, agotada por valores dudosos a la sombra de los cuales había decidido refugiarse, estuvo a punto de ser expulsada de su cuerpo físico por la enfermedad desintegradora que le nacía de su alma enferma.

En el otro lado de la vida, seguiría siendo cancerosa y mal acompañada.

9.
Alertando a todos

Dentro de las tareas de iluminación que realizaba el alma generosa de Bezerra, teniendo en cuenta los dictados superiores para alertar al encarnado a través de reiteradas manifestaciones, el venerado médico concentró sus primeros esfuerzos en los núcleos espíritas a los que se conectaba directamente.

Animó a varios colaboradores cercanos a multiplicar el mensaje a los demás Centros Espíritas de todas partes del mundo, sin olvidar ninguna institución de buena voluntad que estuviera en armonía con la obra divina en la construcción del futuro. Además, convocó a varios representantes espirituales de todos los credos y religiones para que, en una reunión de aclaración, también fueran alertados de los cambios necesarios, haciendo que la noticia sobre la vigilancia indispensable llegue a los fieles de todo tipo.

Infatigable en la bondad, el amoroso anciano se desplegó, multiplicando el sublime esfuerzo nacido de lo más alto.

Acompañado de Jerônimo y Adelino, Bezerra asistió una noche a la gigantesca institución espírita encargada de la evangelización diaria de miles de criaturas, con el propósito de infundir en sus responsables las instrucciones recibidas de Antênio y Aurélio.

Favorecidos por el desenvolvimiento que el sueño confería al alma de los encarnados, los líderes se encontraban reunidos en un vasto ambiente en el que, en días ordinarios, se prestaba asistencia al público bajo el nombre del médico de los pobres.

Es importante destacar que, a pesar de ser dirigentes administrativos y doctrinarios de la institución, muchos trajeron el espíritu ajeno a los ideales más sinceros, viviendo una vida mundana incompatible con los altos deberes de quienes, en cualquier cargo, están a cargo de una obra de amor y sinceridad que se realiza en el nombre de Jesús.

Cargados de sombras, muchos de ellos tenían la mente atada a los deseos humanos, suavizados en las fibras del carácter por los intereses materiales que los dominaban y cuyas marcas visibles delataban sus precarias condiciones morales y la falta de sinceridad de sus actitudes. En la vida normal, retomando su trabajo diario, se presentaban al servicio y trabajaban bajo su dirección con la bien cortada máscara de la devoción. Sin embargo, en el fondo no se entregaban a un comportamiento evangelizado y fraterno.

Por el tamaño de la institución, vivían bajo el régimen de la simulación, envenenados por feroces críticas entre bastidores, dividiéndose en pequeños grupos bajo el auspicio de injurias o calumnias, además de tejer intereses materiales en tan perniciosas corrupciones. Este tipo de trabajador se había olvidado del sufrimiento, de la miseria, por la distancia con los miserables. Los buenos trabajadores se crían ejercitando las virtudes del intelecto, lo que les garantizaría la entrada a los planos superiores.

Salvo algunas excepciones, se podría decir que el grupo dominante estaba conformado por almas en un nivel precario de elevación en relación al puesto que ocupaban en esa casa de Dios. A pesar de ello, Bezerra los veneraba como un padre generoso que ignora los defectos de sus hijos para ver, en su carácter, solo las virtudes que ya existían o que algún día surgirían.

Sentado en un gran semicírculo, se notaba que cada uno de los presentes reaccionaba según el grado de lucidez o inferioridad que llevaban.

La luminosidad de Bezerra encantó a los pocos trabajadores sinceros mientras asustaba o molestaba a muchos desprevenidos, creyendo que, allí, serían desenmascarados por una corte celestial.

El entorno; sin embargo, era muy diferente al de una casa de justicia. Entidades espirituales que ofrecían competencias en esa institución se multiplicaban en torno a los mismos encarnados, sin olvidar la inmensa audiencia de almas, igualmente desconectadas del cuerpo por el sueño material y que, en el rol de médiums, dialogadores, donantes de fluidos, asistentes, cooperadores de todos los tipos también habían sido traídos para esa reunión especial.

La alerta no se negaría a nadie que quisiera y aceptara participar en dicha reunión.

El vasto auditorio, por lo tanto, estaba lleno de espíritus, la mayoría de los cuales eran trabajadores de esa institución en esa populosa comunidad.

Sin más formalidades, Bezerra se puso de pie y, dirigiendo una sentida oración al Divino Maestro, agradeció a todos por su presencia, rezando para que tuvieran un corazón claro para la comprensión de todo lo que había sido enviado desde arriba a los buenos servidores que estaban arando en la Tierra en un momento tan especial para la humanidad.

Rodeado de la ola de afecto y emoción, contagiando hasta a los más indiferentes, el ambiente espiritual se volvió adecuado para las rápidas palabras del líder.

– Hijos de mi alma – dijo con voz firme y tranquila –, aquí venimos a compartir con ustedes importantes alertas recibidas desde esferas superiores y que deben orientar nuestros esfuerzos respecto al momento que vivimos con las criaturas encarnadas.

Todos hemos oído hablar de los obreros de última hora a los que Jesús se refirió en un mensaje inspirado de su Evangelio. Entonces, sabes que gracias al trabajo sobre del bien que aceptaste como parte de la entrega personal, eres considerado en la lista de los convocados a la última hora. Sin embargo, es urgente saber que estamos en las últimas etapas de la última hora, cuando los esfuerzos y sacrificios deben multiplicarse y las advertencias deben llegar más directamente al corazón de los encarnados.

Para ello, esta noble institución es un faro que guía a multitudes que buscan consuelo espiritual y que, como sus estudiantes o trabajadores, no pueden alejarse de la iluminación de sus propias conciencias, imponiéndoles el hecho que ya hemos desperdiciado casi dos mil años de enseñanza y ejemplo y que, ante la renovación que se avecina, cada uno debe luchar por una transformación moral efectiva, por la renuncia al mundo, por la abnegación sincera y por el ejemplo en el bien.

Estas advertencias están siendo difundidas por instituciones religiosas de todos los credos. Sin embargo, nadie mejor que los espíritas para poder recibirlos en el corazón del ser, con la conciencia que nos permiten las leyes del razonamiento espiritual que nos llegan gracias a la plétora de esfuerzos de las almas nobles, coordinadas por el heroísmo de Kardec, bajo cuya sombra nos educamos para comprender mejor al amoroso Jesús.

Este mensaje, procedente de las esferas más sublimes y de otros orbes solidarios con el nuestro, en cuestiones de avances, necesita tocar primero vuestro corazón y vuestra mente para que, una vez asimilados, se dirijan a todos los que aquí puedan encontrar, no solo pan para el estómago, la ropa para el cuerpo, la medicina para la enfermedad, pero la preciosa enseñanza para las dudas del alma nacidas de los problemas cotidianos. Aquí, necesitan encontrar la luz para sus pasos inciertos como almas inmortales. No se reduzca a cultivadores de cuerpos, cuidadores de cuerpos, protectores de cuerpos. El Evangelio del Señor es muy claro cuando Jesús dice:

> *¡Cuídense!* –*advirtió a la gente*–. *Absténganse de toda avaricia; la vida de una persona no depende de la abundancia de sus bienes.* (Lucas, 12:15)

La vida, por tanto, no depende de la abundancia material en ningún sentido, ni de valores transitorios, ni del equilibrio orgánico, ni de satisfacer placeres o deseos tan variados como lo permita la insaciable creatividad de los hombres.

La vida está por encima de todas estas cosas, necesitando llegar a nuestros afligidos compañeros de aventura con la noticia que no deben perder más tiempo. Cualquier esfuerzo en el bien que sean capaces de hacer seguirá siendo pequeño frente a las grandes dificultades que tienen por delante. Sin embargo, aunque los juicios colectivos no pueden detenerse, siguiendo el curso natural de las cosas en obediencia a las leyes indefectibles que gobiernan el progreso de los orbes, la conducta sinceramente generosa, la disposición diaria a la bondad, el despertar a la noción de la responsabilidad puede cambiar el destino de cada individuo mientras haya tiempo.

Y dirigiéndose a los responsables de la institución que se ubicaron ante sus ojos, Bezerra enfatizó:

– Ustedes, queridos hijos, que ocupan funciones transitorias en la responsabilidad administrativa o doctrinaria, deben estar a la altura de la tarea, siendo los primeros en ejemplificar las virtudes evangélicas que predican, recordando que, si la ley no se engaña con oraciones de última hora, la sentencia pesará más sobre los hombros de líderes indiferentes a la suerte de sus subordinados, quienes dejaron pasar la hora preciosa y, por prejuicios, ideas personales, interpretaciones mezquinas, se negaron a transmitir la noticia que podría salvar muchas vidas.

No les pido que abandonen el sentido común para adoptar una obediencia ciega e incondicional. Es importante que sepan; sin embargo, que no tienen autonomía para inmiscuirse en el contenido del mensaje sin, con ello, defraudar el esfuerzo de las dimensiones sublimes que nos protegen, responsabilizándose personalmente de todos los dolores que no se evitan.

No olvides que el cartero no es más importante que la noticia que lleva y no es su trabajo establecer ningún juicio sobre si es necesario o no hacer llegar a las manos del destinatario el documento del que simplemente es el portador.

La mirada de todos estaba centrada en el orador que, con su intenso magnetismo, dominaba hasta las mentes más trastornadas, muchas de las cuales defendían el mantenimiento de la ignorancia colectiva con la excusa de no angustiar a los oyentes.

Ahora, eran ellos quienes estaban angustiados como resultado de las graves repercusiones que su omisión provocaría en su propio prejuicio. Además, su propia conciencia de culpa era una espina en sus corazones, que los desgarraba, les señalaba errores y defectos que pesarían en su evaluación moral en cualquier tiempo y lugar. Ellos también fueron ciertamente convocados a la transformación urgente.

Después de reunirse directamente con los líderes, Bezerra se dirigió al público donde se encontraban los distintos trabajadores de la casa.

– A todos ustedes, queridos hijos, también está destinada una participación importante en la obra del bien. A través de sus bocas estaremos transmitiendo mensajes de aliento y vigilancia. Tales comunicaciones vendrán tanto de los amigos invisibles que los guían en la práctica de la mediumnidad como de los que la padecen, quienes la utilizan para describir sus propios tormentos. Sentirán el miedo de muchos espíritus cuando se acerque el fin de las oportunidades de reforma. Recibirán entidades recién salidas de la oscuridad interior, cargadas de fluidos extremadamente pesados, blasfemando contra la hora difícil que los sacó de los hornos oscuros. Magos de la ignorancia, crueles perseguidores, estrategas del mal, muchos se manifestarán a través de sus facultades mediúmnicas, contando la poderosa fuerza que los está succionando de su dominio, sin saber explicar qué los está conduciendo.

Deben saber comprender que esto ya es el presagio de las cosas. No desnaturalicen las comunicaciones por miedo a que no sean comprendidas por los coordinadores del trabajo humano. Menos aun porque se identifica en la misma situación que la entidad que se manifiesta a través de sus facultades. No es minimizando las ideas, intentando desnaturalizar la comunicación en beneficio de quien corresponda, que podrán impedir el curso de las cosas.

En lo que respecta a los dirigentes, tú eres igualmente responsable de la pérdida de los hermanos que no son alertados, que no pueden oír una palabra esclarecedora sin el velo de la fantasía, porque cualquier mensaje de vigilancia que muera en sus gargantas será la mancha de la omisión que los descalificará como malos carteros.

No es momento de vacilaciones, queridos hijos. Es el momento de la valentía y la decisión para bien. Por eso, manteniéndonos tranquilos y serios en la obra del Señor, sepamos cómo responder a la llamada que nos trajo a esta encarnación, como el momento más importante de nuestra existencia, por permitirnos construir nuestro futuro sin los tristes lazos que traemos de nuestro pasado... Por eso es fundamental que entendamos el deber que hay que cumplir para no obstaculizar el avance de la obra.

No te enfades si a diario aparecen críticas que desean intimidarte o hacerte perder el sentido común que debe impregnar toda la conducta mental y emocional de los líderes y trabajadores de la causa.

El momento es delicado y deben saber alertar sin alarmar, orientar sin fanatizar, hablar claro de las leyes espirituales, sobre todo las de destrucción, sin predecir el fin del mundo.

La casa de Dios y nuestra casa interior deben ser la morada del equilibrio y la serenidad en la hora de la tormenta, porque, gracias al Consolador Prometido, no nos faltan nociones de confianza en Dios y en nosotros mismos para soportar los embates de la lucha ni la convicción que solo hay muerte para el cuerpo. Somos indestructibles en el alma y, por tanto, nada debe asustarnos.

Escucharás estas noticias de todos lados, escucharás otros mensajes a través de diferentes médiums, de diferentes lugares, pues ha llegado el momento que las parábolas con las que se educa el espíritu infantil sean reemplazadas por la lección directa, adecuada al espíritu que ha crecido.

El silencio reinante dio una buena idea de la profundidad con la que la advertencia de Bezerra fue recibida y asimilada por la mayoría de los presentes. Algunos se emocionaron, otros se miraron unos a otros con convicciones tranquilizadoras, todos sabían que no era un juego de palabras.

El momento era urgente y, como tal, no había ni medias palabras ni medias intenciones.

Todos serían responsables, cada uno con su parte de la tarea.

10. Reacciones

Al día siguiente, Adelino y Jerônimo regresaron a la institución para comprobar el efecto de las exhortaciones de la noche anterior.

La institución continuó sus tareas con una gran afluencia de personas. Los trabajadores encarnados, cada uno en su puesto específico, se turnaban en las distintas asignaciones.

Los líderes físicos, comprometidos en las luchas diarias que enfrenta la administración de los escasos recursos, hicieron todo lo posible para poder cumplir con los objetivos primarios. Sin embargo, lo que se observó en la gran mayoría es que se habían despertado al día siguiente sin casi ningún recuerdo del evento nocturno.

Cumpliendo rutinas administrativas o pedagógicas, buena parte de ellas trajeron el pensamiento marcado por la mecanización de tareas, alejado de la profundización necesaria para el desarrollo de una armonía superior, olvidando que, en cualquier institución espírita, la dirección principal no es la de los hombres y, sí, la de los Espíritus.

Cuando los encarnados piensan que son los miembros principales de este equipo, son sensibles a las sugerencias de los tutores que coordinan y dirigen la obra divina, creando barreras para el progreso fluido de metas superiores y permitiendo que las interferencias inapropiadas se vuelvan más intensas. De ahí que surjan disputas, desacuerdos y conflictos internos, con entidades obsesivas actuando sobre aquellos que son sensibles a sus deseos.

Siempre el viejo orgullo y egoísmo en la base de todos los problemas.

Para asombro de los dos espíritus, buena parte de los que se presentaron allí para los diversos tipos de colaboración ni siquiera elevaron una oración de agradecimiento a Dios por la noche de descanso y el día de nuevas oportunidades. Parecían autómatas, robots programados para impartir clases, aplicar pases, recibir espíritus, hacer cálculos, asfixiando la sensibilidad por la conexión con inspiraciones superiores.

– Pero, Jerônimo, ¿cómo es posible tener tal cosa? Preguntó Adelino, impresionado por la falta de sensibilidad de la mayoría de trabajadores.

– ¡Pues, Adelino, parece que no vives en la Tierra, hermano! ¿Qué esperabas de ellos? ¿Cambiar de la noche a la mañana? Además, debemos darnos tiempo. Cuando dejamos caer la semilla al suelo, no es hasta el día siguiente que vemos el jardín en flor. Incluso después de asentarse bajo tierra, la semilla permanece allí durante unos días, reaccionando a las nuevas condiciones del entorno, hasta que esto promueve la germinación del principio vital en sus entrañas y, finalmente, aparece el brote, rasgando el suelo.

De la misma forma, observamos aquí la ausencia de meditación o decisión en la mayoría de nuestros hermanos de andar espírita.

Solo aquellos que tienen una conexión íntima y sincera con la causa de Cristo, aquellos que han estado luchando por matar el yo personalista y reprimir su propio interés frente a los intereses mayores de la doctrina del amor, están debidamente armonizados con las directrices celestiales y pueden captar sus intenciones en cualquier momento y de forma más lúcida.

Solo quienes han aceptado "morir" por sí mismos pueden conocer mejor cuál es la voluntad del Padre; sin embargo, Adelino, no te desanimes porque, dentro de unos días más, se pueden observar los efectos dentro de cada una de estas "semillitas."

Los médiums comenzarán a relatar el recuerdo del sueño que tuvieron, otros estarán buscando información sobre el tema tratado por Bezerra, el tema comenzará a fluir a través de las conversaciones más íntimas, para que la información resuene con los trabajadores que están preparados, creando así un ambiente. favorable para que proliferen.

Ven conmigo, sigamos a algunos de ellos más de cerca.

Fueron a la oficina administrativa donde se reunieron algunos de los líderes de la institución para discutir ciertos problemas que necesitaban ser resueltos.

Pocos eran realmente conscientes de las grandes responsabilidades que pesaban sobre sus hombros. Algunos competían por el espacio para cobrar mayor importancia en el escenario de la institución. Otros esperaban la cooperación espontánea de personas indiferentes, amargándose por percibir la omisión de la mayoría y abriendo un espacio mental para la banda vibrante de la indignación y la crítica inferior y descarada. En casi todo fue el egoísmo el que dictaba las reglas y, observando a quienes se les dio la responsabilidad de la dirección material de la casa de Dios, se observó que sus sentimientos y pensamientos más ocultos estaban ligados a la disputa, la necesidad de comparecer, la crítica abierta o censura velada. Para no expresar tales imperfecciones de carácter, que eran incompatibles con los objetivos evangélicos, habían desarrollado el barniz de la falsedad educada, sabiendo manipular con la cortesía social detrás de cuya tapadera se escondían.

– ¿Ves, hermano? – Preguntó Jerônimo a su compañero. No se dan cuenta del mal que producen en sí mismos. Tienen el cambio de imagen íntimo de sus labios para enseñárselo a cualquiera que se acerque a ellos con problemas personales. Sin embargo, no beben los medicamentos que recomiendan a otras personas. Aquí estamos observando los perjuicios resultantes del surgimiento de obras benévolas, cuando los puestos se transforman en niveles jerárquicos, alimentando en algunos la ambición de conquistarlos, al tiempo que inspiran a sus ocupantes a defender su propio puesto, en una perniciosa y silenciosa lucha por el poder. Entonces, surgen disputas internas, declaradas o no, que no hacen más que drenar la verdadera fraternidad. Además, las grandes organizaciones benéficas tienden a perder su simplicidad, creando burocracias anti–fraternales y facilitando que la gente no coloque el idealismo por encima del interés personal. Por eso, Adelino, necesitamos trabajar con personas como ellos, ayudándoles a superar sus defectos sin ofender su susceptibilidad diciéndoles que son defectuosos. Se consideran personas maduras e iluminadas, pero no podrían soportar mirarse en el espejo que revela la realidad de su propia alma, sin fantasías.

Entre los presentes, solo dos de los líderes mantuvieron la información de anoche con cierta precisión. Si los miras, notarás que son los menos egoístas, los menos individualistas y los más desapegados de las cosas del mundo. Aprendieron a servir en cualquier lugar, bajo cualquier condición, soportando variadas luchas, incluso las calumnias de ciertos compañeros, sin ofenderse ni desanimarse. Están luchando consigo mismos para superar sus debilidades, lo que permite que su sintonía sea más clara que la sintonía de los demás.

Al acercarse a los dos trabajadores, Adelino pudo escuchar su conversación.

– ¡Soñé contigo esta noche, Jairo! – Exclamó Aloísio, en voz baja, durante una breve pausa en la discusión.

– Yo también – respondió Jairo, sonriendo discretamente. De hecho, estábamos escuchando consejos de un espíritu muy luminoso aquí en nuestro auditorio.

– Así es, es bueno que también lo recuerdes. Quiero decir, no fue un sueño, ¿verdad? Creo que fue el doctor... nuestro viejo conocido...

– Yo también lo creo – respondió Jairo –, pero baja la voz para que nadie te escuche. Sabes muy bien lo que dirá la inquisición espírita si se entera que estuvimos en presencia de Bezerra, en persona...

– Sí, la prudencia y el caldo de pollo no hacen daño a nadie... –. rio Aloísio.

– Lo que me impresionó fue la seriedad de la advertencia. ¿Te acuerdas de algo?

– Mira, Aloísio, solo recuerdo que hubo alguna conexión con el momento difícil que está viviendo la Tierra. No sé si fue un llamado a estar atentos al momento de la transformación o algún consejo para mantener nuestro pensamiento en línea con la información superior sobre los cambios en el planeta.

– Sí, Jairo, también me dio vergüenza el tema. Algo relacionado con el "fin del mundo" o algo así. Pero confundió mi pensamiento porque, ya sabes, siempre evitamos hablar demasiado de eso para no asustar a nuestros trabajadores...

– Sí, lo sé, Aloísio. Sin embargo, nuestro benefactor pareció prepararnos para la meditación sobre tales fenómenos transformadores, llamándonos a cooperar en la aclaración. Noté una cierta urgencia en el asunto, como pidiéndonos, aun sin crear un ambiente de terror, observar los eventos que nos rodean, conversar sobre los temas de transformación e investigar en nuestras diversas reuniones mediúmnicas sobre información en la misma dirección.

– Pero ¿eso no va en contra de nuestros principios? ¿No sería para alentar conductas inadaptadas, facilitando la penetración de entidades inferiores que quieren despertar la confusión en los corazones menos conscientes?

– Mira, amigo mío, sobre este tema tenemos que hablar fuera de aquí para que tengamos más tiempo y meditemos mejor. Lo cierto; sin embargo, Aloísio, es que algo importante está "sucediendo" del "otro lado" porque, si no fuera así, no se justificaría un encuentro de este quilate, ¿no crees?

– Totalmente de acuerdo, Jairo. Hablemos más después de la reunión.

✳ ✳ ✳

Los dos espíritus se miraron y, con una sonrisa de satisfacción, abandonaron el entorno luego de involucrar a los dos líderes responsables e idealistas en las vibraciones protectoras y vitalizadoras que los ayudarían en el desenvolvimiento de ese tema.

– Volvamos a nuestro núcleo de trabajo, Adelino. Creo que Ribeiro nos espera con ansiedad.

Partieron, entonces, con el poder del pensamiento y, en breves instantes, se encontraron en compañía del amigo y líder espiritual de la Casa Espírita con la que cooperaron más estrechamente.

Al verlos, Ribeiro sonrió y consideró:

– Menos mal que tu sintonizador no está defectuoso. Solo pedí tu presencia en pensamiento.

– Lo mandamos a reparar la semana pasada, Ribeiro, dijo Jerônimo, sonriendo de buen humor. Su pedido es una orden.

– Esto no es una orden, Jerônimo, sino una necesidad urgente. Y ustedes son los que saben comprender la urgencia del momento para cooperar de forma decidida.

– Sí, Ribeiro, ¿de qué se trata?

– Peixoto... nuestro hermano callejero.

– ¡Ah! sí... el médium que se fue de aquí hace algunos años... – exclamó Adelino, sacudiendo la cabeza.

– Él mismo, mis amigos. Saben que nuestro papá lo desconectó de las tareas espirituales, así como a los demás atribulados y rebeldes, dejándolos a ellos mismos para protegerse. Desde entonces, ya no ejercen actividades específicas en esta casa, ni tienen derecho a los cuidados diferenciados a los que están sujetos los verdaderos trabajadores. Sin embargo, la caridad nos enseña a no abandonar a los hermanos inmaduros sin al menos rezar por ellos, lo que hago constantemente.

Sin embargo, en los últimos días, he identificado el aumento de la ansiedad en Peixoto. Su conducta despreocupada y egoísta lo llevó a actitudes tristes. Sin respetar las disciplinas de la mediumnidad, se embarcó en tortuosos caminos en busca de los favores del cofre y, por ello, contrató con entidades perversas que lo asesoran de cerca, impidiéndole incluso sentir nuestras buenas intuiciones. La casa se ha convertido en un verdadero muro. Consiguió equilibrarse en las cuentas, pero se perdió, siendo utilizado por estos hermanos dolientes y maliciosos que convirtieron su hogar en una carpa para consultas espirituales, degenerando su capacidad mediúmnica en fuente de información para curiosos y desocupados. al precio del vil metal de los hombres.

– Su camino es triste – exclamó Jerônimo.

– Si mi amigo. Salvo que, al mismo tiempo que se le aumentan las ganancias, ahora teme la rendición de cuentas que se acerca. Enredado por las fuerzas degeneradas que lo rodean, el organismo sutil recibe golpes agresivos de quienes succionan sus energías vitales y, sin el escudo de la oración, trabajan para el bien y el desinterés real, Peixoto se siente debilitado, como una vela que se derrite al mismo tiempo en el calor del fuego que ella inició. Si hubiera aceptado la disciplina del trabajo recto, la humilde vela podría arder lentamente de manera controlada, de acuerdo con los planes espirituales. Sin embargo, rebelde e intrascendente, prefirió los excesos aventureros y, sin control, encendió el fuego a su alrededor. Ahora, el calor de las llamas está derritiendo la cera restante, condenando a la vela a apagarse antes, devorada por las llamas.

– Es una lástima que esto le esté pasando a nuestro hermano.

– Pero es el efecto de sus elecciones y, con ellas, aprenderá valiosas lecciones para futuras encarnaciones. No tenemos forma de evitar que esto suceda y que el dolor lo visite para despertarlo a su propia realidad. Sin embargo, podremos aprovechar estos importantes y ricos momentos de aprendizaje, para ayudar a las entidades perversas que se han visto involucradas. Quién sabe si podemos atraerlos a nuestras reuniones, hablar, dejar que se den cuenta de los problemas que están sembrando a su manera y así aliviar las presiones psíquicas a las que está sometido el propio Peixoto, permitiendo que su conciencia despierte, aunque sea tardíamente. Con tal reflexión que le haría pensar en la evasión del trabajo serio, quizás nació el arrepentimiento sincero, como una medicina para combatir la infección del orgullo, una enfermedad que lo victimiza desde hace muchos siglos.

– De hecho, esto es una pandemia – dijo Adelino sonriendo.

— Bien recordado, hermano mío – coincidió Ribeiro –. El orgullo es una epidemia que siempre ha consumido a la humanidad, estimulada por la acción de los medios de comunicación, que no hacen más que resaltar su figura maligna ensalzando sus devaluaciones, confundiendo la mente vigilante aun no suficientemente lúcida para elevadas valoraciones éticas.

— ¿Y cuál es tu consejo para que empecemos a trabajar?

— Bueno, Jerônimo, creo que, si traemos a nuestro núcleo algunas de esas entidades inferiores que están asociadas con el médium retorcido y vicioso para nuestro encuentro de mañana, esto puede facilitar el diálogo con nuestros trabajadores y, entonces, quién sabe, aceptar ser enviado a otros destinos.

— Está bien, Ribeiro. Intentaremos hacer algo al respecto. Puede ser necesario contar con el apoyo de otros amigos de la casa si se necesita una medida de emergencia.

— Por supuesto, Jerônimo. Asignaré a otros dos trabajadores para que los acompañen. Sin embargo, siempre que sea posible traerlos como invitados, esto facilitará el trabajo.

— Perfectamente. Mañana veremos qué nos permite Dios hacer con estos hermanos afligidos.

Y así se despidieron, esperando el nuevo encuentro, en la reunión mediúmnica que ocurriría la noche del día siguiente.

11. Reajustando la industria

Mientras las luchas humanas se desarrollaban en el escenario mundial donde la libertad descarriada hacía sus víctimas en el eterno fluir de la siembra y la cosecha, el mundo espiritual se organizaba para una nueva y más fructífera siembra, de cara a la futura y luminosa cosecha que se preparaba...

Y si la ignorancia aun prevalecía en los campos inferiores como reflejo de milenios de lento viaje humano, la pedagogía divina hizo todo lo posible para combatir tal estado de cosas, preparando la caravana de luz que se proyectaría sobre el orbe terrenal.

Al mismo tiempo que Bezerra de Menezes visitaba los centros religiosos para inspirar a sus líderes y trabajadores en el esfuerzo de despertar, se movía por las esferas vibrantes más sublimes, dimensiones luminosas en las que seres cuya elevación espiritual los convertía en valiosos colaboradores de orientación evolutiva. de los hermanos en la retaguardia, los que vivían abajo, en regiones comprometidas por el atraso espiritual.

Sepa, querido lector, que si es un efecto natural la existencia de bandas vibratorias subcortezales donde se estanca el primarismo del espíritu y la zona umbralina en la que se concentran las almas comprometidas con el error o la necedad, apuntando al desgaste de la materia mental inferior, tampoco debe sorprender la verificación de la existencia de tales círculos superiores, responsables de la cultura, la belleza, el arte, la sabiduría y el gobierno de la Tierra.

De la misma manera que los inferiores se agitan en los períodos turbulentos de la vida humana, retorciéndose ante el sabor de la ansiedad, la euforia, la violencia o los placeres menores, las almas que habitan estos planos más sublimados alrededor del denso núcleo del planeta también con se asocian y se compadecen en el bien, la esperanza y el apoyo con miras a los destinos gloriosos diseñados por el Creador.

Viniendo de muy por encima de las ilusiones humanas, cuyo gobierno se basa en el poder de las armas o la economía, el gobierno celestial había trazado, con milenios de antelación, las principales líneas para el desarrollo de seres inteligentes en etapa en el planeta, como el científico en el laboratorio sabe cómo cultivar la colonia de bacterias que se reproduce en el horno caliente, a la temperatura y presión adecuadas, con miras a un objetivo mayor.

Así, tras el largo proceso de sembrar la luz, Bezerra había regresado a las oficinas de Aurélio Agustín.

Sin embargo, no fue solo el generoso doctor quien se presentó en el cónclave de las almas luminosas.

En un entorno de indescriptible belleza para los ojos humanos, ocho espíritus de alta jerarquía se dispusieron alrededor de un mueble similar a la mesa terrenal, comprometidos con la obra de amor reanudada desde el estallido de las verdades del Consolador Prometido. Se trataba de almas ligadas directamente a Jesús por los lazos del trabajo directo y los sacrificios heroicos soportados por el estoicismo por la victoria de su Evangelio milenial.

Además de Aurélio y Bezerra, estaban Luiz, Sócrates, Juana d'Arc, Chico Xavier, Francisco y Vicente, cada uno imbuido de sublimes responsabilidades en el concierto cósmico que puso a la amada Tierra como centro de todas las miradas.

De nada sirve describir en detalle los avanzados recursos tecnológicos con los que contaba cada uno para el encuentro en curso. Sin embargo, entre los dispositivos específicos, se pudieron moldear escenas que se hicieron visibles al ojo colectivo, con recursos simultáneos de video y audio, conectados a los focos de amor más luminosos de los planos cristianos que gobiernan la humanidad y el mundo.

La pura fraternidad conectaba a todos los presentes con los sacrosantos objetivos de la cooperación con el Señor, superando así la etapa del personalismo, del prurito del realce.

– Estimados amigos – dijo Aurelio – la alegría de este tiempo debe ser registrada profundamente en nuestra alma; he aquí, por orden de Jesús, nos encontramos con la obra de la redención y la salvación.

Estábamos todos en la polvorienta escena, golpeados, masacrados y asesinados por la ignorancia entonces prevaleciente. Afrontamos la dureza del mal para, con las armas del bien, inocular los gérmenes de esperanza que ahora crecen en el huerto de los corazones.

Como saben, la gestión sublime establece objetivos y plazos dentro de los cuales todos los desarrollan con el objetivo de cooperar para el cumplimiento de cada línea de diseño superior.

El responsable de una industria sabe cuánto se produce su maquinaria cada día, cada mes, siguiendo las estimaciones y proyecciones estadísticas, con las que delimita el momento del mantenimiento necesario o la sustitución de las máquinas, según el desgaste natural resultante de las horas trabajadas...

No es necesario que vaya en persona para comprobar si la máquina se ha desgastado. Usted sabe que lleva un cierto tiempo trabajando en su rutina diaria y que, de acuerdo con sus especificaciones, es necesario interrumpir su funcionamiento para realizar un mantenimiento de rutina o hacer el recambio indispensable, para que sus deficiencias no comprometan el flujo de producción.

De esta forma, como empresa productora de bienes puede ser gestionada por un líder competente que establece el estándar de producción de cada máquina y de cada empleado, evaluando la eficiencia de los turnos de servicio mediante la comprobación final de la cantidad producida, la empresa divina, gestionada por Señor competente, comprometido con la producción del bien a través de los empleados que le fueron encomendados, estableció metas, plazos y rutinas de servicio para el logro de los objetivos celestiales.

Las máquinas rústicas y primitivas pueden ser adecuadas para empleados poco calificados que, sin mucha preparación para la ejecución de tareas, manejarán tales mecanismos sin mucho cuidado o preocupación. Así, en los primeros tiempos de la evolución espiritual, como revelan los escritos antiguos, los hombres manejaban máquinas sencillas para entrenarse con miras al desarrollo personal y, más tarde, trabajar con maquinaria más sensible y compleja.

Cuando la fábrica implantó nuevas máquinas, más eficientes y delicadas, el propio emprendedor vino a enseñar cómo trabajar con ellas, ejemplificando personalmente y guiando a cada empleado a realizar la tarea según nuevos criterios, con mayor esmero, delicadeza y cuidado para que el producto final tuviera mejor calidad.

El administrador bajó personalmente a la fábrica, se convirtió en trabajador y, al igual que los propios empleados, mostró las nuevas rutinas y destacó las ventajas del nuevo sistema productivo, mucho más eficiente y rápido.

Han pasado casi dos mil años y, llegando al siglo XXI tras la implantación de las nuevas máquinas en el escenario moral del mundo, ha llegado el momento de la verificación de la producción y la verificación de buenos y malos empleados.

Sin embargo, amigos, no se trata solo de inspeccionar los bienes producidos, en cuanto a su volumen y calidad. En este examen, se evalúa a los empleados de la industria divina que representa la Tierra.

Y, como saben, no parece que estos trabajadores, en su mayoría, estuvieran dispuestos a acompañar la mejora de las máquinas. Muchos los han corrompido, alterando sus funciones. Otros los hicieron trabajar para sí mismos, se aprovecharon de ellos para servicios privados, privilegiando sus intereses en lugar de obedecer a los objetivos de producción. Otros los mantuvieron inactivos, perdiendo sus mecanismos por el óxido o el polvo. Desde arriba, el administrador observó, con atención, la productividad de cada sector, la eficiencia de cada trabajador en el área específica donde se desarrollaba.

Y si, a lo largo de estos veinte siglos, a todos se les ha garantizado el empleo durante el tiempo suficiente para demostrar su valía personal, el proyecto de la empresa sufre un nuevo giro para que máquinas más avanzadas puedan implementarse y ágiles aporten cada cada vez más al progreso. Se implementan crecimientos acelerados en la industria. Por eso estamos hoy aquí.

* * *

Todos se quedaron callados y atentos a las palabras de Aurélio.

Buscando romper el tono del monólogo, el santo de la cristiandad se dirigió a Francisco y comentó:

– ¿Usted mismo, hermano Francisco, recuerda cuando fue llamado por el Señor?

Establecido el diálogo, Francisco respondió sonriendo:

– Sí, querido Aurélio, el Señor pidió una reforma en un sector de maquinaria en su industria.

– Así es, las máquinas de desprendimiento necesitaban ser recicladas.

– ¿Y tú, Sócrates? En la lucha contra la confusión de conceptos y la relativa confusión de valores...

– También, para mí, la reforma del pensamiento era un imperativo del sector que le correspondía en la vida de los hombres: ajustar el funcionamiento del razonamiento para hacer que la máquina de los valores verdaderos vuelva a funcionar con claridad.

– También nos pasó a nosotros. Vicente tuvo que vivir entre los poderosos y ricos para enseñarles a reajustar su sensibilidad a la pobreza. Juana llevó al departamento de los poderosos de la Tierra el reciclaje necesario para que reconocieran el verdadero poder, el del sublime administrador, convirtiéndose en una niña al frente de los ejércitos, que se movía confiando más en la verdadera fe que en la fuerza de las armas. Luiz enfrentó las dificultades y oposiciones que surgieron, cultivando una fe inquebrantable que le permitió renovar a los más endurecidos, por la pureza de sus disposiciones y la firmeza de su voluntad, reformando las máquinas acomodadas en los placeres inferiores con el ejemplo de las virtudes espirituales que legó a todos... En cuanto a los dos últimos, Bezerra y Chico, se responsabilizaron de la reorganización del departamento de vivencia del amor verdadero en un departamento de industria en el que, en lugar que los trabajadores humanicen las máquinas, por el contrario, eran las máquinas las que deshumanizaban a los trabajadores.

Como pueden ver, la inteligencia del administrador divino supo estimular el aprendizaje de todos los trabajadores, llamándolos a cambios importantes para mejorar los resultados.

Haciendo una breve pausa, Aurélio proyectó frente a los presentes la imagen de la Tierra rodeada por la psicósfera oscura que demostraba el estado mental y emocional prevaleciente en los residentes humanos.

– Como se puede ver, a pesar de esos esfuerzos y muchos otros, en todos los sectores de la industria, las condiciones de la fábrica aun dejan mucho que desear. Apenas podemos verlo con nuestros ojos, tan densas son las vibraciones que lo rodean. Sin embargo, es la voluntad del Señor que las máquinas que funcionan con los peores cuidados se entreguen a mejores trabajadores, para que puedan producir según el proyecto original, lo que nos pone en el ciclo completo de la renovación de los trabajadores.

Aprovechando la pausa, Juana expresó el sentimiento que estaba en el corazón de todos:

– Noble Aurélio, al ver nuestro amado mundo rendido al asedio de las tinieblas, recuerdo la amada Francia bajo el negro dominio de los invasores. Sin pretensiones de liderazgo, me inscribo como soldado en la lista de aquellos que desean servir en la superficie del mundo, asumiendo un nuevo cuerpo y aceptando cualquier sacrificio por el bien de mi amigo celestial.

Emocionados por la palabra pura con sinceridad y entusiasmo, los otros seis, como niños que suplicaban participar en un concurso de alegría, dijeron, cada uno por turno:

– Yo también…

Sensibilizado por la solidaridad mostrada, Aurélio prosiguió:

– El Señor sabe que puede contar con cada uno de ustedes. Sin embargo, llegará el momento apropiado para que sus testimonios produzcan los frutos dulces en el campo del bien, en nuevos cuerpos en el mundo físico.

Por ahora, ¿cómo podríamos mantener los planes superiores si, en lugar de enviar al ejército, enviamos a los generales? Saben que, si la oscuridad se organiza para lograr sus objetivos, la luz no puede ser menos cautelosa, enviando a la lucha a quienes, sobre todo, están comprometidos con el mantenimiento de las estrategias.

Todos tendremos nuestra oportunidad, pero primero tenemos que organizar a los soldados, batallones, divisiones y ejércitos para los diferentes campos de lucha, para que, luego de colocados adecuadamente en sus puestos, cada uno de ustedes pueda llegar y unirse al ejército del bien, bajo el mando del augusto general.

La hora actual está dedicada a solicitar vuestros esfuerzos directos para que, en cada área específica para la que se encomiendan deberes espirituales, inviten a los espíritus dispuestos al especial y precioso proyecto de reencarnación, que significa el sacrificio de sus propios intereses, capacitándolos para la línea del frente con los instrumentos adecuados en los preparativos adecuados, sin dejar de lado la retaguardia espiritual que nos impondrá a todos un trabajo aun más intenso.

Los dolores agudos herirán a multitudes, terribles miedos impregnarán los corazones inadaptados. El desequilibrio y la desesperación visitarán las almas desprevenidas, que pagarán un fuerte tributo por la fe mentirosa y desarraigada que cultivaron de manera superficial y ritual. Nuestros soldados renacidos necesitarán mantener limpio su pensamiento, sus nobles sentimientos, su vigilancia encendida en medio de la tormenta.

Puedo decirles que hay una gran lista de quienes, como ustedes, se alistaron para los importantísimos servicios de esa hora.

Entre los que ya se han ido o están a punto de partir para la reencarnación, hay artistas consagrados, pintores, músicos, artesanos célebres, pensadores lúcidos, emprendedores valientes e intrépidos, soldados valientes probados en las campañas más difíciles. Aquellas legiones de almas que dejen sus obligaciones en las esferas superiores del planeta para cooperar con la reforma de la industria terrenal, deben unirse a las que consigan alistar. Estarán bajo su cuidado directo, en la protección y vigilancia adecuada para el proceso específico de reencarnación.

Estamos de nuevo en el Renacimiento, como el que marcó el fin de la edad oscura, originando la renovación de las cosas y apoyando el surgimiento de la propia Ilustración, que reorganizó el pensamiento, reformando viejas instituciones, los primeros pasos de todo progreso tecnológico que, más tarde, se estableció en el seno social.

Pensadores, científicos de renombre del pasado, almas santificadas por las disciplinas de la fe, artistas que cultivaron la belleza en sus diversas manifestaciones, líderes carismáticos destacados por su absoluto desinterés, todos ellos se esforzarán por retomar los valores reales del solo pensamiento, de los avances tecnológicos, fe razonada y sencilla, la estética de lo bello en el color, la música, la poesía, la literatura, la orientación de las personas por caminos que apuntan al crecimiento colectivo.

Este movimiento tendrá lugar en toda la Tierra, sin duda. Sin embargo, se centrará en aquellos países cuyas condiciones psicológicas faciliten el estallido de tales principios, en la medida en que permitan el surgimiento de la tasa de supervivencia más alta frente a cataclismos naturales que se cobrarán millones de vidas en muchas partes del globo. Por eso, junto al corazón del mundo, el Señor cuenta con la cooperación de cada uno de ustedes, para que los movimientos luminosos que se inician por iniciativa de nuestros valiosos soldados encuentren protección y aliento indispensable. Luiz podrá desplegar el coraje de la fe con seguidores sinceros, llevándolos hacia la espiritualidad real. Sócrates conservará la lucidez del pensamiento recto y los valores esenciales del Espíritu en la mente de los filósofos modernos. Juana sabrá infundir confianza en el corazón de los más simples para que empuñen la espada de la luz, aunque sea por medio del sacrificio. Bezerra y Chico serán los encargados de recordar el amor verdadero a los seguidores de la fe razonada, sembrando los conceptos del Consolador Prometido en todas partes a través de actitudes vivas y ejemplos de renuncia y coraje. Francisco y Vicente seguirán cuidando de la paz con los afligidos, infundiéndoles ánimo tanto como sepan influir en los poderosos para que sean sensibles a las angustias de la gente.

Aurélio hizo un breve silencio para captar mejor la repercusión de sus palabras en el corazón de cada uno de sus oyentes.

Encontró que cada uno de los mencionados construyó en su poderosa mente el escenario de luchas y actividades que se desarrollarían, con la responsabilidad del fiel servidor.

Todo el mundo; sin embargo, guardaba una santa curiosidad por el propio Aurélio.

No deseaban que se les pesara sobre los hombros una parte mayor de sacrificios que los que ellos mismos realizarían.

Les preocupaba la generosidad y la modestia del viejo santo que, con su humildad, quizás estaba salvando a algunos de ellos.

Fue Francisco quien, sonriendo con su humilde alegría, rompió el silencio y preguntó:

– ¿Y tú, noble amigo, podrías contarnos algo sobre tus propias responsabilidades? Sabemos de tu valor y nobleza, pero no nos gustaría verlo abrumado con tareas difíciles.

Entonces, satisfaciendo el interés de todos, Aurélio respondió:

– Gracias, Francisco, por la sincera devoción de tu alma hacia mi pobre espíritu. Sin embargo, tomaré la parte fácil del servicio. Me quedaré con mis viejos amigos, los viciosos del mundo, entre los que vagué durante mucho tiempo. Le pedí al Señor y Él me concedió la alegría que me permitiría rescatar a los viejos camaradas que no le han servido como buenos trabajadores durante tantos siglos. Mi esfuerzo será para que ellos también puedan recuperar su propio servicio, antes del despido justo y el traslado a otra fábrica. Con eso, no habrá área de obra divina sin el apoyo de nuestros esfuerzos.

El silencio se volvió natural, sin que nadie cuestionara la autoridad moral de esa elevada alma. No se atrevieron a desafiar las palabras del santo líder, pero no hubo quien, cuando salió de la reunión, no guardara la clara certeza que Aurélio realmente había hecho la peor parte de la tarea.

12. Solidaridad entre mundos y almas

De la misma manera que Aurélio y los demás Espíritus elevados se comprometieron con el proyecto de renovar a la humanidad en lo que podría llamarse "tiempos venideros", otros espíritus no fueron indiferentes al momento especial vivido por los hombres en el planeta azul.

De acuerdo con las leyes de la fraternidad universal, Antênio se presentó ante la comunidad de espíritus evolucionados que habitaban una de las casas del Padre orbitando la estrella Sirio con el fin de organizar la misión de solidaridad y servicio, según los augustos planes que involucraban los destinos de la Tierra...

Cooperador directo de las huestes de Cristo en nombre de quienes administraban un planeta que ya se encontraba en una etapa importante de progreso intelectual y moral, Antênio apalancaría todas las fuerzas del bien, como ya lo había dejado claro en el transcurso del sublime encuentro espiritual previamente informado, conduciendo en su orbe el movimiento de ayuda a la humanidad para acelerar al máximo la modificación del sufrimiento repetido que padece la ignorancia humana.

Reuniendo a la comunidad espiritual bajo su dirección, en particular a los responsables de los diversos sectores de la vida planetaria, el líder amoroso aclaró:

– Ya sabéis, hijos del Altísimo, de los antiguos lazos que nos acercan a nuestros amados hermanos terrenales. Muchos ya hemos recorrido sus caminos rocosos y hemos bebido de su agua fresca, en los lejanos días de nuestra etapa entre el error y el éxito. Alimentados por sus semillas, sostenidos por su atmósfera y amparados por sus estructuras acogedoras, logramos la alfabetización espiritual que nos garantizaba el acceso a los niveles que disfrutamos hoy. Sin embargo, nuestra vieja y gastada aula requiere brazos fuertes para una reforma indispensable. Sus paredes irregulares necesitan modificaciones para prepararla para nuevas etapas con estudiantes mejorados. Nuestras bancas de la vieja escuela, en los que están grabados nuestros nombres, piden renovación, necesitando manos que los rectifiquen para que sigan siendo útiles a otros estudiantes.

¿Qué mayor alegría puede haber para el exalumno que volver a la vieja escuela para retribuir los beneficios cosechados gracias a los cuales, hoy, podemos disfrutar de mejores días?

¿Seríamos estudiantes agradecidos si dimos la espalda y dejamos la escuela a merced de unos pocos trabajadores?

¿Cómo ejemplificaríamos las enseñanzas de la hermandad que heredamos de la escuela primaria si, transformados en maestros por la educación superior, olvidáramos el valor de quienes nos enseñaron a leer y escribir en la antigua aula?

He aquí, que ha llegado el momento de reformar nuestra hermana Tierra y su humanidad.

El universo es una obra solidaria y, por tanto, cuenta con los más capacitados para asistir a quienes también luchan por calificar, como ya hicimos un día.

Para esto, queridos hijos del corazón, podrán aplicar todos los que estén dispuestos a servir al amado Cristo en la obra de renovación. Un viento renovador barrerá la vieja y querida habitación, transformándola en un bendito nivel de educación superior, derribando sus muros de piedra y construyendo una mampostería segura y robusta, coronada por un cobertizo seguro para reemplazar la antigua paja que servía de cobertura...

La monumental tarea de transformación se realizará con los alumnos en el aula, quienes participarán en la reforma conjunta. Sin embargo, muchos de ellos permanecen discapacitados para el trabajo porque son inmaduros para una comprensión profunda de las cosas. Si no reciben la asistencia adecuada, inevitablemente reconstruirán la antigua habitación con el mismo estilo que la vieja cabaña. Son pocos los que tienen las habilidades suficientes para orientar el edificio hacia nuevos conceptos, sin el apoyo y los recursos para poder hacerlo solos. Se enfrentan a los viejos espíritus holgazanes y complacientes, en los que el vicio y el egoísmo intentan impedir cualquier renovación.

Si queremos ayudar – y podemos hacerlo – es necesario que nos alistemos entre los futuros habitantes del planeta para las tareas que nos esperan, a las que nos embarcaremos con audacia y entusiasmo, como el ingeniero victorioso que participa felizmente en la reforma y preservando el aula humilde donde aprendió el alfabeto en su niñez.

Por eso, siervos del Cristo de Dios, pido a cada uno de los responsables de los diferentes sectores de la vida de nuestro planeta que transmitan a nuestros hermanos la convocatoria de este programa de alistamiento voluntario, garantizando a todo aquel que pueda dejar nuestras filas con suficiente amor y equilibrio para superar los retos de nuestro pasado de errores, las mejores condiciones para que lo haga sin perjuicio de sus tareas en nuestro entorno.

Que se pongan a su disposición recursos formativos, además de transferir sus responsabilidades laborales a otros hermanos que asumirán sus obligaciones, sin perjuicio del avance de las tareas.

Además, coordinaremos el traslado colectivo de los espíritus, en grupos homogéneos, tan pronto como se establezcan los respectivos procesos con la dirección espiritual de la Tierra. Nuestros esfuerzos estarán enfocados en la iluminación de la conciencia, la tecnología y el arte, incidiendo en las nuevas generaciones con conceptos más amplios y técnicas más simples, aunque más sofisticadas. Además, los cambios magnéticos a los que se verá sometido el entorno físico de la Tierra provocarán cambios en su sensibilidad y en la organización de sus sistemas biológicos que, a medio plazo, facilitarán la sintonía con los principios superiores. Así, nuestra cooperación se realizará tanto a través de la reanudación de nuevos cuerpos carnales como en el plano espiritual, inspirando, intuyendo, iluminando a la nueva generación para el avance acelerado.

En cualquier caso, el momento llama al heroísmo y la renuncia en nombre de la cooperación, recordando el ejemplo de nuestro divino Señor que, llegado el momento, asumió su responsabilidad personal y, lejos de enviar a otros, fue personalmente a plantar la semilla del bien.

Tanto como nosotros, espíritus de otros orbes, unidos también a los hermanos terrestres por los lazos de la fraternidad universal, nos organizamos para ofrecer su parte en la gran reforma de la escuela.

Cooperaremos con los esfuerzos de Jesús en la administración de la obra divina, ya que los conceptos del amor al prójimo, que nos fueron enseñados en la época en que muchos habitaban la Tierra, nos llegaron por las manos personales del mismo Cristo.

Antênio había terminado el sereno discurso a través del cual delineaba los planes de la iniciativa para participar en los destinos del hermano orbe. Con tal emprendimiento, se garantizaría la participación de al menos seis millones de espíritus elevados, quienes, de diferentes formas y en diferentes áreas de evolución, se sumarían a los idealistas que ya viven en la Tierra, en plena lucha cuerpo a cuerpo con ignorancia y maldad.

Renunciarían al confortable hogar al que tenían derecho para emprender los arriesgados ejercicios de estoicismo y devoción, junto a los hermanos en testimonio evolutivo del planeta vecino, en nombre del amor incondicional y la solidaridad universal.

✳ ✳ ✳

Mientras los diversos orbes que rodeaban la Tierra organizaban sus comunidades para apoyar la evolución de los hermanos en renovar el testimonio, en la propia humanidad terrena, ya se observaba lo que Aurélio había pedido a los diversos buenos trabajadores, con la reencarnación de muchos espíritus mejorados y que pertenecían a los cuadros para que, en previsión de los que venían de otros orbes en la tarea de cultivar la tierra espiritual, fueran arrojando los productos de la cosecha fresca, abriendo los surcos para que las semillas victoriosas encontraran la cuna acogedora. Y entre los diversos espíritus que crecían en el cuerpo físico y la reencarnación inminente, algunos de ellos estaban bajo el auspicioso cuidado de Bezerra y Chico Xavier, quienes intercambiaban noticias sobre el desarrollo de sus tutelados, verdaderos brotes tiernos en el huerto de las esperanzas.

– ¿Cómo están nuestros pequeños? – Bezerra preguntó a Chico.

– Bueno, doctor, Vincent está en pleno desarrollo, a pesar de la condición social no muy favorable.

– Esto es bueno para él, hijo. A pesar de pertenecer a la familia menos favorecida, no le faltarán los recursos básicos de supervivencia o protección espiritual para solidificar la salud y la conciencia de un artista nato, para que, en el momento oportuno, pueda retomar su fructífera jornada.

Con tu apoyo podrá afrontar los compromisos del pasado reciente en el lamentable escenario del suicidio, cuyos efectos fueron mitigados por el entonces estado de angustia y desesperación alienante, además que abrazó el proyecto de volver a la vida física con amor profundo, intercambiando su querida Holanda por nuestro Brasil, donde ejercitará con mayor maestría la reconstrucción de sí mismo a través de la belleza. Tendremos que supervisar los pasos de este ser valiente, cuya grandeza conocerán los brasileños y el mundo por los muchos ejemplos de sencillez e inspiración que sembrarán en la comunidad – agregó Bezerra.

Deseando saber sobre los otros reencarnados que trajo ante sus ojos, Chico comentó:

– ¿Volverá pronto Claudio también, doctor?

– Sí hijo mío. Después que Pierre haya renacido en un hogar sereno y bien ubicado, será el turno del acompañante impresionista de retomar el atuendo físico en la familia que los unirá bajo la misma sangre y nombre, tal es la afinidad que estos dos eminentes representantes de la pintura mantuvieron entre sí. Como Vincent, regresan como colaboradores en la reforma del mundo. Habiendo sabido afrontar las vicisitudes del pasado sin serios compromisos morales, se han construido un futuro más sonriente gracias al cual podrán llevar a cabo la misión encomendada con menos ardor que nuestro otro hermano pequeño. Sin embargo, como soldados del bien que, por amor, aceptaron la misión renovadora, ninguno de ellos carecerá de la asistencia y protección divina de nuestros mayores. Solo necesitaremos seguir sus pasos para que no caigan víctimas de los escollos de quienes pretenden desviarlos, como suele ocurrir cuando el niño se ve rodeado de facilidades e ilusiones, expectativas y exigencias irrazonables, empezando por los propios padres. Por eso contamos con entidades amigas que vigilan y protegen tanto a los padres como a sus familiares más cercanos, para que no se conviertan en obstáculos en su camino.

– Y Chico, ¿seguro que has seguido la evolución de nuestro amigo senador? – Preguntó Bezerra, sonriendo.

– Cómo no, querido papá – respondió el Espíritu amoroso. Es mi "niña de los ojos." Crece sano y hermoso, a pesar de llevar una introspección natural de quienes regresan al mundo para las horas difíciles, presumiendo deberes de alto alcance moral. Como nuestros pequeños artistas, también será un artista del intelecto, a su debido tiempo.

Tomando un breve descanso para expresar alguna preocupación, Chico consideró:

– Hay pequeños detalles que me preocupan, doctor.

Y conociendo el interior de él como la palma de su mano, el viejo doctor agregó:

– La vieja curiosidad de los espíritas, ¿no?

– Sí – confirmó el interlocutor, sonriendo discretamente –. Nuestros hermanos no se contentan con leyes espirituales que exigen discreción y seriedad. Les encanta un poco de especulación, una disputa sobre temas controvertidos. No pasa un día sin uno de los viejos camaradas que nos privaron de su compañía, plantee una nueva tesis, desatando discusiones polarizantes y desagregadas. No los culpo por esta búsqueda de debates en el foco transitorio del pensamiento mundial. Mientras tanto, ahora han podido luchar en busca de la familia de nuestro protegido, ciertamente para halagar a una personalidad que, para llevar a cabo su misión, necesita tranquilidad para desarrollarse sin el daño del endiosamiento. Se dice que cada uno tiene derecho a revelar frases que hubiera escuchado de mi boca, indicando esto o aquello en el momento de mi última encarnación. Y de suposición en suposición, de opinión en opinión, ya están discutiendo quién sería el niño Publio, en qué familia reencarnaría, en qué ciudad. ¿Ha pensado alguna vez, doctor, si eligen a uno de estos niños precoces como alma del senador renacido? Esta sería la desgracia de los inocentes.

– Sí, hijo mío, ambos sufrimos mucho este acoso, de muchas formas diferentes. Sin embargo, cuando esto recae sobre un ser en formación, tal idolatría puede perturbar mucho su compromiso espiritual. Por eso hiciste muy bien en tapar la mayor cantidad de noticias posible sobre su regreso, así como el lugar y condiciones de su renacimiento, para que no tuvieras que luchar no solo contra los espíritus inferiores que intentarán entorpecer la tarea del bien, pero también contra espíritas curiosos.

– Pero a pesar de esto, hay muchos hermanos dedicados a plantear hipótesis.

– Sí – respondió Bezerra –, no se dan cuenta de la gran responsabilidad que pesará sobre sus hombros al perturbar el desarrollo de los demás, sea o no nuestro querido senador reencarnado.

– Ciertamente se entregan a este trabajo porque les falta qué hacer, en el vasto campo de servicio que prefieren no ver. Dedican su tiempo a tesis y discusiones teóricas, mientras muchos se mueren de hambre, esperando la práctica de la teoría. Cuando recuerdo que muchos de ellos estuvieron conmigo por años y años al servicio directo de los afligidos del mundo, me pregunto si no están sufriendo alguna enfermedad de la memoria – dijo el ex líder de caridad, con la sencilla sonrisa que siempre lo había acompañado, incluso en tiempos difíciles...

– Nada que no cure una buena decepción de este lado, ¿verdad, amigo? – respondió Bezerra, emocionado por el recuerdo que la vida espiritual hace caer todas las máscaras.

Dejando a un lado la conversación, Bezerra le recomendó a su antiguo compañero de luchas:

– Bueno, hijo mío, necesito seguir el proceso de reencarnación de Víctor. Entre los filósofos antiguos que regresaron, obtuvo la autorización para acercarse a los pensadores y, con un poco de nuestro apoyo, ciertamente podremos organizar el proyecto de renacimiento de otro servidor del bien, comprometido con la iluminación de las conciencias. Solo necesitaremos ajustar su campo emocional para que se mida su sensibilidad, cuando está en el cuerpo físico, de modo que las posibilidades de ejemplificación noble y digna estén garantizadas no solo a través de la claridad del intelecto, sino también, de la rectitud de conducta en la vida personal con la experiencia de conceptos elevados durante la experiencia de la reencarnación. Cada vez hay menos lugar en la Tierra para los espíritus neutrales, aquellos que, en el concepto del Codificador, hacen tanto el bien como el mal, inclinándose ahora a uno, a veces para el otro, según el gusto del viento o las circunstancias... (pregunta 105 de *El Libro de los Espíritus*).

Abrazando al compañero, se despidieron rápidamente, garantizando que estarían en contacto directo por la fuerza del pensamiento si uno necesitaba la cooperación del otro.

13. Intentando salvar árboles enfermos

En vista del gran plan para la reforma moral de la humanidad, grupos de espíritus dedicados en todas partes buscaron cumplir las metas más elevadas tanto en relación con el despertar como en términos de ayudar a algunos que estaban en camino de desperdiciar la oportunidad que tenían. en sus manos.

Así, Jerônimo, Adelino y Bezerra, a pesar de estar intensamente ocupados con muchas obligaciones, se acercaron a Peixoto, el antiguo compañero de tareas mediúmnicas, criatura inmadura y perdida en las malezas del interés material.

✳ ✳ ✳

Los buenos espíritus también protegen visiblemente a quienes luchan con valentía y perseverancia, cuya devoción es sincera y no disimulada; nos ayudan a triunfar sobre los obstáculos y paliar las pruebas que no pueden impedirlos, mientras abandonan, no menos visiblemente, a quienes los abandonan y sacrifican la causa de la verdad a su ambición personal (Obras póstumas, "Los desertores").

Pero ¡ay de aquellos que, debido a sus discordias, han retrasado el tiempo de la cosecha, porque vendrá la tormenta y serán arrastrados por el torbellino! Clamarán: "¡Piedad! ¡Piedad!"

Pero el Señor les dirá: "¿Cómo imploran piedad, ustedes que no han tenido misericordia de sus hermanos y se han negado a extender sus manos, que han aplastado al débil en lugar de apoyarlo? ¿Cómo suplican piedad, tú que buscas tu recompensa en los placeres de la Tierra y en la satisfacción de tu orgullo? Ya has recibido tu recompensa, tal como la deseabas. No tienes nada que pedir; las recompensas celestiales son para aquellos que no han buscado las recompensas de la Tierra."

En este momento, Dios procede al censo de sus siervos fieles y ya ha marcado con su dedo a aquellos cuya devoción es solo aparente, para que no usurpen los sueldos de los siervos alegres, porque es a los que no se retiran ante sus tareas a los que les encomendará los puestos más difíciles en la gran obra de regeneración por el Espiritismo. Estas palabras se cumplirán:

Los primeros serán los últimos y los últimos serán los primeros en el reino de los cielos –. El Espíritu de la Verdad, París, 1862 (*El Evangelio según el Espiritismo*, cap. XX, "Los obreros del Señor")

✳ ✳ ✳

Ante los deberes morales desatendidos, especialmente en lo que se refiere a los compromisos con el bien desinteresado, el servicio por el bien de los afligidos, Peixoto se encontró rendido a sí mismo, en el capítulo de las pruebas y expiaciones que tenía, después de haber tratado de utilizar su mediumnidad con el objetivo de satisfacer sus intereses inmediatos.

Con la intención de utilizar la facultad mediúmnica para crear una red de gratitud con la que involucraría a personas adineradas, con la intención de obtener favores y concesiones materiales, Peixoto había demostrado su inmadurez frente a las cosas sagradas. Y esto a pesar de los numerosos compromisos que se había hecho antes de la reencarnación, cuando prometió solemnemente servir a la causa de la verdad, como un intermediario limpio y honesto, cueste lo que cueste.

En realidad, Peixoto venía de encarnaciones anteriores donde había estado profundamente en deuda con los errores morales inherentes a quienes cultivan la ambición más allá de toda medida por el predominio del orgullo venenoso.

Dañó la buena fe de muchos que confiaban en su sensibilidad, engañando almas, quitándoles valores para disfrutar del lujo y las facilidades mundanas. De cara al futuro, solo tuvo la dolorosa oportunidad de una enfermedad crónica para rectificar su comportamiento a través del mandato limitante de las facultades mentales. Renacería sin el control total de su pensamiento, dudando entre momentos de lucidez y alucinación, solicitando descargas eléctricas o procedimientos médicos destinados a los internados en hospicios para dementes en la Tierra.

Era plenamente consciente que este sería el efecto del mal uso de la inteligencia y la sensibilidad mal empleadas en la práctica, fuerzas adictas a servir únicamente a las desviaciones de su propio carácter.

Por eso, cargó con amargura el corazón ante las difíciles etapas que le aguardaban en la vida física, cuando deambulaba entre lo normal y la locura, cosechando la semilla amarga por culpa de sus propias decisiones. Su alma estaba afligida por la perspectiva adversa del futuro cuando, luego de una significativa oración, en la que, por verdaderos sentimientos, había mostrado un sincero pesar por el mal cometido, fue visitado por una entidad amorosa que lo había acompañado durante algunos siglos, responsable de su evolución.

Ante una magnífica visión espiritual, Peixoto se postra sumiso y pequeño.

Incapaz de articular una palabra, escucha el mensaje del alma generosa que lo visita en la oscura guarida donde estaba.

– Querido hijo – le habla la entidad –, la conciencia de tus propios errores y el sincero arrepentimiento son la antesala de la mejora. No creas que el universo está bajo el mando de un despotismo indiferente. Hay muchas formas de rescatar errores, hermano. Ciertamente, algún pequeño mérito recogido ayer no te exime del rescate personal de los delitos cometidos y de los que su conciencia te acusa. Sucede que, ante la mente enferma y el equilibrio oscilante que te aguarda en el nuevo cuerpo, tu alma vacila y se asusta, mientras el corazón arrepentido pide la misericordia de Dios.

Aquí estoy, hijo mío, para decirte que hay una opción para la cosecha de frutos amargos, por si quieres sustituir la locura por otro tipo de tarea.

Al escuchar las tiernas palabras de la entidad angelical, Peixoto suplicó con las manos abiertas que se le diera la oportunidad de intercambiar la dolorosa experiencia de la locura por cualquier otro tipo de pago de sus propias deudas.

Observando su sincero propósito, pasó a explicar:

– Tu opción por la locura orgánica, hijo mío, es trabajar como médium espírita, servir de vehículo de amor a otros locos y deudores de la ley, garantizándoles la posibilidad de hablar y escuchar, entendiendo los errores cometidos para que puedan rectificar sus caminos.

Tu vida será la de un individuo normal, con una mente aparentemente sana, sin ningún rastro de la locura que te mereces y necesitas, pero que, de cara al trabajo en el bien, quedará en estado de hibernación, como una cuenta pendiente que se considerará pagada por cumplimiento de las condiciones que se imponen en la mediumnidad del bien.

Contarás con el apoyo de tutores espirituales que te ayudarán a superar tus imperfecciones, pero que no te reemplazarán en luchas que dependen solo de ti y de tus propias fortalezas. Tu vida será entonces considerada como la de un individuo normal, con deberes comunes a cualquier ciudadano. Sin embargo, además de estas rutinas habituales, te comprometerás a trabajar por el bien de los demás al menos tres veces por semana, en horarios regulares cuando se reúnan los grupos de médiums de una institución espírita seria, a la que te vincularemos, donde ejercerás la percepción del mundo invisible y servirás sin ninguna exigencia. Para obtener ganancias materiales, tendrás que trabajar honestamente, ganándote así la vida, nunca tratando de mezclar la tarea mediúmnica con el logro de ventajas directas o indirectas destinadas a enriquecer o resolver sus problemas de dinero.

Puedes formar una familia, criar hijos, soñar con proyectos de crecimiento material, pero en ningún momento debes empañar el ejercicio mediúmnico con la mancha de la infidelidad, porque el compromiso del pasado pesa sobre tu cabeza, en el ejercicio inapropiado y deshonesto de la sensibilidad. Si haces tu parte, siempre contarás con nuestro apoyo para superar obstáculos sin contaminarse con el error. Si no cumples con tus compromisos, nos alejaremos de tu vida y te dejaremos a los efectos de tus actitudes pasadas, comenzando a vivir, desde allí, en el clima de locura e inadaptación.

No dejaremos de amarte bajo ningún concepto. Sin embargo, no podremos evitar que los males que sus elecciones han creado caigan sobre ti.

Puedes optar por rescatar tus errores mediante la locura desde la infancia o mediante el ejercicio de una mediumnidad seria, respetuosa y disciplinada, con la que evitarás la alienación, y podrás tener una vida normal con el compromiso de ayudar a los demás sin encontrar el equilibrio.

¿Cuál es tu elección, hijo mío?

Peixoto se rio y lloró al mismo tiempo.

Finalmente, comprendió la generosidad de Dios que no dejaba ni una sola oración sin respuesta.

Entre las emociones contradictorias que abrumaban su alma aturdida, tartamudeó agradecido:

– Quie... quie... ro ser... médium... ayúda.. me... ayúdeme, ángel de Dios... quiero ser útil y hacer... el bien.

Al escuchar sus emotivas palabras, la entidad puso su mano sobre su cabeza y, en oración sublimada, exclamó:

– Bendito Padre de amor y bondad, que construiste la misericordia para templar los dictados de la justicia, aquí está el hijo arrepentido que acepta la oferta de trabajo para que, con su sudor benevolente, corrija el mal que debe ser redimido por las lágrimas del sufrimiento... Que no le falte la fuerza para el ejercicio dedicado, de modo que el beneficio de la concesión le sea beneficioso. Sabemos que la santa locura no será neutralizada solo por las promesas de servicio y pedimos que la locura mental sea el remedio amistoso de cualquier desliz que cometa nuestro hermano ante los compromisos que asume en este momento. Si es Tu voluntad, Padre amoroso, te encomiendo al hijo amado para el proceso de preparación para el regreso. Hágase tu voluntad.

Una luz intensa se derramaba desde arriba envolviéndolos y, como si ambos fueran succionados suavemente en la dirección del foco, se dirigieron a los preparativos reencarnatorios de los que se beneficiaría el infortunado Espíritu, con el objetivo de volver a las luchas de la vida por la reanudación del camino rectificador.

* * *

Allí estaba el pobre Peixoto, envejecido por los excesos, preocupado por las ganancias materiales, haciendo cálculos y más cálculos sobre ventajas y valores, índices y tablas, después de haber contado con la paciencia de las sublimes entidades que, durante tantos años, lo acompañaron, siempre buscando mantenerlo en el camino correcto.

Sin embargo, durante las décadas que sirvió como instrumento, Peixoto nunca se entregó a la mediumnidad con el sentimiento de devoción que era de esperar. Se prestó al intercambio en el Centro Espírita, pero, invariablemente, trajo el pensamiento adjunto a sus posibles ganancias en inversiones financieras u obras materiales. La excusa para tal desajuste fue la necesidad de sobrevivir, la búsqueda de consuelo, la necesidad de criar hijos y encaminarlos en la vida. Cualquier cosa servía para apartar de su mente la idea de una rendición desinteresada. Como médium, también estaba a favor de la idea que el ejercicio de la facultad era una forma de garantizar protección y una buena inspiración para los emprendimientos del mundo.

No pocas veces los mentores que lo involucraron capturaron sus pensamientos interesados al relacionarse con algún frecuentador bien ubicado en la vida. Peixoto amaba especialmente a los ricos y poderosos, a quienes deseaba servir con redoblada devoción, esforzándose por ser agradecido, ganándose su simpatía y estableciendo lazos de amistad.

Su mente no asimilaba las lecciones que los espíritus amigos insistían en repetir sobre el desinterés y la lucha contra el orgullo corrosivo.

Ni siquiera cuando eran más incisivos, Peixoto les daba importancia. Sus percepciones sufrieron serias limitaciones a causa de sus prácticas sombrías y los vigilantes espirituales que lo acompañaban, observando su rebeldía, se desvivieron para tratar de evitar que, dentro o fuera de la Casa Espírita, el infortunado e inadaptado siervo cayera al abismo de donde había salido.

Como no se había reajustado como prometió, Bezerra de Menezes, tiempo antes, lo había liberado de los deberes mediúmnicos que desempeñaba en la institución de Ribeiro para que los errores que cometiera no le pesaran aun más en la deserción de responsabilidades.

Después de unos años, he aquí, el propio doctor amigo, acompañado de Jerônimo y Adelino, llegó a su casa para identificar su cargo.

Entristecidos, encuentran a Peixoto perdido en divagaciones y preocupaciones materiales, asesorados por una serie de entidades inferiores que lo vampirizan y alucinan.

– Pobre Peixoto – dijo Jerônimo, lamentándose de su estado.

– Compañero infeliz, victimizado por el gran orgullo que minaba las virtudes de su corazón. Empieza la espinosa cosecha, que apenas ha sido mitigada por la posibilidad de un honesto servicio mediúmnico – respondió Bezerra.

Incluso si sus tendencias materialistas lo acompañaran, su esfuerzo sincero, su voluntad de luchar contra las tendencias, crearía en su beneficio el ambiente favorable indispensable para incrementar sus fuerzas de resistencia. Sin embargo, Peixoto había vivido la mediumnidad como si sus amigos invisibles fueran ficticios, viviendo en un mundo aparte del suyo. Que no sabríamos qué estaba pasando dentro de él o cuáles serían sus ambiciones e intenciones más secretas. Vivió como el hijo inmaduro que cree que puede engañar a la sabiduría de sus padres, contando historias inverosímiles. Pobre hermano, que dejó el camino correcto para invertir en lo dudoso. Se preocupa por los índices de rendimiento de sus valores materiales mientras deposita los valores espirituales en la más inapropiada de todas las inversiones. Los compromisos de ayer parecen robar cualquier ganancia aparente, confiscando los valores más importantes, incluidos los de la propia razón.

– Eso es, doctor. Parece que Peixoto se dirige peligrosamente para el asilo.

– Es cierto, Jerônimo. Nuestro amigo trazó el camino hacia su propia recuperación. Si, en un principio, lamentamos la falta de uso del bien, en un segundo punto de vista, alegrémonos que el hospicio sea también una casa de Dios, ayudando a las almas a reajustarse, cuando no tuvieron el buen sentido de hacerlo por los caminos menos dolorosos.

– ¿Podemos hacer algo para ayudarlo, doctor?

– El amor siempre ayuda, Jerônimo, cuando no juzga, no se rebela, no condena y, respetando la ley del universo, se beneficia al máximo. Podremos orar por él y por las desafortunadas entidades que se asocian con él. Sin embargo, si actuamos de una manera más intensa, su desequilibrio puede profundizarse por el contacto de su sensibilidad inadaptada con nuestra presencia. Mira un pálido ejemplo de lo que quiero contarte.

Hablando así, Bezerra se acercó a Peixoto quien, hablando solo, parecía manipulado en un coloquio con las entidades avaras y mercenarias que lo rodeaban.

La presencia luminosa del espíritu amigo alejó a buena parte de los espíritus mezquinos, que se emocionaron ante la confirmación de una interferencia externa que no pudieron ver.

Sin embargo, Peixoto, quien se unió a los descontentos socios, cuando sintió el acercamiento de la entidad superior, comenzó a exclamar:

– Fantasma, fantasma, no tengo nada contigo. Fuera de aquí, estoy bien con mis inversiones, preservando mi futuro. No deseo ninguna ayuda. Soy capaz de protegerme. No te prestaré dinero. Nada para ayudar a otros que nunca pensaron en mí. ¡Estoy en el mundo y vivo como el mundo me obliga a vivir!

Y antes que Peixoto tuviera un síncope, perdiendo el poco equilibrio que aun lo retenía, Bezerra regresó a la compañía de Jerônimo.

– ¿Vieron? Nuestro amigo lleva en la conciencia la noción del error cometido. Sin embargo, no quiere ayuda ni tiene la intención de reconocer que su decisión fue inadecuada. No podemos hacer nada ejerciendo el amor. La locura que se instala le ayudará a estrechar los lazos de insanidad. Desafortunadamente, Peixoto se despertará a la realidad de sí mismo en peores condiciones que las que tenía antes de la presente encarnación.

Siempre rezaremos por él. Entre la nuestra y la del dinero, Peixoto eligió la protección que más le interesa. La riqueza del mundo es una dama muy exigente: masacra a todos los que se someten a ella.

Luego de despedirse del grupo, Bezerra encomendó a Jerônimo el trabajo de apoyar a alguna entidad desafortunada que aceptara la llamada allí o demostrara cierta lucidez para recibir ayuda. Sin embargo, el estado de inadaptación mental de todos fue tan intenso que Jerônimo, Adelino y los otros dos ayudantes se quedaron con la opción de regresar con las manos vacías, ya que incluso la retirada forzosa de algún obsesor invisible podía tener una repercusión dolorosa en el médium, empeorando su estado general.

14. Los espíritas

En el plano espiritual, se realizaron innumerables reuniones y asambleas durante las noches, en las que participaron espíritus comprometidos con la tarea de transición y encarnados de todas las denominaciones religiosas, en particular los espíritas cristianos, con quienes los entendimientos serían más profundos y directos.

Se pedía a todos los hombres de bien que cooperaran en la renovación del trabajo, ya fuera por ejemplo de rectitud o por la forma constructiva de vivir en familia y en el trabajo profesional.

Sin embargo, los espíritas cristianos que sostienen las luces del Consolador Prometido, tenían herramientas aun más perfectas para comprender las causas y efectos, poder conocer más profundamente las leyes del universo y actuar con más decisión en el esclarecimiento de las criaturas, en la transformación de sus hermanos encarnados y desencarnados.

Para los seguidores del Consolador Prometido, las reuniones de trabajo fueron más frecuentes y específicas, con las diversas entidades que los guiaron.

Dichos hechos ocurrieron todas las noches en las diferentes regiones de Brasil, en las instituciones donde se reunían los trabajadores espíritas. Además de los líderes encarnados, participaron el grupo de médiums, iluminadores, conferencistas o locutores y otros colaboradores sinceros, todos para entender la importancia del momento y poder posicionarse a favor de la difusión de la llamada necesaria para el despertar de conciencias.

Los líderes espíritas definirían programas de trabajo, temáticas para esclarecer al público, abriendo mentes y corazones para el momento especial de la Tierra.

Los médiums sintonizados con los planos superiores no serían obstáculos para la transmisión de mensajes o alertas del mundo invisible, además de ofrecerse a los desencarnados en peligro para que comprendan la importancia de la última hora en el último minuto.

Los iluminadores estarían abiertos y atentos a las necesidades de los referidos entes necesitados para comunicarse en reuniones mediúmnicas de este tipo, hablándoles de las realidades vigentes en los dos planos de la vida, a fin de aprovechar la última oportunidad de elevación por amor, en el orbe terrenal. Con la información precisa sobre la transición moral a la que está sometido el mundo, quienes se dedicaron y se dedican a escuchar y orientar a los entes inferiores que se manifestaron en las reuniones de desobediencia tuvieron un preciso manual de salvación, alertándolos de las últimas oportunidades de renovación que harían posible su permanencia en el planeta Tierra.

Los ponentes se prepararían para abordar el tema de la renovación desde la perspectiva de la urgencia, ayudando a abrir la mente de los oyentes, con el cuidado debido para evitar las exageraciones propias de los fanáticos que atemorizan en lugar de hacerles pensar. Con el poder de la palabra, sus voces resonaban en el fondo de su conciencia y permitía a los oyentes, al regresar a sus hogares, meditar los mensajes escuchados para que la buena semilla, a su debido tiempo, germinara.

Los demás trabajadores de la institución, encargados de acoger al público, de dialogar con visitantes y frecuentadores, tendrían preparado su campo mental para comprender las urgentes transformaciones colectivas del ahora, única vía para lograr el indispensable avance hacia las gloriosas etapas del futuro. Entendiendo el mecanismo de la separación de la paja y el trigo, tales servidores del bien estarían mejor preparados para atender las inquietudes personales de los visitantes de la Casa Espírita, tocando los temas esenciales para ayudarlos a salir de la hipnosis del egoísmo, del individualismo herido, del orgullo magullado, dolor exclusivo y, con un espíritu diferente, superando los pequeños rasguños ignorándolos y al mismo tiempo transformando grandes heridas en pequeños rasguños.

Al fin y al cabo, los procesos evolutivos en juego tendrían en cuenta la capacidad de superación personal, gestionando las debilidades, combatiendo los defectos y renovando la moral a través de los retos afrontados y superados.

Con tales programas de iluminación, repetidos todas las noches en diferentes áreas de la atmósfera espiritual por laboriosos espíritus guardianes, las criaturas podrían regresar al cuerpo carnal al amanecer del nuevo día trayendo su inconsciente sembrado con tales ideas, de modo que los gérmenes naturalmente eclosionen en el seno de comunidades espíritas.

Donde había un núcleo de trabajo espírita sincero, visitaban entidades amigas, como jardineros encargados de resguardar el vivero, cuidando el campo para que la germinación de las semillas luminosas fuera abundante y eficiente, esperando que los encarnados correspondieran al sublime esfuerzo en la tarea de multiplicar la llamada.

Además de las repetidas pautas, en una casi "operación de guerra" puesta en marcha para ampliar las oportunidades de salvación de los que viven en el mundo, las condiciones de la naturaleza cooperaron por sí mismas para llamar a los indiferentes.

No faltaron sucesos extraños, en la furia de los elementos, para recordarnos las propias palabras de Jesús contenidas en el Evangelio de Mateo, 24: 6–8, 32 y 33:

Y oirás de guerras y rumores de guerras; mira, no te alarmes, porque tiene que suceder, pero aun no es el final.

Porque se levantará nación contra nación, y reino contra reino, y habrá hambrunas, plagas y terremotos en varios lugares.

Pero todas estas cosas son el comienzo del dolor.

Aprende, pues, esta parábola de la higuera: cuando sus ramas ya estén tiernas y las hojas broten, sabes que el verano está cerca.

Asimismo, cuando veas todas estas cosas, debes saber que está cerca, a las puertas.

Los signos de la naturaleza no eran escasos indicando que se acercaban los tiempos predichos.

Desastres que cobran miles de vidas, frío extremo, calor y sequía nunca antes vistas, hambruna que se propaga, desajustes sociales, guerras entre hermanos, luchas de poder dementes, terremotos y cambios climáticos repentinos en todas las regiones del planeta, incertidumbres económicas, coincidió con las palabras proféticas de Mateo.

Dolores voluminosos para la definición de verdades.

Y los hombres, en su mayor parte, durmiendo en la suave cuna de la indiferencia, tratando con todas sus fuerzas de distraerse con tales realidades.

Por cada tormenta que les ofrecía la naturaleza, en un creciente y triste abrumador, la ciencia presentaba una explicación aceptada como satisfactoria: "siempre ha sido así", "todos los años esto pasa", "esto está dentro de la predicción de nuestros modelos matemáticos", "no hay nada de malo en tales eventos."

Y los indiferentes, al escuchar tales explicaciones, siguieron sus pequeñas y tontas vidas, pensando, felices:

"¡Ah! que bien. La ciencia ya lo ha explicado. Esto es normal, no tenemos que preocuparnos por nada. Podemos continuar con nuestras rutinas, después de todo, la ciencia está vigilando todo. Volvamos al juego, al viciio, al placer frenético, a la ganancia desenfrenada. Volvamos a la locura de las distracciones inútiles con las que cambiamos la salud por el goce, la paz de la conciencia por la aventura intrascendente. Tomemos el tiempo que tenemos para disfrutar la vida."

Al elegir esta forma de ser, cada uno acepta solo la versión de la verdad que mejor sirve a sus intereses superficiales, aceptada con facilidad y sin cuestionamientos ya que le conviene coincidir con sus propios deseos.

El principal objetivo de las entidades superiores en el gran plan de ayuda para que el mayor número de hijos de Dios pudiera ser salvo fue precisamente despertar la noción de conciencia.

Y los espíritas, los que sabían de la supervivencia del alma, de la posible comunicabilidad entre los dos campos de la vida, de las advertencias sobre la regeneración acelerada, de las llamadas urgentes al trabajo de última hora, a diferencia de los fieles de otros caminos religiosos, fueron los más preparados para despertar a los hipnotizados.

Otros segmentos religiosos también jugaron un papel importante en el esclarecimiento de sus núcleos específicos. Sin embargo, sin las bases lógicas que tenían los espíritas, volverían al viejo y gastado discurso del fin del mundo, ya tan desmoralizado y desacreditado por la fuerza del uso y por el interés propio como siempre se ha ejercido, amedrentando para llevarse los bienes y las riquezas más impresionables.

La mente racional de los tiempos modernos exigía otro enfoque, que estas religiones no podrían adoptar, porque estaban comprometidas con los viejos errores de las fechorías y adicciones del pasado.

La acción de cristianos iluminados, de almas que aceptaron las verdades espíritas con sinceridad y fe, con entendimiento y comprensión lógica fue, por tanto, la base de este edificio de redención, erigido por el Cristo de Dios para la guía indispensable de los hijos que quisieron perseverar hasta el fin de la vida.

* * *

Jerônimo y Adelino, en conversación con Ribeiro, hablaron de sus preocupaciones con la sinceridad de los hermanos ideales.

– Sabes, Ribeiro, estamos muy angustiados. Con excepción de esta institución que diriges en sintonía con los ideales superiores y dos o tres más aquí en esta ciudad, no hemos encontrado un ambiente propicio entre los espíritas, para la multiplicación de la llamada – dijo Jerônimo.

– Es verdad – dijo Adelino, en apoyo –. Hemos visitado, en los últimos meses, cientos de las llamadas casas espíritas, de líderes que estuvieron en los distintos encuentros espirituales donde recibieron las advertencias y llamados a los cambios indispensables y, hasta ahora, cuando regresan al cuerpo de carne, son refractarios a cualquier cambio de actitudes.

– Entiendo lo que dicen, amigos. Nuestra realidad espiritual no los entusiasma. Ya hemos observado este comportamiento en muchos de nuestros queridos hermanos. Todos venimos de otros caminos religiosos en las muchas vidas que ya hemos vivido, cuando fuimos adictos a la creencia en modelos de inoperatividad y pereza.

Entonces, incluso después de aceptar el trabajo espírita en este camino, en el fondo añoran un cargo, un puesto donde sentarse y permanecer en la monotonía, sin un compromiso profundo de transformación.

Dicen que son siervos del Señor, pero no sueñan con trabajar. Quieren sombra y agua fresca, quieren puestos y favores, pero llevan la mente del enemigo a cualquier cambio de comportamiento que signifique un aumento de actividades.

La mayoría de ellos utilizan el argumento que no deben aturdir la mente de las personas que asisten a la Casa Espírita porque no estarían preparados para los cambios necesarios.

Quieren hablar sobre el momento de la transición utilizando parábolas vagas que son difíciles de interpretar.

Tales líderes espíritas se asemejan al capitán de un barco que, hundiéndose, en lugar de decirle a los pasajeros que todo se va a hundir, mantiene el casino en funcionamiento para que todo parezca normal, le dice a la orquesta que toque más fuerte para ocultar los ruidos del hundimiento, no distribuye chalecos salvavidas ni ordena que se bajen los botes salvavidas para no levantar sospechas de la tragedia en curso. De esta forma, no advierten a los pasajeros de la tormenta que les espera y contra la que podrían estar mucho mejor preparados.

Los trabajadores espíritas son como la tripulación de este barco que, al no poder enfrentarse al capitán, deben obedecer sus órdenes. A lo sumo, podrían comentar en privado a algunos de los más íntimos sobre el siniestro, con el compromiso que el capitán no sabrá ni sospechará que se están rompiendo sus reglas.

Increíblemente, se advierte al capitán y la tripulación que el barco se está hundiendo.

Al escuchar la comparación, Jerônimo y Adelino sonrieron afablemente.

– Ribeiro, siempre tienes la palabra adecuada para enseñarnos. Eso es correcto mi amigo. Estamos viendo entrar agua por todos lados y, aunque se avisa a los responsables, nos encontramos con una buena parte de los pasajeros y muchos tripulantes divirtiéndose o durmiendo en sus camarotes, además del capitán preocupado por el baile, la cena de gala, las cosas superficiales o con disfrazar la realidad para que los pasajeros no se asusten.

Pero, ¿qué será de los pasajeros cuando se den cuenta que el barco va cuesta abajo? ¿Por qué el capitán no los alertó a tiempo? ¿Por qué mantuvo la ilusión que no había problema?

En ese momento, ¿la desesperación de "sálvese quien pueda" no será más perjudicial para todos que si, de antemano y con calma, hubieran sido advertidos de eventos futuros?

Así somos, Ribeiro. Adelino y yo nos sorprendimos cuando observamos que la mayoría de los líderes espíritas están adoptando la tonta posición del pretendido capitán, negándose a alertar a su tripulación sobre los problemas reales del barco, así como sobre la necesidad de prepararse para el naufragio.

Los más antiguos dicen que hablar de los momentos cruciales de la transición puede producir malestar y miedo en las personas. Por eso, guardan silencio, no se preparan para abordar el tema y censuran a quienes lo hacen en la institución. Son expertos en mantener el baile, con la orquesta tocando en voz alta. Estudian sobre los diversos temas espíritas, hacen cónclaves intelectuales sobre el periespíritu, viven con el canto de la reforma íntima, dedican su tiempo a tareas rutinarias e importantes, pero... el barco se hunde.

Como parecen muy experimentados, dan la impresión que tienen el control de la situación, haciendo que los demás se sientan seguros y sigan bailando, comiendo, jugando, durmiendo, en lugar de ponerse el indispensable salvavidas.

Los trabajadores más jóvenes están un poco más abiertos a la influencia de este tipo de temas, pero, lamentablemente, muchos de ellos están contenidos por los más "experimentados", que bloquean cualquier iniciativa de advertencia hacia la alerta directa, alegando que aun no es momento de ahondar en estos temas.

Los médiums que reciben advertencias suelen ser ignorados o considerados obsesionados por los coordinadores de tareas mediúmnicas quienes, al tocar la misma clave que la vanidad y el pseudoconocimiento, simplifican tales temas diciendo que es necesario esperar a que otros mensajes de este tipo lleguen a otros médiums para confirmarse mutuamente unos a otros.

Si esta es una postura prudente y sabia – por cierto, recomendada por el propio Codificador – cabe señalar que, al final, estos líderes hacen que estas comunicaciones caigan en el olvido, no remitiéndolas con rigor e independencia a los responsables de la dirección de la institución, no dándoles el debido valor por considerar que son el resultado de una aprensión colectiva, provocada por catástrofes cotidianas o por algún desequilibrio del propio medio.

"Médium impresionable" es el calificativo con el que muchos coordinadores de obras mediúmnicas etiquetan lo sensible que se convierte en vehículo de cualquier mensaje que resalte la urgencia de los tiempos actuales, hablando de la transformación que se avecina.

Ante este conflicto y por temor al descrédito, incluso los médiums novatos e incluso los más antiguos se han negado a abordar este tipo de temas, bloqueando la acción diligente de mentores amistosos.

Algunos esperaban que otro médium más valiente se convirtiera en el portador de estos asuntos para que, a su vez, se animaran a desbloquear las facultades sensibles en la misma dirección.

Era el miedo al juicio de los demás, el miedo a quedar expuesto o parecer ridículo.

Entonces, Ribeiro, hemos visto, en todas partes, al público desesperado por información y a las casas espíritas hablando de ello.

Y esto no se debe a la falta de esfuerzo de los innumerables espíritus que hacen todo lo posible para ayudar a los encarnados. Se debe a la pereza, la falta de preparación doctrinal o la inconsecuencia de la mayoría, desperdiciando oportunidades.

– Incluso cuando invocan el cuidado que deben adoptar en relación con los oyentes, por temor a entrar en un rango mental de desequilibrio, agravando su propia situación, esta postura demuestra que desconocen los objetivos doctrinales – afirmó Ribeiro, lúcidamente –. Piensan que al no ofrecerles las boyas o enseñarles a nadar, podrán evitar que los pasajeros se ahoguen.

¿No sería más prudente destacar las medidas adecuadas para afrontar la difícil situación? ¿Dónde encontrar el chaleco salvavidas, cómo encontrar los botes, cómo enviar señales de socorro, cómo proceder cuando están a la deriva en el mar, cómo organizarse para que la mayoría esté a salvo después que todo haya pasado?

Entonces, uno se preguntaría, ¿por qué Jesús habló del fin de los tiempos? ¿No estaría él, como buen capitán, advirtiendo a todos sobre las precauciones para salvar a la mayoría?

Y eso fue hace casi dos mil años.

Pero hoy, viviendo en el corazón de eventos cruciales para la evolución humana, con todas las advertencias y alertas, pretendemos que las cosas no son como son.

Continuando con el razonamiento iniciado por Ribeiro, Jerônimo consideró:

– Quien no quiera asustar, también estamos de acuerdo con eso. Sin embargo, la transformación de la humanidad debe situarse de manera constructiva, clara y veraz, para que la Casa Espírita cumpla su función de salvavidas haciendo aquello para lo que fue preparada. ¿Por qué, entonces, habría organizado Jesús este movimiento de iluminación, exactamente en el período más importante del cambio en el patrón de los espíritus, si esta luz tuviera que ser colocada debajo de un celemín?

¿Por qué habrían llegado al mundo los esclarecedores mensajes de conciencia si tuvieran que permanecer encerrados en la caja fuerte del comodismo o la conveniencia? Si la gente tiene esta preciosa herramienta del Espiritismo Cristiano, debe utilizarla en todo momento, especialmente en el camino decisivo de la salvación.

El capitán debe decirle a la tripulación y a los pasajeros que no encontrarán la salvación bailando. Debe advertir por todos los altavoces del barco que el éste se hunde, pero que aun hay tiempo para quienes quieran salvarse, siempre y cuando se esfuercen en esa dirección, buscando formas de flotar en el océano de la adversidad.

Si un marinero de tercera clase dice que el barco se hundirá, nadie le da crédito hasta que llegue la noticia. Pero si el capitán toma la palabra y da la misma información, ninguno de los que lo escuchen lo dudará. Todos aprovecharán mejor el tiempo para tomar las medidas necesarias para preservar lo que es importante: la vida misma.

Aprovechando la pausa natural en la exposición de Jerônimo, Adelino agregó:

– Y esto es precisamente lo que no hemos encontrado en la abundancia que nos gustaría, junto a los dirigentes y obreros espíritas. Perdidos en cosas menos importantes, unos son reacios a este tema, otros tienen miedo de afrontarlo, otros no están preparados para hacerlo, no permiten que nadie más hable de ello, otros, más, duermen por la realidad, mientras algunos, asombrados, cierran la Casa Espírita alegando tener derecho a vacaciones. ¿Alguna vez has imaginado algo así?

Los dos amigos que lo escucharon negaron con la cabeza, mostrando su acuerdo con el asombro que mostró Adelino.

– No sabemos – dijo Ribeiro – qué es peor entre los que se autodenominan dirigentes y trabajadores espíritas: si la indiferencia hacia el mañana o la indiferencia hacia el hoy.

Sin embargo, lo que importa, amigos míos, es que no nos desanimemos. Jesús sabe cómo somos y cuántos seremos llevados en el torbellino. Quizás los espíritas se sorprendan por el número de ellos mismos, alistados entre los que ya no podrán permanecer en el mundo renovado, golpeados duramente por la transformación de la humanidad que arrancará las ilusiones con las que se persignan, creyéndose elegidos por Dios, salvados de dolor o angustia.

Que los espíritas engañados se preparen, pues, porque para ellos la transición será más dolorosa que para los demás creyentes.

15. Desacuerdo

En su peregrinaje por diversas instituciones religiosas, además de los espíritas, también asistieron los demás espíritus amigos, Luiz, Juana, Sócrates, Aurélio, Francisco, además de Jerônimo, Adelino, Bezerra, observando el compromiso de espiritualidad superior para apoyar el despertar por las nuevas realidades con el foco en una transformación moral esencial y acelerada tanto como sea posible.

Es así como, en varias ciudades brasileñas, no se limitaron a realizar encuentros para esclarecer los espíritus encarnados durante el sueño físico, sino que, además, visitaron los variados trabajos de la institución, buscando incidirlos en el camino de la concientización.

Ellos contaron con el apoyo de Bezerra, quien los involucró con su generosidad paternal, visitándolos de manera rotativa.

Fue así como el querido doctor encontró al espíritu dedicado Luiz Gonzaga siguiendo el sermón de un sacerdote en un templo católico tradicional en una gran ciudad de São Paulo. Sin embargo, su atención no se centró en las palabras del representante eclesiástico.

Acompañado por el Doctor de los Pobres, Luiz comentó sobre el estado mental de los asistentes a la ceremonia.

– Mire, doctor, el estado de pensamiento de nuestros hermanos es casi una barrera infranqueable para la acción de nuestras fuerzas positivas.

Los dos espíritus se acercaron a los presentes con el ojo agudo del científico del alma que, con su visión entrenada, va más allá de las apariencias físicas.

– Observemos para ayudar mejor – dijo Luiz.

Eligió al azar a una mujer contrita que, aparentemente prestando atención a las palabras del sacerdote, mantuvo el hilo del pensamiento en otra dirección. Escucharon sus ideas como si estuvieran escuchando un noticiero en la televisión.

– ¿Este sermón tomará demasiado tiempo? Necesito ir a casa para finalizar los arreglos de viaje. No puedo esperar para irme pronto. Después de todo, estas son las primeras vacaciones que puedo tener, después de cinco años de arduo trabajo. ¡Ah! valió la pena dedicar tanto esfuerzo a las horas extras para llamar la atención de mi guapo jefe – por cierto, qué "pedazo" de hombre. Combinando lo útil con lo agradable, pasearé y continuaré el romance que iniciamos en la oficina. Su esposa no tiene idea. Qué lista fui al insinuarme poco a poco. Quién puede negar el poder de un escote bien colocado, ¿eh? Además, gracias a este eficaz instrumento, podré distraerme sin gastar nada. Después de todo, la "oficina" paga los pasajes. Las vacaciones y el placer no hacen daño a nadie. Y lo mejor es que el chico está casado. Entonces, no me molestará. Cuando regresemos, todavía estará casado y no tendré que manejar un novio tonto. Nada mejor que sexo por sexo.

Mientras tanto, el sacerdote habló:

– La palabra de Dios es para iluminar las conciencias. No hay nada oculto que no sea de Su conocimiento. Todo lo que hace el hombre indica su naturaleza, que convierte nuestras palabras y actitudes en nuestra liberación o nuestra condena. Arrepiéntanse del mal, porque el fruto del pecado es el sufrimiento.

Sin embargo, las palabras lúcidas y proféticas del sacerdote cayeron en el vacío de esa mente femenina, ansiosa por embarcarse en la aventura del placer largamente esperado y, sin responsabilidad alguna, disfrutando gracias a los trucos de la seducción maliciosa en el campo estéril de la necesidad afectiva y la falta de vigilancia de su jefe.

Aparte de ese caso, se acercaron a otra persona sentada en una de las muchas bancas de la iglesia, observando la ceremonia como si fuera un autómata.

El mismo procedimiento se hizo, ahora con un hombre maduro, que siguió el servicio junto a su esposa.

– ¿El departamento administrativo de la ciudad ya ha entregado los fondos? Dependeré de ese dinero para poner en marcha el negocio. Además, claro, su división con el alcalde y Lucinval, el concejal que me apoyó. ¡Venga! cada día tenemos que compartir más contundente. Extraño el momento en que con un 10% se podía comprar la paz y el apoyo de los políticos. Ahora, para tener algún apoyo, es tal corte aquí, corte allá, división allá, que casi no me queda nada. Pero, aun así, es mejor que nada. Con ese dinero termino de pagar la compra de la finca, dejo un poquito para viajar y, cuando vienen a preguntarme sobre la inversión en abrir los huecos para el cableado, les presento las facturas sobrevaloradas para demostrar que no fue suficiente para terminar el servicio. Además, con las demandas laborales que van a presentar los malditos topos contra la empresa, quejándose de la falta de pago, podré presionar a la ciudad para obtener el cumplimiento de los compromisos y la liberación de más fondos. Después de todo, todo está subiendo de precio...

Mientras el pensamiento volaba en las complejidades políticas de las transacciones ilícitas, el sacerdote continuó hablando:

– No olvides que Jesús expulsó a los vendedores del templo, acusándolos de falsos negociadores que habían convertido la casa de Dios en una cueva de ladrones. En las cosas sencillas de la vida demostramos nuestro carácter. Y aunque todo parece lícito a los ojos de los humanos, nuestra alma conoce la ilegalidad en la que se mete, porque todos sabemos lo que está bien y lo que está mal. Las enseñanzas evangélicas son muy claras sobre los criterios para evaluar nuestras intenciones y actitudes. El árbol bueno no da frutos malos y el árbol malo no da frutos buenos...

Sin embargo, nada de esto hizo eco en el pensamiento del comerciante interesado en dañar el patrimonio público para seguir enriqueciéndose a costa de la desgracia de los propios empleados, víctimas de su ambición egoísta.

Los dos espíritus se dirigieron, a otra parte, donde una señorita escuchaba la predicación con aire de bienaventuranza.

Sin embargo, en el fondo, sus pensamientos volaron en otra dirección.

– El cura está hablando de perdón, pero es porque no vive con mi hermana. Quería ver, si tenía que cuidar de ella, si iba a poder hablar de estas cosas así, tan fácilmente. Eso es un error en forma de personas. No puedo esperar a que la criatura muera, no solo para darme tranquilidad, sino también para ir directamente al infierno, donde pertenece. Maldita sea la hora en que tuve que irme a vivir a su casa. Para no quedarme en la calle de la amargura, pago un precio cada vez mayor, teniendo que soportar sus manías y demandas, siempre lanzándome en la cara que la casa es de ella y que tengo que obedecer sus reglas para quedarme allí. Además, me hizo su criada para poder pagar el alojamiento. El otro día, compré veneno para ratas que parece chicle de fresa y lo dejé un poco en el estante de la cocina. Quién sabe, la maldita no se confunde y, pensando que es un nuevo dulce, termina tragándose unas pastillas y muere "por accidente..." Sería una buena fiesta para su velatorio. Incluso le pediría al sacerdote que viniera a la casa y rezara, ordenando el cuerpo. Al fin y al cabo, creo que me debe este favor por los años que vengo aquí a limpiar la sacristía, a ordenar las hostias, a cuidar la casa parroquial...

Y continuó el reverendo, explicando el Evangelio:

– No olvidemos al divino maestro cuando se refirió a sus seguidores advirtiéndoles que sería inútil decir "Señor, Señor" si eso no alteraba su conducta íntima. Jesús dice que los ladrones y las prostitutas entrarían en el reino de los cielos antes que ellos, porque muchos malhechores, habiendo escuchado la palabra, se habían arrepentido y seguido las instrucciones, mientras que los demás, que lo seguían tan de cerca, lo ignoraban las enseñanzas.

– Observamos aquí, doctor, las dificultades naturales que surgen como resultado de un mensaje que no es sintonizado por quienes escuchan. Todas las palabras del sacerdote son fieles al significado original y están bien ubicadas para el beneficio de quienes las reciben. Sin embargo, a pesar de tener los oídos limpios y no carecer de perfección en su sentido del oído, parecen marionetas que repiten, que se comportan dentro de lo ritualista, que hacen los gestos esperados pero que, robóticos por una rutina religiosa, son como androides guiados por los temas que dominan su interés.

– Perfecta evaluación, querido Luiz. Estamos ante una ceremonia de muertos vivientes. Salvo contadas excepciones, los presentes confían más en el humo del incensario que en las exhortaciones morales que escuchan con indiferencia. Se apegan a las normas mundanas, aunque llegan a la casa del Padre diciendo que están interesados en las cosas de Dios.

– ¿Y cómo cambiamos estas cosas, sabio amigo?

– Con la experiencia que tienes, sabes que nuestro amor por ellos no puede dañar su libertad. Buenos o malos, están en el camino que han elegido y serán despertados en el momento adecuado – respondió Bezerra, amablemente.

– Como siempre, nuestro viejo amigo, el dolor – concluyó Luiz Gonzaga.

– Sí, hermano. ¿Qué sería de nosotros si él no hiciera el trabajo más duro? En cualquier caso, incluso si te hace llorar, es una potente herramienta de conciencia, a menudo la única eficaz para las almas dormidas en la verdad. Recemos al Padre por todos y esperemos la visita de este importante aliado del bien en la vida de cada uno de ellos. Con suerte, pueden aprender la lección sin sufrir. Sin embargo, más que eso, esperemos que el dolor no llegue demasiado tarde.

Continúa tu tarea, querido hermano. Por mi parte, necesito encontrar otros amigos. Lo estás haciendo muy bien al no desanimarse por la lucha por el bien. Además, no olvides a nuestro hermano de celebración. De todos los presentes, parece que el cura es el único abierto a recibir su influencia y, además, la palabra del cura terminará siendo la espina para despertar la conciencia de quienes lo escuchen, ¿no? Será por boca de nuestro hermano que transmitirás la llamada más ardiente al espíritu de los fieles. No será el primer fenómeno mediúmnico de incorporación en un templo católico, ¡aunque nadie se dé cuenta!

– Gracias, Bezerra. Lo haré de acuerdo con tus consejos y que, pronto, tu visita renueve nuestro corazón.

Se abrazaron en el afecto de los sirvientes del bien y el Doctor de los Pobres pasó al encuentro del sabio griego, desempeñando su papel con los cultivadores del pensamiento.

16. Sabios y prudentes

Con su paciencia incansable, estaba el espíritu luminoso, vagando como antaño entre las conciencias lúcidas de la modernidad, en la tarea de influir en las neuronas de sus pares encarnados, plantando en el rico campo del pensamiento las semillas de la alerta para las horas venideras...

– Veo que tu tarea es conseguir algunas victorias, querido Sócrates.

– Suelen asemejarse a la victoria de Pirro, encantador esculapio. Caminamos días y días con algunos pensadores luminosos e inspirados, siguiendo su razonamiento, preocupados por los problemas del mundo, hablándoles del humanismo, las necesidades de la justicia real, recordándoles las desigualdades que surgieron gracias al culto al egoísmo, así característica del hedonismo ancestral y, hasta entonces, nuestras intuiciones alcanzan el núcleo del ser con razonable facilidad.

– ¡Bien, excelente! Acabo de dejar a nuestro Luiz en una situación mucho peor que la tuya, ya que nadie escucha sus amorosas intuiciones.

– Puede parecer que sí, pero, lamentablemente, no pudimos avanzar en direcciones superiores. La mayoría de nuestros amigos están encantados con las tesis materialistas y, los pocos que se dejan transitar por los caminos del idealismo, se topan con razonamientos influidos por los intereses subordinados, por los sofismas de la modernidad que confunden sus nobles interpretaciones, mezclando conclusiones luminosas con pragmatismo superficial de las ansiedades de la población. Incluso cuando parecen inclinados a las meditaciones espirituales, pronto les viene a la mente la ligereza del público que, como lectores, en su mayor parte, no buscan pensamientos nobles, sino que buscan cosas picantes y mundanas, en las superficialidades que venden. Por eso, la mayoría de pensadores terminan cediendo al canto de sirena, migrando al camino de la conveniencia, rechazando la valiente batalla del yo superior contra el ego infeliz. Temen tanto al fracaso como al concepto lúdico al que pueden verse expuestos en opinión de sus pares, si abordaban temas que consideraban burlescos o ridículos, propios de mentes inferiores o místicas.

Contaminados por el veneno del orgullo, aquellos que se catalogan en la categoría de intelectuales que dicen apreciar tanto el poder del análisis, adoptan una conducta irracional al negarse a estudiar las leyes del Espíritu, una clara medida de su prejuicio para señalar su miserable condición de ignorantes que fantasean ser sabios.

Quienes quieran subir a este escenario resplandeciente del mundo deben elegir si hablar el idioma del pueblo para ser admitidos o aceptar el exilio por no compartir los mismos gustos y precauciones.

– Sí, amigo mío, el orgullo simpatiza con todo lo que halaga – interrumpió Bezerra, sonriendo.

– Siempre la misma fórmula de interés corrompiendo el ideal. Entre el miedo al ridículo filosófico y el fiasco del fracaso literario o comercial, los pensadores carecen de valor para pensar con libertad e independencia. Cuando les doy ideas de supervivencia, de urgencia en el tiempo, del fin del período, inmediatamente se asocian con la actualidad de carácter apocalíptico, encaminando sugerencias tan intuitivas a la fosa común de la religiosidad alarmista, en lugar de permitir la más mínima posibilidad de meditación sobre el tema.

Casi me recuerdan los paseos por el mercado de Atenas, durante sus horas de descanso, analizando sus vitrinas mentales con sus artilugios mentirosos, expuestos como teorías profundas o preciosas. Y parece que cuanto más agradan al mercado que busca la ligereza, más dignos de atención de los incautos. Cuanto mayor es la fama alcanzada por el pensador, mayor es el número de imitadores de sus barbaridades mentales y cultivadores de las retorcidas semillas de su pensamiento.

Como los filósofos seculares se vacunan contra las cosas del alma, por vergüenza o despreocupación, me dediqué a incidir en el pensamiento de los llamados escritores, conferencistas o locutores mediáticos con la tarea de difundir ideas, para cooperar con la ilustración. Sin duda, son más maleables que los primeros. Sin embargo, aquí también encontré intereses mixtos. El deseo de autorrealización, la vanidad encubierta por la falsa humildad, la preocupación por la venta de su producción mediúmnica y el interés en destacar con el que se exhiben muchos conferencistas, más preocupados por su propia figura o fama que por el mensaje que se hicieron portadores, son trampas difíciles de superar. Entre estos, no son pocos los que se bloquean cuando se les pone el tema de la transición. Nuevamente, la falta de preparación personal o el miedo a generar reacciones adversas, a no ser agradables o amistosos a la hora de promover un cuestionamiento de las direcciones seguidas por el movimiento espírita, todo ello impide la producción de frutos útiles, manteniendo a la mayoría del público en la ignorancia o en la ilusión de comportamientos inadecuados.

Esta es la marca del hombre moderno engañado por la materialidad, bien representado por el mito de Narciso, el hermoso joven que, encantado consigo mismo, llegó a ahogarse en el lago cuyas aguas reflejaban su propia belleza. Y aquí estamos, intentando volver a ser la mosca que zumba en los oídos del Narciso hedonista e intelectualizado para sacarlo de la alienación en la que vive, antes que llegue el momento de ahogarse.

He ido encontrando más receptividad en la mente de jóvenes inquietos que, rodeados de la ola de renovación que abruma la psique del alma comprometida con los cambios, sienten que el viejo modelo está devorado y ya no puede sostenerse. Así, como en el pasado, en medio de una juventud abierta a las nuevas fases evolutivas, no comprometida con el veneno de la fama y el orgullo vano, he logrado algunos éxitos inspiradores para la fructífera siembra de nociones de cambio. Sigo sus discusiones, renuevo sus argumentos, los inspiro en nuevas direcciones de investigación y meditación para que, observando las contradicciones de todos los tiempos, amplificadas por las ilusiones del materialismo rico en contradicciones, transformen la indiferencia en voluntad de cambio.

Particularmente agradable para mí es el contacto con jóvenes espíritas, cuya mente moldeada por los conceptos del Consolador Prometido es un taller productivo y una industria de bellas ideas.

El único problema, lamentablemente, lo provocan los mayores, esos líderes cuyas neuronas se han oxidado en sus cerebros y que, por tanto, no son sensibles a las sugerencias y búsquedas de los más jóvenes. Por increíble que parezca, nuestros esfuerzos en el área de la ilustración han encontrado obstáculos al censurar a los ancianos, cuyo liderazgo debe estar marcado por el vigor del pensamiento abierto, la dialéctica constructiva y la evaluación neutral de todos los temas y materias.

En mi opinión, desafortunadamente, algunos están cristalizados en la rutina cantilena con la que creen que ganarán el cielo o algún lugar privilegiado en una colonia espiritual superior si mantienen las cosas funcionando según los estándares del pasado.

A veces, Bezerra, prefieren sofocar las inquietudes de los más jóvenes que darles espacio en la sana discusión de los temas candentes del momento. Aparte de tales obstáculos, nuestra tarea sigue confiada a los mecanismos divinos que, con más o menos rigor, garantizarán a cada uno el dolor necesario para la construcción del camino que nos conducirá a las alegrías futuras.

– Esa es nuestra tarea, amigo. No nos desanimemos incluso cuando algunos de nuestros únicos aliados, los espíritas, parecen ser nuestros principales oponentes. Quizás sería más exacto decir que parecen ser los mayores enemigos de sí mismos.

– Coincido en género y grado – exclamó Sócrates, sin perder la flema que marcaba su personalidad. No es casualidad que Jesús le hable a Dios en estos términos:

"Te doy gracias, Padre mío, Señor del cielo y de la Tierra, por haber ocultado estas cosas a los sabios y prudentes y por haberlas revelado a los sencillos y a los pequeños. (Mateo 11:25)

Se despidieron para seguir sembrando los diferentes tipos de suelo, según el recuerdo de la parábola tradicional.

17. Extrañas visiones

– Si yo fuera tú, no diría nada – le aconseja su amiga, luego del trabajo mediúmnico en el que ambas aparecieron como entregadas servidoras del bien.

– Pero, Jandira, hace tiempo que vengo percibiendo la presencia de tales entidades – respondió Marieta, inquieta, contando a su amiga las vivencias que había tenido durante las reuniones mediúmnicas de su grupo.

– Creo en ti, no lo dudes, Mari... – dijo cariñosamente su amiga, extendiendo su apoyo psicológico. Sin embargo, sabes cómo es la Sra. Gertrudes, ¿no? Extremadamente estricta en materia doctrinaria con pulso firme. Lo que no encaja con lo que estás acostumbrada, no servirá. Serás considerada una mentirosa, una exagerada, un médium con ganas de aparecer o, peor aun, víctima de influencias obsesivas, casi una loca.

– Sí, ya pensé en todo eso, Jandira. Sé que no sería fácil explicar que entre las entidades que veo en nuestras reuniones, a las que estamos acostumbrados y que nos parecen claramente terrestres, identifico otras cuya forma no se parece a la de nuestros hermanos. No digo que sean monstruos ni nada de eso, pero ciertamente pertenecen a otra humanidad. Como te dije, tienen cuerpos completos como el nuestro. Sin embargo, las proporciones de las extremidades, la cabeza, las manos y los dedos, todo es diferente y, por lo tanto, dejan una impresión muy diferente cuando los veo. Todavía no puedo decir si son seres de otros mundos, ya desencarnados y que mantienen la forma que tenían en esos orbes, o si todavía son seres encarnados, que se presentan en nuestra dimensión invisibles a los ojos humanos.

— ¿Ves el lío en el que estás viviendo? Si ni siquiera eres capaz de decir si son espíritus o si son encarnados invisibles, imagina lo que pensará Gertrudes. Más aun, no tiene la mediumnidad de la clarividencia. Ponte en su lugar, Mari... ¿Alguna vez has pensado en el asombro que produciría tu historia en el grupo y en los demás médiums de la sala?

— Por supuesto, Jandira, yo también pensé en eso. Pero lo que pasa es que se me aparecen nuestros líderes espirituales y me dicen que necesito hablar de estas visiones con nuestro líder. Necesita saber que estamos siendo visitados por entidades muy diferentes a las que suelen aparecer. Me piden que no posponga este informe, porque es importante que tales hechos lleguen al conocimiento de los responsables de las reuniones, especialmente para que sean notificados del objetivo de dichas entidades.

— ¿Objetivo? ¿Qué objetivo es ese, Mari? No me dijiste nada — dijo Jandira, tocada por la tecla de curiosidad.

— ¿Te imaginas que están aquí porque no tienen nada que hacer en su mundo? — Respondió la médium, mirando a su amiga a los ojos.

Tratando de meditar más profundamente sobre las razones planteadas, Jandira, desconcertada, respondió:

— Bueno, Mari, la verdad es que cuando me dijiste lo que estaba pasando, no me detuve a pensar por qué estarían por aquí. Pensé que era una pasantía, una experiencia de aprendizaje para ellos, algo así como gente visitando el zoológico o algo parecido — dijo Jandira, riéndose sola de su idea.

Aprovechando la comparación, Marieta agregó:

– Bueno, en parte, creo, es algo así. Pero hay un propósito específico para que esta presencia se mantenga durante más tiempo. De la misma manera que vamos al zoológico, como seres más avanzados que visitan a los animales en su hábitat específico para aprender, observar o distraerse por sus tipos, también nos estudian, nos evalúan según su criterio. Debido a que están más avanzados que nosotros espiritualmente, no se deleitan ni se distraen con nosotros, como hacemos al ver al mono en la jaula, pelando los plátanos que les arrojamos. Están buscando formas de ayudarnos en estos delicados momentos de nuestra evolución. Observan a sus hermanos en este zoológico humano con el fin de prepararnos para los graves acontecimientos que se avecinan.

Los ojos de Jandira se agrandaron, impresionada por la información.

Como Marieta permanecía callada, la amiga le dio un codazo con el codo y exclamó:

– Sigue hablando de eso, Mari. Dilo, porque me interesa.

– ¿Qué importa saber? ¿Que no estamos solos o que las cosas se pondrán mucho peor?

– ¡Ahora! amiga, importa saber lo que nos va a pasar, es cierto.

– Entonces, Jandira, no necesitas mediumnidad para saberlo. Esto ya lo ha revelado Jesús mismo, en las escrituras, hablando de la puerta estrecha, las transformaciones, la separación de la paja y el trigo, los terremotos, la modificación de los elementos de la naturaleza, las guerras y las confusiones. Es solo que la gente no valora los anuncios hasta que las cosas comienzan a caer sobre sus cabezas, cuando es demasiado tarde para cambiar algo.

– Pero – argumentó Jandira enfáticamente – si somos capaces de entender mejor estos hechos, siempre es bueno saber algo más, porque así nos comportaremos de una manera más adecuada, preparándonos a nosotros mismos y a los demás para afrontar los retos. Por eso me interesan estos asuntos.

— Eso es cierto, Jandira. Cuando tengamos el pensamiento sereno, sabiendo interpretar los acontecimientos que nos esperan sin miedo ni temor, tendremos el equilibrio para ayudar a nuestro prójimo como alguien que, conociendo las tormentas que se avecinan, puede ser un refugio seguro para quienes despiertan en la tormenta sin comprender lo que está pasando.

— De hecho, amiga mía, esto es lo que intentan hacernos entender. La presencia de tales entidades junto a nuestros espíritus amigos, mentores y tutores espirituales, indica la solidaridad entre las almas, sobre todo porque, provenientes de otros sistemas estelares más evolucionados, podrían estar allí, observando desde lejos las convulsiones físicas y morales que la Tierra ya está siendo sometida, sin preocuparse por el destino de los demás.

Entonces, volvamos a la idea del zoológico. Pensemos, Jandira, que, como visitante informado, sabes que una zona del parque donde se refugian los animales se verá afectada por algún suceso dañino. Los animales ciertamente no lo saben ni están preparados para protegerse contra tales catástrofes. Sin embargo, como sus hermanos más iluminados, que observemos el avance del fuego o la crecida del río que, en unos días llegará al zoológico, podremos ayudar en el anuncio temprano, atrayendo la mayor cantidad posible de animales hacia áreas más seguras, para lejos de donde estarían expuestos al mayor riesgo. Entonces, tendríamos que hacernos notar, debemos utilizar los recursos disponibles para atraer a los animales, quizás con la oferta de comida que los dirija a un área lejana del desastre.

De nada serviría darles a los animales una lección explicativa sobre el incendio o la inundación, o celebrar una reunión con mapas y planes de escape. Los animales no entienden estas cosas. Necesitaríamos comunicarnos al nivel de su idioma y, utilizando sus tendencias, tratar de ayudarlos tanto como sea posible. Y cuando llegara la inundación o el fuego, aquellos que hubieran aceptado la comida ofrecida, yendo en la dirección más segura, tendrían más posibilidades de sobrevivir a tales eventos.

Según me han informado, estos seres también juegan un papel solidario en un momento en que la Tierra, como escuela de aprendizaje, está siendo sacudida y reformada. Intentan trasmitirnos la importancia del equilibrio, la serenidad, la elevación espiritual, la confianza en Dios sobre todas las cosas, el desapego, la búsqueda de caminos espiritualmente más seguros, superando los vicios y defectos que nos mantienen conectados a las cosas de un mundo que sufre los trastornos de la renovación periódica que impone la ley del progreso. No sé si estas entidades tendrán algún papel decisivo en los difíciles momentos que nos esperan, pero por todo lo que me comunican, quieren que sepamos que los tenemos como hermanos, como amigos, como buenos vecinos que se acercan para ayudar a rescatarnos del fuego, siempre que tengamos condiciones morales y méritos espirituales para igualar su buena oferta.

Escuchando atentamente el relato de su amiga, la médium, Jandira preguntó con curiosidad:

– Pero, Mari, nuestros mentores espirituales no se cansan de advertirnos sobre la reforma íntima, la necesidad de transformación moral que enfatiza *El Evangelio según el Espiritismo* mismo. ¿Por qué es necesario que los "forasteros" vengan a decir lo mismo?

– Bueno, Jandira, no sé cómo explicarte las razones superiores del permiso al que te refieres. Lo que sí puedo decir es que, quizás, de tanto convivir con nuestros mentores, nos hemos acostumbrado a sus advertencias, como el hijo que ya no escucha las advertencias de los padres, de escucharlas tanto. Creemos que nuestros amigos espirituales siempre nos estarán invitando a renovarnos, censurando nuestras fugas del buen camino como alguien que exagera en fantasmas para mantener a los niños dentro de casa. En tales casos, los niños comienzan a desacreditar las advertencias de los padres, considerando que siempre verán peligros donde no existen. Luego, ignoran las advertencias y parten hacia las aventuras del mundo, imaginándose maduros y vacunados contra el mal. Caen en las simples trampas y se hunden en el fango de los placeres hasta que se dan cuenta de la trampa en la que se encuentran. Cambiamos a nuestros generosos tutores por falsos amigos. Dejamos de escuchar los consejos amorosos de quienes nos aman para preferir las conversaciones obscenas, las opiniones desafortunadas de quienes comparten nuestras mismas debilidades hasta que nos abandonan las falsas amistades cuando se planta un desastre en nuestro camino, como la enfermedad, la pobreza o la vergüenza.

Observando esta forma de ser, quizás seamos capaces de escuchar más atentamente los consejos de visitantes extraños que repiten las advertencias paternas ya conocidas por nosotros, siguiendo ahora las indicaciones de boca de extraños, preparando nuestro espíritu para afrontar el futuro con seriedad y compromiso.

– Sí, Mari, desde ese punto de vista, parece seguro que esta medida podría ser una advertencia más que se suma a todas las anteriores.

– Pues estoy segura, observando la importancia que nuestros líderes espirituales le dan al tema, que todo esto está en los planos superiores que dirigen los destinos de la humanidad. De hecho, en el propio Evangelio espírita encontramos la enseñanza que la Tierra no alberga a toda la humanidad que existe en el universo, sino, por el contrario, solo a una ínfima parte de los seres creados por Dios, que se encuentran esparcidos por infinitas civilizaciones, en los planetas existentes por todos los sistemas estelares.

Cuando hay un gran cataclismo en nuestro mundo, Jandira, ¿no es normal que veamos gente de todos los países organizándose para enviar ayuda a las víctimas? Algunos van en persona, con insumos, medicinas, máquinas, equipos de rescate, herramientas más avanzadas para usarlos a favor de quienes sufren estas tragedias. Otros, incluso a distancia, se movilizan para recolectar alimentos, ropa, medicinas para primeros auxilios, abasteciendo a la línea del frente con los artículos más necesarios. Imagínate, Jandira, si un gran terremoto destruyera una vasta región africana, en la que la población en estado de pobreza y atraso tecnológico sucumbiera a la violencia del evento. Al enterarse de la tragedia, las naciones más evolucionadas de la Tierra se movilizarían para brindar apoyo para una posible recuperación. Moverían aviones, helicópteros, grúas, hospitales de emergencia, dispositivos médicos, medicinas avanzadas a una región que, quizás, nunca había visto ninguno de estos recursos. ¿No sería algo así como la llegada de los "extraterrestres", con su tecnología superior, sus recursos casi milagrosos? En lugar de sacar las ruinas con manos, palas o pedazos de palos, grúas, potentes tractores que arrastraban piedras y losas servirían a miles de personas en poco tiempo. En lugar de animales de carga que arrastran a los enfermos lejos de la devastación, los helicópteros transportan camillas a hospitales de emergencia en cuestión de minutos. En lugar de una amputación prematura por falta de recursos, una cirugía salvavidas que preserva la vida sin necesidad de una mutilación apresurada, acompañada de medicación avanzada, reduce el tiempo de recuperación. Todo esto parecería venir "de otro mundo" para los habitantes de esa aldea primitiva, ¿no es así?

Siguiendo el razonamiento de su amiga, ahora envuelta por la inspiración de los Espíritus que la impulsaban a una lúcida argumentación, Jandira solo pudo responder:

– Así es…

– Entonces, amiga. Estas entidades nos informan que sus acciones a favor de la humanidad que vive en la Tierra también serán en el mismo sentido. Si bien no tienen forma de interferir en el momento evolutivo que marcará nuestro progreso, estarán listos para ayudar en la reconstrucción, en la reconstrucción del equilibrio, al mismo tiempo que, ahora, nos preparan para enfrentar los acontecimientos de la mejor manera posible.

Luego de un silencio natural entre ellas, durante el cual Jandira valoró mejor la información que recibió mientras Marieta sentía el ambiente generoso que la rodeaba por ese diálogo franco con su amiga, ambas sintieron claramente la importancia de los hechos que habían sido presenciados por la humilde y responsable médium.

– Desde ese punto de vista, Mari, ahora comprendo la importancia de lo que está pasando y creo que doña Gertrudes realmente necesita saberlo. Si quieres que te acompañe, estaré a tu lado para apoyarte con mis vibraciones en el diálogo con nuestra líder, antes de hablar de estos hechos con los demás integrantes de nuestro grupo.

– ¡Caramba! Jandira, me alegro que lo hayas entendido. Ya estaba pensando que todo esto era realmente una locura y que lo mejor que podía hacer era callar, contrariamente a las pautas de nuestros mentores invisibles. Por supuesto que quiero tu apoyo. Vamos a buscar a doña Gertrudes mañana por la tarde y explicar los hechos para que ella, como responsable del trabajo del grupo mediúmnico, tome las medidas que considere oportunas.

– De acuerdo, Mari. La llamaré y concertaré una cita. ¿Es bueno para ti a las tres?

– Para mí es perfecto. Y vamos a pedirle a Dios y a los buenos espíritus que preparen el camino para que seamos claros en la exposición y que esté abierta al entendimiento.

Se despidieron, con el compromiso de volver al tema al día siguiente.

18. Entender, conversando

Al día siguiente, como habían acordado, estaban las tres trabajadoras de la institución espírita reunidas en una pequeña sala para las entrevistas, un espacio reservado para coloquios privados entre los que vienen en busca de ayuda y los trabajadores que les brindan aclaraciones. Como la sala no estaba siendo utilizada en ese momento, Gertrudes, Marieta y Jandira se acomodaron cómodamente para iniciar el diálogo.

En un primer momento, Jandira y Mari no supieron cómo tocar el tema para no generar ningún antagonismo en la comprensión del líder, en relación al delicado tema que trataría la médium Marieta.

Gertrudes, a su vez, a pesar de ser la responsable de la dirección del grupo de obras espíritas al que pertenecían los dos en esa casa de oración, se mostró receptiva, intentando dejar el campo abierto a la exposición del tema.

Sin embargo, como suele ser el caso de innumerables obreros espíritas inmaduros para la tarea que se propusieron, Mari y Jandira se confundieron en el análisis de la personalidad de Gertrudes, tanto como ella, en el ejercicio de la coordinación del trabajo mediúmnico, inculcó en los integrantes del grupo una inhibición natural, debido a su conocimiento más amplio y una austeridad a veces confundida con excesivo rigor en el manejo de la disciplina del trabajo.

Lo cierto es que, por ambos lados, hubo motivos tanto para que los dos médiums se sintieran avergonzados como para que Gertrudes encontrara extraña esa solicitud de entrevista privada.

Buscando facilitar el inicio del diálogo, Gertrudes tomó la palabra y dijo:

– Bueno, chicas, ¿en qué puedo ayudarlas? Creo que, para que ambas estén juntas, el problema que las aqueja debe estar relacionado con nuestro trabajo, ¿verdad?

Llamadas a manifestarse de una vez, sin esos famosos "rodeos" tan propios de las tertulias sociales en las que hay tiempo que perder sin valorar los minutos perdidos, Jandira y Marieta estaban en el impasse de saber quién empezaría a hablar.

Sintiendo que necesitaría preparar el terreno para ayudar a su amiga, quien, después de todo, debería ser la que más necesitara tiempo para explicar los hechos, Jandira tomó coraje y dijo:

– Bueno, sra. Gertrudes, déjeme hablar primero para luego pasarle la palabra a Mari porque su discurso debería demorar más. Realmente tienes razón cuando dices que el tema que nos trae aquí está vinculado al trabajo mediúmnico.

Gertrudes empezó a escuchar a Jandira, manteniendo el rostro sereno y sin ninguna expresión de enfado.

Estimulado por la posición favorable del líder, el trabajador del grupo mediúmnico prosiguió, más directamente:

– Desde hace unas semanas, después de las reuniones semanales, escucho a Marieta relatar algunos hechos mediúmnicos que nos han angustiado un poco. No porque sea perjudicial para el trabajo del grupo, sino porque no es fácil valorar su origen o la realidad del fenómeno en sí. Como dialogadora, considero a Mari como una médium segura y confiable, tanto que nunca se me pasó por la cabeza que ella estuviera dispuesta a ser diferente o usar la situación para una mejora personal.

Y por eso precisamente me ofrecí a acompañarla a este encuentro, ya que como líder de nuestro grupo, debes estar al tanto de todos los hechos, como puede decirte Marieta.

En todo lo que me dijo, aunque muy extraño, no vi nada que pudiera significar un trastorno mental o ser un indicio de alucinación mediúmnica. Sin embargo, sabes que no tenemos, por nuestra cuenta, plenas condiciones para la valoración general de los elementos involucrados porque estamos vinculados a la pequeña obra, caso por caso, entidad por entidad, mientras tú eres nuestro líder y que, obviamente razones, tiene una visión más amplia de todo el trabajo.

Entendiendo el preámbulo que Jandira usó para sacar el tema, Gertrudes aprovechó la pausa espontánea y respondió:

– Entiendo tus argumentos, Jandira y Marieta. Sin embargo, ¿por qué no comentaron los hechos después de la finalización del trabajo, cuando dejamos la oportunidad para comentarios educativos?

– Bueno, señora Gertrudes, algunos factores impidieron que esto se hiciera. La primera es que, a pesar de ceder la palabra a los trabajadores para comentarios constructivos sobre las comunicaciones, los hechos con Mari no encajaron en los fenómenos comunes de intercambio mediúmnico, ya que no fueron comunicaciones a través de ella. En segundo lugar, como siempre has señalado, es necesario que el médium tenga mucho cuidado con lo que dice, sobre todo cuando se trata de alguien que puede ver el mundo espiritual, ya que un informe inadecuado podría generar mucha confusión en la mente de los oyentes. En tercer lugar, al finalizar nuestras reuniones, siempre es buscada por algún trabajador que quiera contarte algo en particular, lo que nos impidió seguir hablando contigo, ya que todos tenemos compromisos familiares y no podemos llegar demasiado tarde para nuestras casas. En cuarto lugar...

Y cuando Jandira iba a empezar a hablar de la cuarta razón, Marieta interrumpió su palabra y empezó a explicarse con más claridad. Esto se debe a que, hasta ese momento de diálogo, el mundo espiritual amigo la estaba involucrando, calmando sus miedos, ayudando a su amiga a preparar el camino del entendimiento, mientras ayudaba al líder a deshacerse de los pensamientos preconcebidos, sin conducta mentalmente hostil a las revelaciones que se le presentaran.

Sintiéndose más en sintonía con los amigos espirituales que la fortalecían, apoyada por las fuerzas espirituales que la usaban como médium con varias facultades sensibles, Mari tomó la palabra de Jandira y comenzó a explicar sus observaciones:

– En cuarto lugar – dijo la médium, decidida, sin perder su delicadeza –, aprendimos de las enseñanzas espíritas que, en cuestión de mediumnidad, señora Gertrudes, los médiums deben mantener siempre mucha prudencia y, en mi caso específico, solicitar la confirmación de todo cuando parece diferente o extraño.

Feliz de observar el rigor doctrinal y la seriedad del procedimiento de ambos trabajadores del grupo de mediumnidad que coordinaba, Gertrudes sonrió y dijo:

– Muy bien, hijas mías. Este es el ejercicio legítimo de una mediumnidad seria y confiable. Alabo este celo que significa buena protección espiritual y el coraje de servir con seguridad.

Indicando que abandonó la etapa de explicaciones anteriores, Gertrudes completó:

– Pero, entendiendo los escrúpulos de ambas, ahora vayamos a los hechos, sin miedo. Parece que tu mediumnidad podría captar algo diferente, que repercutió de forma preocupante en tu análisis, ¿no es así, Marieta?

– Perfectamente, sra. Gertrudes. Como nunca había visto algo así, pasé un tiempo observando si no se trataba de espíritus malignos que deseaban engañar a nuestra vigilancia. Sin embargo, la presencia constante y el intercambio de trabajos espirituales junto a nuestros mentores me hicieron apreciar mejor la presencia de tales seres.

— Pues bien, Mari, cuéntame todo lo que has observado en nuestras reuniones.

— En el nuestro y en los demás también, doña Gertrudes. Y digo esto porque, hace unas semanas, con la excusa de no poder asistir al trabajo en nuestro grupo, le pedí a Alfonso que me permitiera ver el trabajo del grupo que dirige, sirviendo como donante de energía en el soporte vibratorio. De hecho, la razón por la que asistía era, exactamente, para ver si notaba la presencia de entidades como las que vi en nuestro trabajo, una confirmación que verifiqué con toda claridad.

He visto este tipo de entidades en los ambientes más diversos de esta casa, sin causar ninguna perturbación o interferencia en nuestras rutinas. Sin embargo, al principio preferí callarme para no alarmar a nadie y además no parecer que estaba delirando o siendo objeto de menor implicación.

— Sí, Mari, pero tu historia me da curiosidad. Vamos, hija, habla pronto. No tengas miedo de lo que me vas a decir porque estamos todos aquí para servir al Señor y no a nosotros mismos. Tu descripción, por extraña que pueda parecer al principio, podría ser una alerta, un camino por el que nuestros mentores nos quieren amparar. Estoy segura que, sabiendo ambas, no hablaremos de mistificación consciente de su parte.

— Consciente también estoy seguro que no lo es, porque nunca pensaría en ver tal cosa. Sin embargo, mi miedo era por algún tipo de mistificación que no podía percibir por mí mismo. Fue entonces que demoré más tiempo buscándola y, realmente, solo lo hice después que nuestros mentores vinieran a hablarme directamente, informándome de lo importante que sería que estos hechos fueran remitidos a los responsables.

— Bueno, hija mía, aquí estamos. Soy la persona temporalmente responsable del trabajo de nuestro grupo. Solo tienes que empezar.

La postura de Gertrudes sorprendió a las dos amigas que, lejos de juzgarla como una mala persona, temían su seriedad, por la forma en que conducía su trabajo y por la firmeza con la que realizaba la ardua función de coordinar a un grupo de médiums tan diferentes.

Así, superando el miedo inicial, Mari respiró hondo y comenzó la historia:

— Todo empezó, señora Gertrudes, hace dos meses, cuando, al final de una de nuestras reuniones, vi a dos espíritus entrar en nuestra sala de trabajo. Al principio los llamaba espíritus, pero ahora no sé si son espíritus o no.

Eran dos entidades altas, con cuerpos como el nuestro, pero diferentes a nosotros: sus cabezas eran muy parecidas a una gota de agua invertida, balanceándose sobre un pequeño cuello sobre un tronco del que colgaban dos largos brazos, que terminaban en manos con cuatro dedos y al final de cada uno estaba redondeado y ligeramente aplanado, casi como una moneda, sin uñas. Su cuerpo no tenía pelo y la piel tenía un color diferente, aunque no puedo decir si en realidad era piel o una especie de ropa muy fina que estaba muy cerca del cuerpo, como esos trajes de neopreno que conocemos aquí en la Tierra. Sus ojos eran grandes, casi no tenían nariz y su boca era muy pequeña, casi un poco risueña.

Mientras decía eso, Mari observó la reacción de doña Gertrudes, quien controló sus expresiones faciales, pues sabía que sus reacciones podían desanimar o inhibir a la trabajadora en la continuación del informe.

Al darse cuenta que doña Gertrudes no mostraba la menor señal de fastidio o mala impresión, la médium prosiguió:

– La primera vez, le confieso que tuve que controlarme mucho para no gritar de miedo ni desmayarme en la mesa de trabajo. Sin embargo, logré contenerme gracias a la acción de una de las entidades antes mencionadas que, desde donde estaba, levantó la mano en un gesto amistoso, una especie de saludo con el que logró calmar mis miedos que, ciertamente, había sido notado por ella.

Al mismo tiempo que hacía el gesto de simpatía, escuché en mi cabeza una voz aterciopelada que me pedía que no temiera nada, porque allí se presentaban para propósitos fraternos. Esto realmente calmó mi corazón, pero para evitar más sustos, traté de abrir los ojos y no cerrarlos más, interrumpiendo el trance para no volver a ver a esos visitantes.

Ese día no le dije a nadie. Al llegar a la casa, antes de acostarme, hice una oración larga, pidiendo a Dios que me protegiera de estas alucinaciones, ya que no conocía su origen ni entendía si eran imágenes formadas por entidades inferiores, aunque transmitían un estado emocional de tranquilidad. Dormí mucho y no recuerdo ningún sueño.

Sin embargo, en nuestra reunión de la semana siguiente, el hecho se repitió, esta vez desde el principio. Las dos entidades estaban allí, vibrando de formas que infundían confianza, a pesar de su apariencia rara e inusual a nuestros ojos humanos. ¿También eran humanos? Sin levantar sospechas sobre mis visiones, le pregunté a uno de los trabajadores del grupo con mayor conocimiento en la doctrina sobre variaciones físicas de las entidades del mundo espiritual quien, amablemente, me explicó que los espíritus pueden asumir las apariencias que el pensamiento les permita tener, algunos de los cuales, a pesar de ser inferiores, comprender el poder del pensamiento para reflejarse en la forma pueden crear figuras que engañen a médiums menos experimentados. Ciertamente; sin embargo, los espíritus inferiores no tendrían el mismo poder para manipular la forma en que lo hacen los mentores espirituales, ni disfrutarían de sus creaciones en un ambiente de placidez, perfección y serenidad que inspira seguridad en el corazón del sensitivo que los capta. Las creaciones mentales de los espíritus inferiores siempre aportan un sabor extraño a la sensibilidad experimentada, algo que no parece combinar la imagen con el sentimiento natural que provocan. Un desajuste vibratorio que ciertamente indica algo de falsedad en esa imagen. Sin embargo, doña Gertrudes, no fue así. Por mucho que medité y observé su apariencia, nunca me perjudicaron. Por el contrario, tenían un aspecto feo para nuestros estándares estéticos, pero, en el fondo, me hacían sentir cosas buenas hasta el punto que ya no me asusté más en el encuentro que, por cierto, se volvió periódico.

En la tercera semana empecé a verlos también en mi casa, ahora sin temerles. Sin embargo, todavía no entendía qué estaban haciendo y cuál era su naturaleza. Solo sabía que no pertenecían a la humanidad terrenal.

— ¿Y cómo llegaste a esa conclusión? — Preguntó Gertrudes mostrando un sincero interés.

— Me lo dijeron ellos mismos.

— ¿A través del pensamiento? — dijo la líder.

— Eso mismo. No tienen que hablar a través mío para escucharlos. Al menos conmigo, sé cuándo me comunican algo, porque los escucho en mi cabeza, sin pasar por mis oídos físicos. Sin embargo, todavía no me han dicho si son Espíritus; es decir, si ya se han desencarnado en su mundo y están aquí con su periespíritu, o si son encarnados invisibles a los ojos de los humanos. Cada vez que les pregunto esto, guardan silencio y, en el fondo, parece que no valoran mucho este hecho.

Doña Gertrudes, de hecho, quedó bastante sorprendida por la riqueza de los detalles. Guardó silencio para no intimidar a la médium, cortando el hilo de su pensamiento.

– Mire, señora Gertrudes, debe imaginarse todo lo que se me ha pasado por la cabeza. Desde el primer día que noté estos hechos, comencé a recibir pases magnéticos en diferentes momentos de nuestros trabajos, pidiendo a mentores amigos que me ayudaran a superar cualquier sintonía inferior que pudiera estar engañándome. No quería, bajo ninguna circunstancia, crear confusión en este centro, especialmente en nuestro grupo armónico de médiums. Los mismos amigos espirituales a los que estoy acostumbrada a sintonizarme en la vivencia mediúmnica, entendiendo mi drama personal, me involucraron con más atención y, con afecto paternal, me dijeron que no bloqueara las líneas de entendimiento vibratorio que se establecían entre los visitantes y mi percepción. Se me pidió que creyera en la protección que me brindaban, como responsables del equilibrio de mi mediumnidad y que, comprendiendo mi vergüenza, siempre estarían a mi lado para alejarme de la ilusión o el engaño.

Esto me calmó, pero ciertamente no me animó a hablar de ello con otras personas, por temor a que, si llegaban a saber, me consideren una completa loca o, al menos, una víctima de una alucinación psíquica.

Otros asumirían que sería bajo la acción de los informativos televisivos que abordan cada vez más el tema de los extraterrestres. Ya no veía televisión ni leía periódicos, para evitar que ocurrieran las visiones, si eran producidas por mi inducción mental. Sin embargo, nada ha cambiado.

Me animé y, una noche, comenté con Jandira estos hechos. Al principio estaba preocupada y, con razón, me aconsejó que guardara silencio sobre el tema, sin revelar nada a nadie más. Como mi amiga, Jandira sabía que no estaba loca, pero no podía responsabilizarse de los pensamientos de los otros hermanos del trabajo.

También teníamos miedo de decírselo, por las mismas razones, además de las que me hicieron esperar la confirmación espiritual, como dije antes.

Atenta a los gestos más pequeños de Mari, y entendiendo la importancia de ese momento en el ánimo de dos nobles trabajadores, Gertrudes asintió y dijo:

– Hicieron muy bien en ser discretas. No siempre estamos preparadas para escuchar ciertas revelaciones que, cuando maduren, nos llegarán como hallazgos naturales. Hasta entonces, a menudo necesitamos que Papá Noel comprenda la amorosa preocupación de Dios, o la mula sin cabeza o Satanás, para poder disciplinar nuestras malas inclinaciones. Sin embargo, nada de lo que me dicen me asombra.

Ante esta afirmación, Mari y Jandira se miraron con la boca abierta, sin decir una palabra.

Al darse cuenta de su asombro, Gertrudes tomó sus manos de una manera muy maternal y explicó:

– Saben, hijas, si observamos el tercer capítulo de *El Evangelio según el Espiritismo*, en el ítem "Destino de la tierra – causa de miserias humanas", encontraremos la información que aquí en la Tierra no existe toda la humanidad creada por Dios, sino solo pequeña parte de la humanidad. También informa que "la especie humana incluye a todos los seres dotados de razón que pueblan los innumerables orbes del universo" y que el que habita este mundo es uno de los más inferiores en evolución espiritual. Si es así, es natural que las almas se presenten de diferentes maneras, con diferentes formas, y no solo con las mismas apariencias que conocemos.

– ¿Cree, entonces, que todo eso es...? – Iba a preguntar Jandira, asombrada por la apertura de mente que mostraba Gertrudes, cuando la interrumpieron al completar la frase:

– Posible... quieres decir, ¿verdad?

– Sí... Sí... posible, así es... ¡Doña Gertrudes!

– Eso creo, Jandira. Pienso aun más. Creo profundamente en esta posibilidad y, de acuerdo con las tareas que desempeño en esta institución, he notado, aquí y allá, indicios que no solo ustedes están notando estos hechos anómalos en nuestras rutinas. Sin embargo, como bien saben, los propios espíritas tienen mucho cuidado con esas noticias por la seriedad del trabajo mediúmnico, y no hay que confundirlo con el mercado de la curiosidad que se presta a todo tipo de explotación o burla. Quienes tienen responsabilidades en la dirección de grupos mediúmnicos o casas religiosas necesitan desarrollar la atención y el discernimiento para no abrir las puertas de la institución a todo tipo de noticias o pensamientos que terminarían obstaculizando el avance de las tareas más sagradas que allí se realizan.

Son muchos los atajos hacia lo "maravilloso" que se despliegan a lo largo del camino recto (invitando a los incautos), que, cuando se pisan, pueden llevar a la pérdida de toda la estructura al servicio del bien, además de engañar a los trabajadores y frecuentadores. Por eso hay, en líderes serios y responsables, mucho escrúpulo ante noticias y entusiasmos juveniles, muy normal en personas bien intencionadas, pero que demuestran una cierta inmadurez para la comprensión de las repercusiones futuras que conducen a una desnaturalización doctrinal insertada en las prácticas de una Casa Espírita seria.

Esto; sin embargo, no debe impedir que los líderes mantengan una "mente abierta" para investigar todo, conocer los hechos y analizar las pautas espirituales que deben adoptarse de manera firme y convencida, con base en las enseñanzas básicas de la doctrina. Sin dogmatismos ciegos o fanatismo irracional, debemos ser permeables a entendimientos adecuados a metas superiores. Para que comprendan lo que quiero decir, hay espíritas tan puristas que incluso rechazan la fluidoterapia, comúnmente conocida como pase magnético, alegando que tales prácticas fueron heredadas de la homeopatía y no del Espiritismo. No importa que los espíritus amigos nos hayan traído relatos y descripciones sobre el poder saludable de la práctica de la transfusión de energía, como la encontramos en la obra de André Luiz. Tales hermanos, endurecidos en los rigores de la ley, no pueden llegar a nuevos entendimientos y, por ello, no pueden ser fundamentos para el avance racional de una doctrina que, en todos sus niveles, es camino de progreso seguro.

No quiero decir que deba llevarse a cabo una reforma doctrinal, como predican algunos otros, que consideran anticuado el Pentateuco kardeciano, o que suponen que las enseñanzas morales de Jesús están pasadas de moda, que creen que *El Libro de los Espíritus* ya ha sido superado por la ciencia, etcétera.

Creo que los líderes deberían estudiar más, descendiendo del pedestal de "comandantes" de algo de lo que no deberían considerarse más que servidores por amor. Creo que las instituciones que tienen más problemas son precisamente las que están mal gestionadas, ya que no es posible disociar las dificultades vividas por los miembros dentro de la confraternidad de la forma equivocada en la que todas se conducen.

Entonces, queridas hijas, estoy segura de que, analizando las enseñanzas de *El Evangelio según el Espiritismo*, del *Génesis*, de la *Revista Espírita*, entre otras, estamos en un momento muy importante de evolución espiritual en el orbe terrestre y, por tanto, nada más alentador que también ser apoyados por hermanos humanos de otras humanidades que, con sabiduría, no se hacen ver por todos para no interferir en nuestro libre albedrío ni causar caos en el comportamiento de quienes no están preparados para percibirlos.

El universo está hecho de solidaridad y amor fraterno. Los hombres aun no han entendido esto y es por eso que ellos también necesitarán estar conmocionados por los dolorosos cambios que se están gestando.

Llamados a la comprensión del amor y a compartir los beneficios de la vida, la mayoría ha preferido las luchas del orgullo despótico para retener para sí más de lo necesario para la supervivencia del cuerpo.

La Tierra de hoy es un testimonio vivo de la incompetencia de la mayoría de los gobernantes encarnados y sus instituciones, que han construido un modelo dominado por el poder, el miedo y el dinero, aniquilando la esperanza de miles de millones de criaturas.

No es de extrañar que Mozart viniera de Júpiter, de donde han venido tantos espíritus responsables de los avances tecnológicos, científicos y morales en todo momento. Estamos viviendo esta reforma, hijas.

Jandira y Marieta se sintieron aliviadas y encantadas con el cariño espontáneo y las revelaciones que les hacía la propia Gertrudes.

Nunca habían pensado que, detrás de esa alma austera, de conducta firme en los ideales de la bondad, encontrarían un Espíritu lúcido y abierto para realidades tan distintas y singulares como las que estaba viendo Mari.

Volviendo a la palabra, Gertrudes afirmó:

– Debemos aplicar a todas las cosas el criterio de universalidad que aprendimos en codificación. Un médium puede cometer errores, dos pueden equivocarse o ser engañados, cien pueden fallar en interpretaciones falsas. Sin embargo, cuando comiencen a surgir informes similares de todos lados, noticias que se multiplican por medios inusuales, diferentes palabras para vestir ideas similares si no idénticas, estaremos ante la manifestación fiel de la voluntad divina, que gobierna todas las cosas, hablando con el razonamiento ilustrado.

Y para ser completamente honesta contigo, quiero que sepas que esta historia que escucho ya ha sido escuchada por otros dos médiums insospechados de nuestra institución, que trabajan en diferentes grupos, en diferentes momentos, que apenas se conocen y no tienen relación de amistad o intimidad fuera de aquí. Se acercaron a mí con el mismo escrúpulo que tú, pidiéndome el más absoluto secreto porque no querían poner a raya su propia cordura antes del trabajo. Confiaron en mi modesto conocimiento y, por lo tanto, creyéndome digna de tales confesiones, reportaron visiones muy similares a las de Mari. Varían en la forma del cuerpo, algunas más bajas y de diferentes colores, otras más alargadas y estructuradas en diferentes materiales. Lo cierto; sin embargo, es que escuché sus informes como quien recibe un depósito precioso y, comprometido a observar más, guardé silencio todo el tiempo, solo rompiendo el silencio para informarles lo que les digo a fin de calmar sus ansiedades y prepararlas para que sirvan como buenos instrumentos para todo lo que nuestros líderes espirituales están tratando de revelarnos.

Si están de acuerdo, trabajaremos en estos hechos con el secreto y la confianza que debemos tener en cada fase experimental. Con la discreción de ambas, tú, Mari, permitirás la manifestación de estos hermanos, siempre y cuando sea de acuerdo con los planes de nuestros líderes invisibles, al mismo tiempo que Jandira estará constantemente a tu lado para conversar, si es necesario, o anotar las pautas que se transmiten. Esto se hará en nuestro trabajo de rutina, sin que nadie necesite saberlo, por ahora. Al final, hablaremos del asunto solo entre nosotros, observando los frutos del trabajo para que, en cuanto se hagan más sólidos, podamos llevar esa noticia a los demás líderes mediúmnicos, para que, con discreción, puedan desarrollar la misma investigación.

Y si no estamos bajo una alucinación colectiva – tú y yo también – en los demás grupos observaremos las manifestaciones de estas entidades hermanas confirmando el trabajo común y descubriremos una manera de servir como portavoces de sus alertas.

¿Qué piensas de este plan?

✳ ✳ ✳

Finalmente, luego de tanto temer la comprensión, las dos mujeres fueron invitadas a un trabajo serio con el apoyo de la líder quien, a partir de entonces, antes de ser temida, se volvió admirada por la seguridad y honestidad doctrinaria con la que se condujo, cooperando para que la voluntad de Dios y de los espíritus superiores operen en la vida de los buenos obreros que se hospedaron en ese hospital de enseñanza que representaba la Casa Espírita.

¿Qué revelaciones traerían tales entidades visitantes?

¿Qué consejo darían?

Solo el tiempo y la disciplina podrían decirlo.

19. La noche avanza

El trabajo espírita en la institución que dirigía Ribeiro crecía día a día. Como resultado de las características renovadoras a las que fue sometido en el período de transición evolutiva, los frentes de trabajo en la Tierra se multiplicaron.

En el aspecto físico, los trabajadores encarnados se encontraban con los que sufrían en todas partes, no solo cuando visitaban los lugares remotos donde la miseria había establecido la sede de su imperio de harapos y tragedias.

No pasaba un día sin que uno u otro de los buenos siervos fuera buscado por alguna mala noticia.

Aquí estaba la enfermedad de un conocido que nunca había sospechado que tuviera ningún impedimento físico y que, de repente, había visto el cuerpo agarrotado por brotes cancerosos que requerían un tratamiento complicado.

Allí, la ruptura del hogar de un ser querido o amigo incapaz de superar desafíos morales o diversas tentaciones.

Además, los problemas materiales derivados de la voluptuosidad y el descontrol ante las seductoras invitaciones de un mundo de ilusiones, llevan a personas aparentemente equilibradas a codiciar cosas inaccesibles a sus posesiones, sumergiéndose en la aventura de las deudas a largo plazo, preámbulo de un desequilibrio más profundo.

En todas partes, una sucesión de simples trampas, en relaciones viciosas a la seducción, en el ofrecimiento de facilidades para el ejercicio de placeres descontrolados, entronizando la ilusión de los sentidos como dios de las criaturas.

El sistema continuó ofreciendo veneno dulce a quienes, engañados, les gustaba el azúcar.

Y, por tanto, los trabajadores de la institución donde Jerônimo, Adelino, Bezerra y Ribeiro se concentraban en renovar esfuerzos también se vieron abrumados por noticias desafortunadas, tratando de ayudar en todo lo posible, trayendo nombres, pidiendo vibraciones o dirigiendo a los afligidos a los trabajos habituales en los que escucharían las exhortaciones del Evangelio y recibirían las fuerzas de la fluidoterapia fraternal.

Sin olvidar la procesión de hambrientos materiales y morales que, por su propia cuenta, acudían a la institución en los días y horarios destinados a los cuidados habituales.

Confirmando la urgencia del momento, los colaboradores invisibles necesitaban organizarse porque el simple hecho de abrir sus puertas durante el horario habitual de apertura del Centro Espírita duplicaba el número de criaturas que demandaban ayuda.

Esto se debió a que cada encarnado que asistía traía consigo un grupo de Espíritus infelices que se asociaban con él, en una procesión de dolores e influencias difíciles de resolver, pero importantes de tratar.

Era común encontrar un encarnado acosado por ocho, diez o más entidades, sin mencionar el inmenso contingente de quienes se veían impedidos de ingresar debido a las barreras vibratorias que delimitaban el perímetro de defensa de la institución, en el plano invisible.

Así, en las noches en que el número de encarnados llegaba a cien, había entre ochocientos y mil los espíritus que los acompañaban, además de los que se alejaban de la entrada, bloqueados por la vigilancia de la institución.

Junto a esta población, varias caravanas espirituales en incesante labor de rescate visitaron los hogares de cada visitante que había asistido, trayendo desde allí a inquietantes entidades para su tratamiento.

Pero no fue solo eso.

Atraídos por la intensa luminosidad que emanaba de ese fulcro de esperanza como un poderoso faro en la oscuridad, miles de desencarnados afligidos, desesperados, cansados de sufrir, arrepentidos y hasta rebeldes y vengadores venían de lejanas regiones, en busca de cuidados, en el deseo de dejar esa vida de miserias y aflicciones o para atacar la casa de oración, en un esfuerzo por borrar su benéfica influencia y que llegaba a rincones lejanos por la luz emitida.

Otros buscaron las fuerzas físicas producidas por los cuerpos vivos, conocidas como fluido vital. Las entidades de bajo nivel que conocían su poder y efectos sabían que, manipulando dichas energías, se sentirían fortalecidas, permitiéndose actuar más directamente con los encarnados por la manipulación, hasta cierto punto, de la materia densa.

Junto a este inmenso contingente de almas, estaban aquellos espíritus que, apoyándose en las fuerzas espirituales que allí se concentraban, pedían ayuda a sus afligidos parientes, personas aun vivas en el mundo que, por no conocer las leyes espirituales, ignoraban la causa vibrante de los problemas en su vida.

Padres y madres, hijos y hermanos continuaron, al otro lado de la vida, preocupados por los que se habían quedado en la Tierra, tratando de ayudarlos a superar sus variados dolores. Y cuando tales desencarnados, por su influencia positiva, no pudieron hacerlo, acudieron a una institución así, como quien acude en auxilio del hospital, pidiendo la visita del médico en apoyo de los seres queridos.

Trajeron la dirección, informaron brevemente el problema y fueron remitidos a atención en un entorno vasto, ya que ellos también, a pesar de querer el bien de los que quedan en el mundo, estaban en su mayoría necesitados, ignorando su propia necesidad, volviéndose dignos para beneficiarse también de los recursos que solicitaron para otros.

Luego de ver sus peticiones cuidadosamente enviadas a los espíritus que se ocuparían de la posible ayuda en cada caso, fueron invitados a participar en el encuentro vespertino, escuchando el mensaje del Evangelio que sería traducido en palabras por un orador de la institución, además de recibir los efluvios saludables del medio, magnetizado por las generosas fuerzas superiores para el propósito terapéutico que alivia el dolor, consuela la angustia y fortalece el entendimiento.

Luego, en una noche en la que el salón físico de la institución tuviera una audiencia de cien personas, el "salón" espiritual estaría ocupado por más de dos mil oyentes que, separados en ambientes específicos, eran aquellos espíritus que acompañaban a los encarnados además de los demás invitados al cónclave entre los que habían acudido allí para solicitar la asistencia de la institución.

Con tal universo, una Casa Espírita impresionaba por el volumen y diversidad de tareas que allí se realizaban.

Espíritus médicos atendieron a todos los encarnados ayudándolos con energías renovadoras, medicación para el cuerpo y el alma, mientras que otras entidades amigas asistieron en el diálogo fraterno con sus compañeros invisibles, promoviendo la liberación de las cadenas magnéticas que los sujetaban a los que esperaban. el comienzo de la conferencia de la tarde.

Se necesitaba orquestar un verdadero batallón de devotos obreros, para atender los diferentes frentes, exigiendo disciplina y un profundo sentido del deber para que todo se cumpliera con orden y eficacia.

✷ ✷ ✷

Cuando terminó la reunión pública de los encarnados, esto no significó un alivio del trabajo de los espíritus.

Luego de la siembra evangélica de la que fueron objeto, los vivos regresaron a sus hogares, pero, invariablemente, fueron acompañados de amigos invisibles que tenían la misión de asistirlos en la interiorización de la enseñanza, cooperando con la germinación de la semilla, con miras a su crecimiento y desarrollo futuro.

Sí, era trabajo de un jardinero que, de sol a sol, se esfuerza por proteger la tierna planta y cumplir con las condiciones de, un día, producir todo lo que estaba preparada para generar.

Luego, entidades amigas se fueron a casa con ellos, preparando su cuerpo para el descanso y, muchas veces, en cuanto el sueño físico los liberó de los lazos orgánicos, los llevaron a la Casa Espírita para la continuidad de las enseñanzas, consolidando los conceptos en la mente espiritual, además de someterlos a aplicaciones magnéticas de recuperación, despertando o revitalizándolos frente a los desafíos que se avecinan.

Muchos regresaron para asistir a cursos impartidos por instructores sabios, como estudiantes que asisten a clases regulares para desarrollar su potencial.

Este fue otro sector de trabajo de la institución espírita.

✷ ✷ ✷

Pero observando las actividades que siguieron poco después del final de la conferencia y la partida de los cien encarnados, la Casa Espírita inició el trabajo mediúmnico para servir a los espíritus necesitados a través de la comunicación verbal o escrita, lo que movió otro contingente de laboriosos técnicos del amor, comprometidos en esclarecer al mayor número de aquellos que habían aceptado dejar al encarnado, habiendo permanecido en el medio, o aquellos que, de diversa procedencia, necesitaban del contacto mediúmnico para iniciar el autodescubrimiento.

En el plano espiritual, por tanto, continuó el encuentro con casi todos los espíritus, más los que ya habían sido recogidos entre los mendigos invisibles y los que habían sido traídos de los hogares visitados por los equipos de rescate.

A ellos se sumaron los que llegaron de la mano de los equipos que atendieron accidentes y eventos catastróficos, en los que la muerte inesperada impuso un sufrimiento desesperado, como muchos casos de accidentes automovilísticos o aéreos, además de hechos de la propia naturaleza que produjeron tragedias que cobraron numerosas vidas.

En estos casos, el trance mediúmnico aliviaba el dolor psíquico, rectificando su patrón mental con un poco de serenidad para que, posteriormente, fueran referidos a un tratamiento más delicado y profundo, en los ambientes hospitalarios de la institución espírita, en el mundo invisible.

Para cada comunicación mediúmnica, los trabajadores espirituales, responsables de la selección, seleccionaron grupos de espíritus en estados similares de dolor y nivel de comprensión para que, al promover la ayuda de una sola víctima, su experiencia personal pudiera ser escuchada y sentida por todos los miembros del grupo, en una terapia colectiva que se destacó por los excelentes resultados para la mayoría, permitiendo a muchos aprender y extraer buenos resultados del cuidado de uno.

* * *

Meditando en la inmensidad de las tareas de una Casa Espírita, querido lector, es una maravilla cuántos trabajadores encarnados asisten a sus actividades totalmente desprevenidos para lo que fueron a hacer allí.

Muchos se consideran los pilares del trabajo, otros creen que ya están haciendo mucho cuando colaboran en los días y horarios estipulados para su concurso. Varios piensan que están siendo sobre exigidos cuando alguien les pide que vayan un poco más allá de lo que están ofreciendo, otros pierden el entusiasmo y la alegría de servir, sustituyéndolos por la rutina de hacer las cosas mecánicamente.

Olvidan; sin embargo, que son atendidos en sus problemas por el equipo espiritual que, con mucho cariño, busca servirlos, salvaguardando el equilibrio mental y emocional de cada uno, muchas veces a la puerta de la desadaptacipón.

Afirman que son pacientes que trabajan para su propio beneficio, mientras que la mayoría de los que llegan allí son solo pacientes en espera de ayuda externa, inútiles e inertes ante su propia ayuda.

Según muchos espíritus amigos, vale recordar que si los encarnados en general y los obreros espíritas en particular esperan la llegada al mundo invisible para el descanso que merecen después de la muerte orgánica, disfruten mientras estén en el cuerpo de carne. Después que migren al otro lado de la vida, se asustarán ante la montaña de compromisos y el rigor de la tarea que les espera.

* * *

En uno de los raros momentos de entendimiento ante tantos frentes demandando sus esfuerzos, Jerônimo y Adelino, flanqueados por Ribeiro y algunos otros trabajadores, hablaron del vertiginoso aumento de aflicciones de todo tipo.

Los campos mentales del encarnado estaban cada vez más entumecidos y difíciles de medicar mediante la acción fluidica. Poderosos caparazones magnéticos los envolvieron en pensamientos de indiferencia, inercia, miedo, abatimiento, carencia o rebelión.

– Ciertamente, hombres y mujeres de todos los tiempos estuvieron envueltos en las luchas de supervivencia y disputas emocionales en el crisol de pruebas y expiaciones necesarias para la evolución del espíritu. Sin embargo, Ribeiro, parece que la represa de las desgracias rompió el dique que mantenía contenido el desequilibrio y el torrente de locura, el torrente de barro con toda la procesión de desgracias proyectadas por el mundo, ahogando al ser humano. ¿No identifica este aumento de aflicciones que Adelino y yo hemos visto a diario? – Preguntó Jerônimo respetuosamente.

– Estando aquí como responsable durante tantas décadas, hermano mío, puedo afirmar que en poco tiempo teníamos tanto trabajo como ahora. Lo que era solo una modesta posada para el descanso de algunos viajeros afligidos, ha tenido que convertirse en un complejo sistema de servicios para cientos de miles de entidades de todo tipo, algunas de las cuales no quieren más que destruir la propia institución que los alberga. Nos ponen a prueba en todas las áreas y nuestras defensas deben medir con precisión el límite entre la bondad y la complacencia, entre el rigor y la violencia, entre la disciplina y la intransigencia. Estas son lecciones que tenemos ante nuestros ojos todos los días y que intentamos transmitir a los encarnados que nos visitan, así como a los trabajadores que nos ayudan, muchas veces sin el éxito esperado.

Sin embargo, esto no importa, ya que estamos siendo probados en lo más profundo de nuestro ser. La hora de la separación de la paja y el trigo sonó no solo para los hombres y mujeres encarnados, sino también para los espíritus, amigos míos.

En cuanto terminó la sentencia, el querido médico de los pobres se acercó al grupo, saludando a todos.

Después de los saludos, Bezerra les habló con circunspección, pero sin perder su simpatía y sencillez:

– Queridos de mi alma, les traigo lo que reuní en un importante encuentro en planos superiores en el que se juntaron los espíritus superiores responsables de los destinos de la humanidad. Allí fui admitido por la misericordia existente de espíritus tan generosos, ciertamente por las tareas que se nos encomiendan a nuestros queridos trabajadores en el campo del Consolador Prometido.

No te dejes afligir por las afflicciones crecientes y los desajustes colectivos. Esto está bajo la observación de nuestros sublimes líderes, quienes nos informan que la Tierra ha penetrado, en estos tiempos, en una zona más densa de influencia magnética primitiva, en la que ya había navegado durante algunas décadas, pero que, ahora, se vuelve más compacta, con consecuencias dañinas para todos los que aceptan su influencia. No es un área visible para los ojos ni dispositivos ópticos desarrollados por la tecnología primitiva de los hombres. Es un entorno magnético–psíquico, cuyo punto de apoyo está en el cuerpo celeste que se va acercando cada vez más a nuestro sistema y que transmitirá no solo sus influencias gravitacionales y eléctricas a todo lo que se encuentre en su campo de acción, sino que, igualmente, involucrará al todo como esta densa nube de vibraciones primitivas, actuando sobre todo lo que penetra en el área de influencia.

Esto proporcionará cambios de comportamiento, brotes de enfermedad por sintonizaciones negativas, cambio de hábitos, empeoramiento de tendencias y defectos debido a la suma de fuerzas de una misma dirección, efecto de la resonancia o armonía de los espíritus que vibran de acuerdo a las influencias inferiores derivadas directamente del campo poderoso. psíquico del orbe extraño.

De la misma manera que una persona alegre irradia alegría a todos los que lo escuchan y que una persona taciturna contamina de pesimismo a todos los que lo rodean, el fenómeno de la influencia magnético–psíquica es el mismo entre los cuerpos celestes y sus propias vibraciones.

Imagínense una comunidad familiar en relativa armonía, con sus miembros acostumbrados a las rutinas, adaptándose todos a las posibilidades y necesidades individuales con el objetivo de una buena relación.

Cada uno tiene sus propios horarios, compromisos y, por ello, han desarrollado una convivencia armónica basada en el respeto y la cooperación.

Supongamos ahora que, de repente, esa familia razonablemente equilibrada necesita albergar en su seno a un pariente que viene de una región lejana para pasar un tiempo viviendo con ellos. Es parte de la misma herencia genética, tiene la sangre de los mismos ancestros. Sin embargo, es un cuerpo extraño, con diferentes hábitos, rutinas y problemas propios.

Entonces, la comunidad familiar deberá adaptarse para acomodar al visitante temporal. Algunos tendrán que apretujarse en el dormitorio para encajar uno más en el ambiente.

Ciertamente, estarán pensando que el visitante debe aprender a respetar las formas de vida del grupo que lo recibe para que moleste lo menos posible.

Pero, les pregunto, ¿qué será de la armonía de esa familia si el nuevo residente no se preocupa por eso? Debido a que tiene otros hábitos y otra educación, traerá consigo formas conflictivas con las de la familia que lo recibe. Si no respeta el espacio de los demás, si no cumple con los deberes mínimos con los que todo el mundo está obligado a convivir, si no está acostumbrado a los hábitos de higiene diarios o si es muy ruidoso en todo lo que hace, ¿cómo afectará esto al equilibrio de los demás?

Ante un visitante de estas características, toda la estructura se estremece. Algunos de los residentes, al ver que el novato se comporta según otros estándares, pueden querer imitarlo, descubriendo afinidades y sintonías negativas que perturban aun más la armonía del conjunto.

Otros pueden reaccionar de manera violenta, agresiva, exponiendo el desequilibrio que aun llevaban en el corazón, en la salida de su furia en actitudes rudas y disruptivas; es decir, cada uno demostrará el contenido de defectos o virtudes que ya ha conquistado.

Así sucede con nuestra familia planetaria, hijos míos.

Estamos recibiendo un pariente lejano, con patrones más primitivos y hábitos vibratorios aun menos depurados que los nuestros.

Esto perturbará el equilibrio del hogar, produciendo ajustes materiales en todos los miembros de la comunidad. Todos los cuerpos celestes que componen la familia solar ya están experimentando cambios en sus rutinas debido a la presencia del visitante temporal. La tensión, los temblores y la agitación, en sentido figurado, requerirán ajustes naturales, dentro de las leyes que rigen las influencias gravitacionales en los diversos planetas, incluida la Tierra misma. Sin embargo, además de estos ajustes mecánicos que son impulsados por fuerzas físicas, existe todo el proceso de influencia vibratoria sobre los miembros de las humanidades que forman parte de esta familia cósmica.

Habrá quienes, al sentir la nueva influencia, se sintonicen positivamente con ella y comiencen a imitarla, ajustándose al estándar más bajo. Hay quienes la sentirán y, vigilando frente a las provocaciones externas, se rendirán a la violencia, esa inclinación que tienen dentro y contra la que no lucharon a satisfacción. Hay quienes cederán al desánimo, dejando que las enfermedades físicas y psicológicas se asienten, entrando en estados de abatimiento por las emisiones de energía impura que rodean la casa por la llegada del intruso.

La única y mejor defensa contra tal estado de cosas; sin embargo, es la de quienes, sabiendo que la visita será transitoria y que, con el tiempo, el visitante se irá, mantienen el equilibrio, se adaptan al cambio sin odio, buscan hacer todo lo posible por disminuir la incomodidad de todos, comprenden las limitaciones del visitante y saben que no podrán cambiar sus hábitos. Así, cultivando un ambiente de paz interior y equilibrio espiritual, ayudan a otros vecinos de la misma casa a encontrar el equilibrio, apoyándolos, aconsejándolos y tranquilizándolos ante lo inexorable.

La humanidad, de ahora en adelante, por algún tiempo, estará bajo la influencia primitiva nacida de las densas vibraciones de este visitante cuyo rumbo lo mantendrá en nuestra comunidad planetaria por algún tiempo hasta que, obedeciendo las leyes cósmicas, retome su camino y se aleje de la familia. Luego, luego de la tormenta, todos sus integrantes podrán retomar su vida, enriquecidos por aprender a convivir y despertados a las mismas deficiencias que se hicieron visibles por la forma en que respondieron a la compañía no deseada.

Aquellos que aceptan la influencia del visitante, creyendo que su forma de ser es más adecuada y combina mejor con sus ejemplos y valores, harán compañía al visitante, moviéndose fuera de la sala y acompañándolo a experimentar nuevas emociones. Los violentos, los sensuales, los egoístas y los orgullosos, los indiferentes, los malos; en fin, todos los que se están dejando tocar por las malas influencias, demuestran que pertenecen a la procesión de almas que están más en sintonía con el visitante que con la casa que ha albergado. Esto sella el destino de cada uno, preparándose para la reforma de la morada terrena para que esté abierta solo a quienes estén dispuestos a respetar sus principios de buena convivencia como hermanos.

El aumento de las tragedias personales y del volumen de trabajo es provocado por esta expansión de la carga vibratoria inferior que irá envolviendo a la Tierra en su camino cósmico, de cuya noche emergerá renovada en su esencia.

Es necesario, por tanto, que la noche se oscurezca para que, finalmente, el amanecer sea más radiante.

Que nuestros hermanos médiums y los que estén en ejercicio estén atentos, porque aun más que los demás, serán más accesibles para captar estas vibraciones. Si no están vigilantes, son candidatos a conflictos más intensos y, si dudan, al fracaso de sus tareas espirituales.

Si se dejan llevar por el desánimo, la presunción, el interés propio, el miedo, la pereza, sufrirán con más intensidad los poderosos golpes magnético–psíquicos.

Que cultiven sentimientos nobles, mejorando la mente y la emoción, alejándose de ambientes inadecuados, sublimando las búsquedas y aprovechando todo el tiempo disponible en la práctica del bien.

La mediumnidad que pidieron como instrumento de crecimiento y rescate puede ser el puente sobre el precipicio o el peso que los arrastrará al abismo, según cómo lo utilicen.

Es en este sentido que conviene advertir a las casas y dirigentes espíritas en general. Mantengamos el equilibrio mientras el visitante nos molesta por un tiempo. No estará con nosotros para siempre. Que el Centro Espírita difunda la dosis necesaria de equilibrio y que la mayoría de los encarnados falten en los momentos cruciales en los que la acción del visitante es más intensa.

Por eso fue para estos tiempos que Jesús destinó las lecciones claras del Espiritismo, ayudando al encarnado a comprender las leyes espirituales y a prepararse para todo lo escrito para cumplir la voluntad de Dios.

No os desaniméis, hijos del corazón. Sobre nosotros, multitudes de almas generosas nos miran y nos animan a bajar al circo, enfrentándonos a las bestias con el canto valiente de los mártires de la fe iluminada.

Esta es nuestra hora gloriosa, queridos hermanos.

Cantemos en homenaje al Creador que nos ama y a los espíritus superiores que nos sostienen en el momento de testificar mediante el canto del servicio en el bien, incansable e imperturbable.

Esperemos a que el visitante se vaya y luego restauremos la armonía, en un estado de elevación interior nunca antes experimentado, por el bien de los que quedan.

* * *

Todos estaban emocionados por las reveladoras palabras del devoto servidor.

No se atrevieron a romper ese éxtasis colectivo, silenciando las desafortunadas indagaciones para dejar que las advertencias y los llamados a la valentía resuenen en el fondo de sus almas en el testimonio del fiel servidor.

20. ¡Ah! ¡si no fuera por la invigilancia de los hombres!

Al mismo tiempo que Geralda y Cássio se habían desviado del camino recto, con tristes consecuencias para sus vidas, mientras Peixoto se hundía en el desequilibrio por su apego material, Moreira, el otro desertor de la causa, no iba en mejor dirección.

Aunque trabajador de aspecto serio, llevaba en el alma las marcas de una sexualidad inadaptada, debido a la adicción de las fuerzas genésicas al contacto con prostitutas y escenas de carácter deteriorado.

Moreira no pudo entender y aceptar las disciplinas necesarias, especialmente como médium espírita. El pobre no podía admitir que su sensibilidad lo hacía más vulnerable a la acción de las entidades perseguidoras. Era de los que imaginaba que el trabajo espírita no debía interferir en sus rutinas y gustos, comportándose como los que van a las iglesias pretendiendo ser devotos y contritos, pero eso solo durante la ceremonia.

Su mente le delató el bajo patrón de vibraciones.

Se negó a prestar atención a cualquier discurso que enfatizara los deberes de fidelidad, honradez y abstinencia. Tan pronto como el sujeto se desvió hacia ese ángulo, se desconectó del conferencista para no irritarse. Al mismo tiempo, creía que una cosa era trabajar en el Centro Espírita y otra su vida personal.

"Qué cosa tan rancia", se dijo a sí mismo, "este asunto de predicar la moderación en todo." ¡Parece que volvemos a la Edad Media! Si Dios nos dio el sexo, nos corresponde a nosotros ejercerlo, ¡claro!

Sin un pensamiento profundo, Moreira fue incapaz de emitir juicios reflexivos, comparando todos los conceptos con la pizarra en blanco de sus conveniencias. Lo que le gustaba hacer con su intimidad se basaba en la autorización de Dios, mientras que lo que pedían los mensajes espirituales, en términos de respeto a los sentimientos ajenos, fidelidad a los compromisos y limpieza de corazón, serían invasiones inaceptables de su libertad, intervenciones indebidas de moralistas en su conciencia.

– En el fondo, en el fondo, estos tipos están reprimidos. Como no asumen sus deseos, quieren prohibir a los demás disfrutar de la vida y disfrutar de los placeres. Si son fanáticos de Dios hasta ese punto, que vivan su vida de falsa santidad, pero no entren en la conciencia de los demás.

A pesar de sus opciones personales, Moreira disfrazó muy bien sus elecciones e inclinaciones.

Casado con una mujer devota que lo aguantó con paciencia, no se molestó en traicionarla en variadas aventuras, ya sea con jóvenes que se ofrecieron por pequeñas sumas o con mujeres cuya conquista exigía de su bolso y sus energías un mayor empeño y esfuerzo.

A pesar de donar como médium en la institución de Ribeiro y Jurandir durante un tiempo, esto no cambió su carácter frívolo de ninguna manera, convirtiéndolo en una víctima fácil de las entidades oscuras que lo acompañaron en aventuras emocionales, alimentándolas y alimentándose de ellas.

Innumerables de estas monstruosas entidades se habían apoyado en la labor de esclarecimiento de la institución espírita, en las actividades mediúmnicas de la psicofonía, utilizando al propio Moreira como vehículo de comunicación de los espíritus que lo acosaban.

Sin embargo, en ningún momento pensó que las almas aturdidas que recibió en el trance mediúmnico estuvieran directamente relacionadas con él como sus socios en las ofensas morales que lo rodeaban con sus tentáculos oscuros.

Engañado por el desajuste de emociones y fuerzas, Moreira estaba en grave peligro, a pesar de parecer un hombre correcto y dedicado al camino del bien.

Esto lo llevó a desconectarse del trabajo espiritual, como se relata en la novela *Herederos del Nuevo Mundo*, ocurriendo lo mismo para los otros tres trabajadores ya mencionados.

Rodeado de la red lanzada por Peixoto, se alejó de las tareas de mediumnidad, imaginando que podía trabajar en cualquier lugar, como quien se cambia de ropa.

No imaginaba que su sensibilidad estaba bien ajustada en esa Casa Espírita debido al orden y disciplina que allí se observaba y donde fue ayudado por las entidades que lo instruyeron en el camino de la mediumnidad.

Lejos del núcleo con el que había estado en sintonía desde el principio, ciertamente podría seguir colaborando en cualquier otra institución hermana. Sin embargo, no supuso, como no suponen los médiums que deambulan de centro en centro, que es necesario establecer una relación con los espíritus y los encarnados de cada institución religiosa y esto no se hace de la noche a la mañana.

Moreira buscó entonces visitar algunas casas espíritas que consideró más adecuadas para su actividad mediúmnica. Primero, la que estaba más cerca de tu casa. Una vez allí, se ofreció a sí mismo como un médium experimentado, asumiendo que se aprovecharían de él inmediatamente. Para su sorpresa y decepción, se le indicó que asistiera a las actividades normales del centro como un simple oyente hasta que las entidades amigas pensaran que era mejor involucrarlo en los trabajos.

Esto hirió su orgullo, al no aceptar las recomendaciones, que le llegaban como indiferencia o prejuicio.

Nunca más regresó a ese centro.

En otro, en cuanto llegaba y se presentaba como trabajador, lo colocaban a la mesa para ejercer la mediumnidad, sin que el líder encarnado, desprevenido e ingenuo, conociera los modales y hábitos del recién llegado.

Después de los primeros días de servicio, Moreira sintió que había encontrado "su" lugar. Esto se debe a que el trabajador que dirigía la modesta institución, sin seguridad en el estudio doctrinario sistemático, no estaba preparado para discutir con alguien tan experimentado como el médium recién llegado. De hecho, el líder no veía la hora de entregar el mando a alguien, porque tenía otros intereses y el Centro Espírita pesaba sobre sus compromisos como un elefante en la espalda.

Moreira había caído entonces ante él, como un regalo del cielo, un enviado de los espíritus amigos como posible sustituto.

Sin embargo, el atractivo de Moreira no fue tanto por la fiesta que le hicieron a su vanidad.

De hecho, se había enamorado de la mujer del pobre presidente, una guapa chica que, debajo de su belleza, escondía un carácter frívolo.

Moreira, sabia y seriamente, interpretando papeles bien teatralizados para engañar a los ingenuos, pronto llamó la atención de la joven, sintonizada en los mismos patrones de una sexualidad hirviente.

Con la excusa de utilizar la experiencia del medio, Beliza solicitó una oportunidad de entendimiento privado.

Su esposo, Elías, el líder, no se sorprendió por la solicitud, imaginando también que él, en unos días más, haría lo mismo.

El encanto de Beliza, manipulado por las mismas entidades inquietantes, actuó en Moreira como el fuego en la gasolina. La amabilidad y cordialidad de los primeros entendimientos pronto dieron paso a una intimidad dañina entre ambos.

Beliza sabía que su esposo no estaba preparado para el liderazgo, por lo que siempre había esperado encontrar a alguien más seguro y experimentado. Sabiendo manipular las emociones masculinas, la seductora mujer lanzó su carta sobre Moreira, quien, desprotegido moralmente, aceptó el juego de las emociones, sin ninguna consideración por nadie.

Elías lo rodeó de cortesía y cordialidad al mismo tiempo que Moreira y Beliza se encontraban en moteles aislados.

Esta conducta duró varios meses, involucrando cada vez más a los dos amantes, sin tener en cuenta las tareas espirituales que realizaban en la casa de Dios.

Sin embargo, llega el día en que las ilusiones se desvanecen.

Cada vez menos cuidadoso en ocultar la pasión ardiente; he aquí, sus encuentros clandestinos son descubiertos por el mismo Elías, quien abrió el campo mental a la revuelta, la indignación, la violencia, manipulada por los entes inferiores que también lo influyeron.

Esa crisis moral terminó cuando él nació como una iniciativa prometedora al servicio del bien, en la forma de un grupo más espírita. Desequilibrado, Elías cerró el Centro, sacó a los pocos frecuentadores, alegando que iba a hacer una reforma importante, durante la cual la institución no estaría abierta.

Herido por su temperamento impetuoso, golpeó a su esposa que, a un gran costo, se escapó de su casa y se refugió en la casa de unos familiares. Y con una pistola en la cintura, Elías salió a buscar a Moreira.

Alertado por Beliza, Moreira afirmó tener necesidades laborales y emprendió un largo viaje en lo que esperaba que las cosas se calmaran.

Elías no lo encontró para ejercer su venganza, marcando, desde entonces, la fecha para revertir a balazos el ultraje soportado, debido al odio que había cegado su equilibrio.

Lejos de todo y distante de su desprevenida esposa, Moreira se refugió en un hotel de la capital del noreste de Brasil, desde donde se comunicaba con Beliza, llevándola para hacerle compañía. Así, retomaron el romance interrumpido por la tragedia, imaginando que serían felices para siempre, solo porque tenían profundas afinidades sexuales.

Sin embargo, la convivencia entre ambos provocó gustos y manías discrepantes y antagónicas. Beliza, mucho más joven que él, disfrutaba de aventuras nocturnas, veladas, espectáculos, diversión. Moreira, más tranquilo, quería paseos discretos y plácidos. Ella quería el club, él quería el paseo marítimo. Quería ropa corta y exuberante mientras que él, dentro de sus hábitos tradicionales, disfrutaba de la discreción. Al principio, ambos fueron comprensivos para no estropear la relación. Sin embargo, luego de un tiempo de convivencia, los desacuerdos se hicieron visibles, cada uno comenzando a repensar la conveniencia o no de esa relación.

Si por un lado Beliza se sintió atraída por la seguridad que mostraba Moreira, no toleraba a ese hombre de personalidad fuerte y decidida, muy diferente al tranquilo Elías que manipulaba sin dificultad.

Moreira, en cambio, se abasteció de la lujuria y la belleza de Beliza, pero no pudo soportar esa independencia, las actitudes libertinas y groseras que hieren el orgullo de un hombre considerado recto.

Finalmente descubrieron que lo único que tenían en común era su adicción al sexo, eso era todo. No pasó mucho tiempo antes que Beliza y Moreira se volvieran hostiles de tal manera que ni siquiera los placeres físicos les daban la misma satisfacción.

Ambos seguían siendo manipulados por las monstruosas entidades inferiores que se divertían con la puerilidad de ambos, a quienes trataban como dos muñequitos que cumplían sus órdenes.

Finalmente, Moreira, luego de una noche que le permitió a Beliza divertirse sola en la discoteca del hotel con el propósito de sorprenderla en una actitud indecente, encontró la excusa perfecta para terminar definitivamente el romance. Escondido en la oscuridad del ambiente, fotografió a su amante en brazos de un joven fogoso, de esos compañeros intransigentes que se ofrecen a hacer feliz al solitario o solitaria de la ocasión y, con la evidencia de la frivolidad, expulsó a la mujer esa misma noche.

Humillada por ese hombre indecente, que exigía fidelidad cuando él mismo despreciaba a su lejana esposa, Beliza vio la vida desintegrarse ante sus ojos.

No podía volver con Elías, que quería matarla. No tenía parientes que pudieran darle acogerla. Pensó en refugiarse bajo el cuidado de Moreira, quien ahora cerró sus puertas. Desesperada e inspirada por las inquietantes entidades que los rodeaban, articuló un astuto plan, según el cual resolvería sus problemas y se vengaría del infortunado amante.

Consiguió un poderoso somnífero que trató de ocultar de manera hábil y, arrepentida, buscó humildemente a Moreira reconociendo su propio error y pidiéndole perdón.

Astuta, supo jugar con los sentimientos del hombre que todavía la deseaba como antes. Utilizando sus formas provocativas para socavar su severidad, propuso que salieran de ese hotel y se refugiaran en un bungalow que existía en una playa apartada, tanto del gusto de Moreira que, garantizándoles total privacidad, les permitiría exacerbar su intimidad sin ningún impedimento.

Seducido por la idea y la mujer provocadora, Moreira se apresuró a ver las ventajas de la propuesta, aceptando su sugerencia. Así, terminaron su estadía en el hotel sin levantar sospechas.

En la mente adicta del hombre se multiplicaron las formas de pensamiento referentes al placer físico que disfrutaría en compañía de Beliza, aunque luego la descartara.

Mientras se dirigían al lugar sugerido, la mujer se derritió en afecto, endulzó su voz y ensalzó los atributos masculinos de su pareja.

En el camino, hablaron sobre la crisis de los últimos días y que superarían con las emociones del bungalow. Beliza sugirió probar la sabrosa agua de coco que se vendía en un quiosco de playa cercano.

Incluso antes que Moreira accediera, estacionó el vehículo y bajó a buscar la bebida con la que narcotizaría a su amante.

Lejos de la mirada de su compañero, depositó la pastilla para dormir dentro del coco helado, cuyo sabor se mezcló con el de la fruta, entregándolo para que lo tomara.

En cuanto lo tomaron, y fingiendo apresurarse por las intimidades proyectadas, reanudaron su camino en busca de la posada donde pasarían esa noche.

A mitad de camino, según sus planes, el letargo invadió el estado de ánimo del infortunado y engañado compañero de la locura. Sádica, Beliza comenzó a conducir al azar, buscando lugares remotos, diciendo que estaba buscando un hospital o una sala de emergencias.

Moreira estaba al borde de la inconsciencia cuando Beliza eligió un remoto precipicio en el camino por el que viajaban para lanzar el auto con Moreira inconsciente, ya en medio de la noche.

No le costó volver a poner a Moreira en el asiento del conductor, limpiar sus huellas dactilares del volante, tomar su billetera, objetos de valor y documentos personales y arrojar el vehículo al fondo del abismo, junto a las rocas.

Hecho esto sin que nadie lo presenciara, caminó varios kilómetros, ocultándose de ser vista por vehículos esporádicos, llevando solo una pequeña bolsa con sus objetos personales.

Llegó a las afueras de la ciudad, donde tomó un taxi y se dirigió al aeropuerto. Compró un pasaje aéreo hacia el otro extremo del país, desde donde, en bus, viajó a varias ciudades hasta instalarse en una pequeña comunidad que ni siquiera imaginó estar recibiendo una fría asesina.

Ese fue el final de Moreira, el hombre aventurero y engañado que, sin darse cuenta, decidió vivir su libertad en lugar de aprender a vigilar sus deseos, para su propio beneficio.

Usando la falta de vigilancia de los hombres, las entidades perturbadoras habían logrado destruir dos familias, cerrar una institución que sembró el bien en el mundo, interrumpir el trabajo de varios trabajadores bien intencionados, sacar a un médium de la vida, comprometer el futuro espiritual de una joven y alienar a un líder. espírita de los deberes que podrían estar cumpliéndose según la voluntad de Dios.

¡Ah! ¡si no fuera por la falta de vigilancia de los hombres!

21. Amparo de emergencia

Terminada la reunión con Bezerra, Ribeiro pidió a Adelino y Jerônimo que lo acompañaran de regreso al hospital donde Leda, la esposa de Alberto, se preparaba para dejar el cuerpo físico definitivamente.

A su lado, en la modesta habitación del ala del hospital para el servicio público, solo su exmarido permanecía sereno, rezando por el beneficio de su excompañera. Ninguno de los hijos se había presentado junto a su madre, cada uno de ellos fue llevado al mundo según sus propias ilusiones.

Ningún amigo ni amiga de la época de riqueza la visitó, a pesar que Leda había pedido su atención mediante las enfermeras y del propio Alberto, a través de llamadas telefónicas y comunicaciones.

No había un vínculo real entre los que disfrutaban de las fiestas de copas donde las apariencias los unían.

El cáncer había devorado tanto su juventud como el arsenal defensivo que tenía su cuerpo para afrontar la batalla por mantener la vida orgánica.

Leda sabía que todo había terminado y eso era exactamente lo que la aterrorizaba.

Había perdido una vida entre las ilusiones de las apariencias y los placeres, sin haberse esforzado por conquistar ningún bagaje espiritual, por pequeño que fuera. Incluso frente a la maternidad responsable, esta constante y vigorosa fuente de méritos para el alma, la paciente no había alcanzado valores significativos porque nunca se había sacrificado por sus hijos. Además, fue corresponsable del destino de los desatinos y las locuras que ambos cultivaron, gracias a sus pésimos ejemplos, ya que los dos encontraron en su postura complaciente e indigna, el refugio que los cubría y estropeaba su carácter.

Sin lastre en el mérito real, Leda estaba ahora comprometida con la amarga cosecha, así como vinculada a quienes permanecieron asociados con ella en las aventuras ligeras.

Si aun hubiera aprovechado su relación con Alberto, con sus consejos, ejemplos de paciencia, coraje y fe en Dios, a través de los cuales siempre había tratado de inspirar a los familiares en la búsqueda de la comprensión de las leyes espirituales, esto le habría dado un aliento en el fatídico momento de la despedida física, viajando hacia lo desconocido.

Sin embargo, Alberto siempre había sido ridiculizado por los suyos, despreciado como un idealista y visto solo como el dueño de la caja fuerte que intentaban robar rápidamente.

Cuando la desgracia los redujo a la pobreza, expulsaron al padre de la casa, de sus vidas, prefiriendo aferrarse a viejas ilusiones y fantasías antes que seguir el digno ejemplo de su marido y padre.

Leda agonizaba como basura humana, sin preparación para encontrarse a sí misma.

Además, su conciencia estaba cargada de culpa. No había escapatoria a la certeza del error, en la injusticia cometida contra su exmarido, en las debilidades de los hijos que había estimulado con su complicidad y malos consejos. Básicamente, los momentos de desconexión física proporcionaron al alma el silencio necesario para romper todos los parámetros materiales y sumergirse en la esfera de la conciencia real, una que no se puede borrar, aunque se trate de engañar como conveniente.

Su pavor íntimo solo disminuyó cuando Alberto apareció a su lado. Fue con sus oraciones que Leda se calmó, recuperando la fuerza moral para enfrentar lo inevitable. Fueron muchos los momentos en los que lágrimas de arrepentimiento mojaron las manos del único visitante que pudo soportarla. Entre las peticiones de perdón y las confesiones de sus crímenes morales, Leda intentó hostigarse a sí misma para aliviar el peso de sus errores.

Alberto aceptó tales arrebatos de honestidad y respondió a la necesidad de ser perdonada de una manera suave y natural porque, en verdad, nunca le había guardado rencor, a pesar de todo lo que había sufrido. Por el contrario, Alberto había asumido gran parte de la culpa al considerarse el generador de ilusiones en la vida de sus tutelados, debido a las excesivas preocupaciones materiales que dominaban sus ideas, engañándolos sobre los deberes reales del jefe de familia. Había valorado los bienes materiales sobre los reales, los del espíritu. Entonces, no podría condenar a nadie sin condenarse a sí mismo, primero. Aceptó las palabras de Leda con naturalidad, no la culpó por insistir en repetir las confesiones porque sabía que servirían como un alivio temporal de la conciencia.

La exmujer, ahora debilitada y desesperada, había notado tardíamente el tiempo perdido y reconoció el esfuerzo de su compañero en tratar de encaminarlo, como en el pasado. Al vislumbrar ambos lados de la vida como resultado de la debilidad orgánica, vio entidades que la ridiculizaban, juguetonas o violentas. Los de los bailes nocturnos y las orgías, cuando el cuerpo dormido liberaba su alma para diversiones inconfesables, allí esperaban al compañero para la macabra contradicción.

Cuando Alberto estaba a su lado, no dejaba de relatar las aterradoras visiones, al mismo tiempo que notaba el halo luminoso que rodeaba a su acompañante, cada vez que llegaba a la habitación.

– ¡Ah! Alberto, solo cuando estás aquí conmigo tengo un poco de paz. Parece que tu luz evita que mis enemigos me molesten. No puedo explicar cómo, pero todos se van cuando estás aquí conmigo.

– No te concentres en visiones desagradables, Leda. Piensa en lo bueno, en tus amigos, en las personas a que te quieren.

– No hago nada más, Alberto. Sin embargo, al cambiar mi mente y mis recuerdos, solo puedo encontrar una persona que todavía me considera, que eres tú. Mis padres están muertos, mis familiares lejanos son indiferentes. Nuestros hijos están perdidos por mi culpa. Aquellos que pensé que eran mis amigos huyeron tan pronto como se enteraron de la enfermedad. Nunca vinieron a visitarme. Solo veo almas perdidas a mi alrededor y, aunque consiga dormir un poco, estos son los fantasmas que me aterrorizan y me impiden descansar. Sé que hablas mucho de este médico amigo, a quien los espíritas le dedican tanto respeto, pero para mi desdicha, creo que no estoy a la altura de su cuidado. Siempre he despreciado el Espiritismo y sé que los frutos no se cosechan de árboles que no cultivamos.

– Mira, Leda, no pienses así. Todos cometemos nuestros errores y, a pesar de ellos, Dios nunca nos abandona. Su hijo mayor, Jesús, no se negó a escuchar y apoyar el sufrimiento, por más indignos que fueran. Incluso en el Calvario, tuvo una buena palabra para el criminal que lo rodeaba, enseñándonos que el bien no juzga al mal. Estoy seguro que el Dr. Bezerra de Menezes te cuida. Siempre le pido ayuda y, aunque esté ocupado, desde donde está, sabe como servirte con fuerza y coraje.

– Bueno, Alberto, que Dios escuche tus llamadas porque, en cuanto a las mías, soy consciente que no tengo las cualidades para apelar tan alto. Sin embargo, no puedes imaginar lo terribles que son estos perseguidores. Dicen que son mis amigos, pero si eso es cierto, no me complace estar con ellos ahora. Y pensar que insististe tanto en explicarme estas verdades espirituales, cuando vivíamos bajo el mismo techo, pero nunca te escuché. Hoy descubro que todo esto no solo es cierto, sino que, lamentablemente, en mi caso, es una verdad extremadamente desesperada.

Las palabras de Leda fueron interrumpidas por sollozos y suspiros, reacciones producidas por el pavor ante la presencia aterradora de muchas entidades inferiores que daban testimonio de su "solidaridad" en esos momentos.

Alberto reconoció que no tuvo mucho tiempo para llevarla a niveles más luminosos, siempre tratando de invitarla a la oración, única forma de calmarla.

En estos momentos de elevación, siempre pidió ayuda a Ribeiro y Bezerra, además de cualquier otro espíritu que supo captar su pedido.

En el plano espiritual, la simple consulta del historial de servicio de Leda demostró que no había acumulado suficientes méritos para servir como recursos favorables para autorizar la protección directa. Recogería los brezos que había cultivado en su camino.

Sin embargo, Alberto había podido construir un viaje de elevación y servicio. Reconociendo los errores cometidos en los primeros años de la vida familiar, cuando cultivó el excesivo confort que había suavizado el carácter propio, el devoto médium había demostrado el equilibrio necesario en las horas de angustia, sin deslizarse ni a la condición de víctima ni a la autolesión. Al aceptar los contratiempos y no renunciar a la tarea de servir por amor a los afligidos del mundo, a pesar de la indiferencia con que fue tratado por los que amaba, permaneció en la obra del bien, único escudo protector contra los venenos de la culpa. Sufrió, pasó hambre, se humilló sin odiar a nadie. Por lo tanto, amortiguó cualquier deuda nacida de la ilusión que había sido borrada por completo de su espíritu. Con eso, se ganó la simpatía y la solidaridad de entidades nobles que le proporcionaron fuerza y le ayudaron a olvidarse de sí mismo, ganando méritos al afrontar su testimonio con heroísmo.

Entonces, las oraciones de Alberto reverberaron en el mundo espiritual con el fin de garantizar a su exmujer el apoyo fraterno de los amigos que lo escuchaban, promoviendo su desprendimiento paulatino, que garantizaría un suave despertar espiritual, libre de las torturas del encarcelamiento cadavérico muy común en aquellos cuyo apego material les hace pasar por el testimonio de la descomposición carnal para darse cuenta que no hay más materia disponible.

Alberto intercedía, generosamente, por aquella que lo expulsara.

Y lo hizo sin virtudes ostentosas. Incluso cuando afirmó sus propias faltas, sus cualidades morales lo distinguieron de los bajos estándares de Leda.

En respuesta a su pedido, fue que Ribeiro y sus acompañantes se dirigieron a la habitación del hospital donde Leda vivió los últimos momentos en su cuerpo.

Al llegar, el ojo experimentado de Ribeiro fue suficiente para detectar que el paciente no debía tener más de unas pocas horas de conexión consciente.

Aprovechando la sensibilidad de Alberto, que en la oración trataba de ayudar a Leda, que se retorcía de dolor, Ribeiro extrajo la mayor cantidad de fluidos vitales posible, combinándolos con sus propias emanaciones y las de los amigos invisibles que lo acompañaban, aplicando tal recurso medicinal en los centros de fuerza, amortiguando el impacto de la enfermedad que galopaba sin encontrar resistencia. Promoviendo el bloqueo de ciertos haces neuronales que transmiten impulsos dolorosos, la anestesia leve envolvió al paciente que, aun sin medicación química, se tranquilizó en la cama. La aplicación magnética había resultado decisiva para los momentos finales, cuando la desconexión del periespíritu, que ya había comenzado un tiempo atrás, tendría que completarse definitivamente, abandonando la vestidura carnal.

Alberto había sentido la retirada de energías vitales debido al entumecimiento de fuerzas que había identificado. Sin embargo, sabiendo que eran las últimas horas de Leda, mantuvo firme su pensamiento, solicitando energías extra para no debilitarse en el testimonio de la despedida.

Señalando los entes perturbadores que no los veían, Ribeiro pidió a Jerônimo y Adelino que produjeran alrededor de la cama un cordón de energías aislantes, evitando que los perseguidores de la moribunda arrebataran su espíritu en el momento de la consolidación de la desencarnación, como en el secuestro de una víctima que no tuviese el control de sí misma.

Tan pronto como el campo magnético comenzó a evitar que los perturbadores se acercaran, pronto identificaron una acción superior en beneficio del paciente.

– ¿Qué es eso? ¿Quién puede estar aquí tratando de ayudar a esta serpiente? Que este sacerdote idiota se pierda en oraciones que obstaculizan nuestra acción, vamos. Pero ahora, ni siquiera en la habitación podemos entrar... – gritaron, en rebeldía, las entidades que no tuvieron más remedio que abandonar el entorno por incompatibilidad de fluidos.

Con la partida de los espíritus inferiores, la atmósfera psíquica se volvió menos densa y degradada, permitiendo que

Ribeiro y los demás rescatadores se dividieran en los procesos de desconexión.

Leda se angustió al darse cuenta que todo estaba terminando, definitivamente.

– ¡Alberto! – gritó... –. Me muero... sálvame... ayúdame... no me dejes... Alberto... perdóname... perdóname...

Y no hubo más condiciones para decir nada.

Los dispositivos sonaron con siseos agudos que indicaban la pérdida de signos vitales. Las enfermeras se apresuraron a recuperar su vitalidad, pero, entendiendo el caso como una enfermedad terminal, se conformaron con apagar las alarmas y solicitar la presencia de los médicos para evaluar la muerte clínica.

Alberto, sintiendo la compañía de los espíritus, pidió a los trabajadores poder pasar unos momentos a solas con el cadáver para hacer la oración final.

Por otro lado, Ribeiro tomó a Leda en sus brazos como un padre que arropa a su amada hija. Su condición espiritual era deplorable y, si no fuera por la intercesión de su exmarido, seguramente su destino no estaría bajo la tutela de amigos espirituales.

Esta protección; sin embargo, no evitaría que Leda encontrara su propio destino. Solo garantizaría un despertar menos traumático.

Con el peso en sus brazos, Ribeiro y sus amigos se dirigieron al Centro Espírita al que Leda nunca aceptó asistir cuando Alberto la invitó, en cuyas dependencias permanecería internada a partir de ahora, en sonoterapia.

No fue difícil para los espíritus retenidos en el exterior verificar, gracias al movimiento de enfermeras, que Leda había muerto en el cuerpo, lo que motivó protestas contra lo que consideraron un verdadero robo. Se sentían con derecho a poseer el alma de Leda y lucharían por tenerla con ellos, como estaban acostumbrados a hacer.

Sin embargo, obedeciendo a los dictados espirituales superiores que determinan que la ayuda debe extenderse a todos los que la acepten, una entidad amable y generosa se hizo visible al grupo de desordenados, informándoles de lo sucedido al paciente e indicando la suerte que corrió.

– Pero es nuestra... la estás robando... ella misma nos llamó... no es justo que los buenos anden vilipendiando cadáveres y robando lo que nos pertenece...

– Leda es hija de Dios, como todos lo somos, hermanos míos – respondió, serena y firme, la entidad que se dirigió a ellos. Es el mismo destino que el Padre os ha ofrecido se está extendiendo a todos vosotros. Si son tan amigos de la hermana como dicen, podrán seguirnos hasta el mismo destino que ella para visitar el hospital donde será ingresada y, si lo aceptan, recibirán la ayuda que necesitan por igual.

– ¿Cuánto costará? En esta vida todo tiene un precio... nadie da nada gratis a nadie...

– Todo el tratamiento es gratuito y puedes irte cuando quieras. No son prisioneros.

– ¿Va a tener fiesta? Nos encanta el rock... –. gritó uno de los más frívolos.

– Habrá una fiesta del bien, para que los dolores que conquistamos en los meneos sean tratados y realmente nos alivien.

– ¡Ah! Qué cosa tan aburrida. No lo haré... –. respondió el infeliz.

– Pero eres solo uno. La invitación es para todos. Si quieren acompañarme, solo síganme.

Con estas palabras, el espíritu se encaminó hacia la respectiva escalera, buscando la salida del hospital, en la cual fue seguido a distancia por algunos de los "amigos" de Leda, mientras otros se burlaban, sembrados allí esperando el botín que, pronto, serían devueltos al barro de la Tierra.

El amparo de emergencia en el caso Leda había posibilitado algunos recursos para paliar el tormento de las primeras horas de desencarnación, no solo para ella, sino también para más de una decena de espíritus perniciosos que, curiosos, habían aceptado la invitación para conocer sus nuevos alojamientos como les fueron prometidos por la generosa entidad que los guio hasta el Centro Espírita.

Dado ese primer paso, serían enviados allí de acuerdo con sus disposiciones, aprenderían de otras personas afligidas que era posible superar las dificultades y encontrar la esperanza de un nuevo comienzo.

En el fondo, esa institución era el mismo Jesús exclamando:

"Venid a mí todos los que estáis afligidos y abrumados, que yo os aliviaré. Carguen con mi yugo y aprendan de mí que soy manso y humilde de corazón y encontrarán descanso para sus almas, porque mi yugo es suave y mi carga es liviana." (Mateo 11:28–30)

22. El esfuerzo de Aurélio

Siguiendo el programa de trabajo intenso, Bezerra, Jerônimo y Adelino continuaron para encontrarse con uno de los emisarios celestiales en una misión de reeducación con las almas perdidas en una etapa evolutiva en la Tierra.

Liderados por la vigorosa mente del Doctor de los Pobres, el grupo aparca en una concurrida región de una gran metrópoli brasileña, en la que la concentración de vicios de todo tipo transformó el entorno en una verdadera sucursal de la oscuridad.

En todas partes, las almas dementes seguían el lado del encarnado como si fueran dos o más personalidades compartiendo un solo cuerpo. Pegadas unas a otras, existía tal armonía entre las inteligencias asociadas con el crimen o los excesos de todo tipo, que desde el punto de vista del grupo no era posible concluir quién comandaba a quién.

En la calle, los vivos se juntaban en pandillas o grupos más pequeños, perdiéndose en el comportamiento humano inadecuado. Dando rienda suelta a los peores instintos, confundieron la libertad de expresión con una conducta sin juicios ni ataduras morales y, usando el velo de la noche, vivieron las emociones más bajas como si fueran un derecho que la vida les garantizaba, sin ninguna referencia a las consecuencias de su ejercicio.

La prostitución de ambos sexos fue solo un pequeño aperitivo en este gran festival de alucinaciones. La violencia y las drogas, la promiscuidad y el libertinaje marcaron la mente inadaptada de cada individuo. La vía pública de la gran ciudad moderna se había convertido en la antigua Roma, con sus callejones inmundos como escenario de los espectáculos más dantescos que la torpe inteligencia pudiera imaginar. Jóvenes, casi adolescentes, sin una guía segura, se involucraron con hombres y mujeres maduros en busca de emociones fuertes, en el mercado humano que prometía placeres a cambio de un pago. Después del anochecer, la calle se convirtió en territorio de nadie, cuando ni siquiera la policía se involucró directamente en la represión o control de la conducta, dando a los integrantes de esa triste fauna la idea de libertad sin límites, favoreciendo la conducta criminal sin ninguna represión legítima.

Las peleas eran constantes, rutinarias, como explosiones ocasionales que terminaron en golpes, agresiones y gritos.

El espectáculo cotidiano era repugnante e indigno del llamado ser humano civilizado, considerando que había más orden y respeto entre los miembros de una manada o jauría que entre esas criaturas.

Y si la realidad física ya era escalofriante, ante la entrenada observación de los espíritus amigos, los escenarios se volvieron aun más grotescos.

Entidades monstruosas dominaban a los muchachos y jovencitas como pulpos con sus tentáculos penetrantes, conectados magnéticamente a las regiones cerebrales y físicas más frágiles, que estimulaban o excitaban para extraer las emociones más primitivas.

El panorama vibrante era tan dantesco, que los visitantes del plano espiritual necesitaban un gran autocontrol para no desistir de la tarea, saliendo del lugar.

En la dimensión invisible, las atrocidades en esa zona de la ciudad se multiplicaban. Jaurías de entidades transitaban, siguiendo el flujo de los encarnados, atacando a otras entidades que secuestraban para utilizarlas como sirvientes de sus intereses. Invadían las mentes con el poder de penetración e influencia, succionando la energía vital de los encarnados.

Lugar de intensas disputas de poder, facciones espirituales se enfrentaron en disputas directas, con ataques y contragolpes, llegando a la lucha cuerpo a cuerpo que solo terminó cuando los más violentos intimidaron a los demás.

Era la plena ley de la selva, a pesar de ser observada entre seres que ya habían alcanzado la condición de humanidad.

Y tales espíritus disputaban entre ellos el dominio sobre sus propios encarnados, tratando de quitarse los cuerpos de los vivos que los alimentaban con hambre de fluido vital o aquellos que se sumaban a las prácticas indignas a través de las cuales podían compartir emociones primitivas.

Los encarnados, por tanto, no eran más que mercancía barata, un trozo de carne colgado de la tienda de adicciones, manipulado por quienes conocían su debilidad moral.

Cuanto más se adentraban en estos dominios, más perdían su propio dominio, he aquí, los choques vibratorios y el desgaste de las emociones redujeron al encarnado a la condición de un verdadero trapo humano, defraudando su energía vital y comprometiendo su campo fluidico.

Era evidente y visible el bajo nivel de quienes coincidían allí, comenzando por las aberraciones de la ropa y los comportamientos exóticos. En el fondo, todos buscaban una felicidad que no sabían qué era ni dónde y cómo lograrla.

Este era el panorama que vislumbraba el grupo espiritual, apenas los tres llegaron a ese ambiente, obligándolos a ejercer la rigurosa disciplina del pensamiento para que la concentración les permitiera el desempeño de la tarea.

Usando su poder de sintonía, Bezerra no tardó más que breves momentos en ir con los dos amigos a un gran sitio abandonado que podía depositar desechos de un vecindario incivilizado, que prefirió deshacerse de la basura en ese lugar, cooperando con el esfuerzo comunitario de recolección de residuos que mantiene el municipio.

Era un verdadero foco de insectos, roedores y animales venenosos, además de refugio perfecto para los desocupados que, penetrando por diferentes aberturas o saltando el muro circundante, encontraron allí una verdadera plaza para la práctica de su locura.

Los actos sexuales ocurrieron sin pudor, consensuados o forzados. Los drogadictos podían consumir estupefacientes sin problemas, lejos de la mirada de uno u otro vehículo de vigilancia que, esporádicamente, tomaba esas calles.

Los ladrones se escondieron entre los escombros donde también ocultaron el producto de sus robos.

Los recién llegados se acercaron, buscando un lugar específico en la parte trasera del lote baldío.

Allí, un joven que había bebido demasiado y una chica lo acompañaba en su locura. Ambos en su adolescencia, no tenían más de 17 años.

Eran socios de una empresa extraña.

El muchacho conseguía la droga que compartía con la chica a cambio de favores sexuales que esta le hacía. A pesar de esto, no eran unos de los peores visitantes de esa guarida.

Cuando llegaron los espíritus, los dos se encontraron en la euforia de las emociones físicas, rozando la brutalidad carnal por los excesos que la cocaína provocaba en la psique enferma.

En la dimensión espiritual; sin embargo, el panorama fue más dramático.

Aprovechando la sintonía, conectadas a los dos encarnados por los conductos magnéticos, ocho monstruosas entidades contorsionadas, ligadas entre sí, gozando de los efectos de la droga y de los apetitos carnales con que se nutrían, como la planta que vive de la savia producida por otro que lo hospeda y que, poco a poco, va matando.

Ninguna de las entidades se molestó por la llegada de los visitantes, ya que no lograban percibir su presencia y por qué estaban tan alienados en el animalismo en el que vivían, que no serían capaces de percibir nada a su alrededor.

Fue entonces cuando se escuchó una voz amiga, en medio de los gritos, aullidos y ladridos que dominaban el paisaje auditivo.

– Hola, Bezerra, ¡me alegro que hayas venido! – Exclamó el noble Aurélio, con serenidad.

– ¿Cómo no venir a tu encuentro, querido hermano? Incluso a distancia, seguimos vibrando por tus esfuerzos, conscientes de la rugosidad del terreno que se te encarga de hacer producir. Nuestra conducta está inspirada en tu heroísmo y nuestras fuerzas quieren encontrar combustible en tu devoción – respondió Bezerra con reverencia.

– Sí, amigo mío, todos necesitamos encontrar fuerzas en Jesús para dar lo mejor de nosotros en un entorno tan desfavorable. Como puedes ver, el ser humano sigue siendo casi el mismo, aunque la historia ha demostrado cuántas tragedias podrían haberse evitado con un poco de moderación y juicio.

Aquí estamos frente a las fuerzas primitivas de la vida, cobrando un alto precio a los que delinquen por placer, a los que eligen mal y, después, no tienen la fuerza suficiente para corresponder a la cosecha de los resultados.

– Observamos este error en todos los ámbitos de la vida humana, Aurélio. ¿Cuántas personas sanas se enferman por los excesos del tenedor, el vaso o cualquier vicio de la voluntad y luego se rebelan contra Dios, que no los protegió ni los curó? Todos los días tenemos frente a nosotros espíritus encarnados y desencarnados que están heridos por el gusto o el placer, pero que se niegan a tomar la medicina prescrita para restaurar su salud. Estás lleno de razones cuando dices que solo utilizas a Jesús para no desanimarte y entusiasmarte en el ingrato servicio de ayudar a los que no quieren ayuda.

Dirigiéndose a la pareja que ofreció el triste espectáculo, Aurélio continuó explicando:

– Mirando a nuestros hermanitos encarnados, observamos que se encuentran en la fase primitiva del deseo físico, sumado al desgaste resultante de la voluntad adicta a la droga. Cualquiera que los vea aquí se escandalizará de todo lo que están haciendo. Sin embargo, amigos míos, ¿cómo los interpretaríamos si supiéramos su verdadera historia?

Frente al silencio de los oyentes, Aurélio prosiguió:

– Bueno, aquí no tenemos dos desconocidos. El chico que se droga para compartirlo con la chica que se entrega a disfrutar del sexo, de hecho, fue iniciado en la adicción por sus propios padres. En su vida, la cuna no significó un acogedor refugio de esperanza y fortalecimiento para la vida.

Ambos fueron tratados, desde temprana edad, como obstáculos de los que se necesitaba alguna ventaja.

Así, cada uno a su tiempo, en lugar de la escuela que construiría el carácter, recibió la lección de la violencia y el egoísmo, golpeados cada vez que regresaban sin los logros esperados.

Sufrieron el hambre y la dureza de quienes, en lugar de consolarlos, los explotaron de la peor y más sórdida forma.

Mirando sus historias personales, no es sorprendente que sean lo que son hoy.

En cierto modo, a pesar de toda la locura en la que viven, se expresan el uno al otro el deseo de afecto que les fue negado en la formación del carácter.

Él, sin padre y sin apoyo, agrada a su pareja compartiendo la droga corrosiva, como el padre que lleva pan o leche a sus hijos hambrientos, abasteciendo el hogar.

Ella, agradecida por el gesto de atención que nunca había recibido de nadie más, responde a sus necesidades fisiológicas entregándose, utilizando el cariño sexual para expresar gratitud.

Ambos están completamente equivocados en la forma en que ejercitan la emoción. Sin embargo, si nos sumergimos en la tragedia de cada uno, observaremos que lo que estamos viendo corresponde a una forma de expresar una afectividad que les fue negada y que, aunque de forma inadecuada, están intentando rescatar.

Todos tenemos sed de afecto y, en el caso de estos, cualquier juicio prematuro que se hiciera no nos permitiría cumplir con la responsabilidad de guiar a estos espíritus, haciendo la voluntad del Padre.

Las revelaciones de Aurélio tocaron el corazón de los tres amigos que lo escucharon, admirados.

Fue durante este receso que, aprovechando la oportunidad, Jerônimo preguntó:

— Y en ese caso, noble amigo, ¿cómo fue posible que dos espíritus tan necesitados terminaran encontrándose en una ciudad tan gigantesca? ¿Qué mecanismos secretos podrían estar detrás de una afinidad tan dañina y amorosa al mismo tiempo?

Entendiendo el tema en su lado más profundo, Aurélio no perdió la oportunidad de explicar:

— Ciertamente, amigo mío, las leyes espirituales son inflexibles y se manifiestan en su sabiduría incluso cuando aparecen los sucesos más inverosímiles. A pesar de ello, nuestros pasos buscan la compañía de aquellos con los que hemos asumido compromisos. De la misma manera que llegaron aquí sin conocer mi ubicación gracias a la capacidad de sintonizarnos, nuestra vida también busca el uso de experiencias en el bien, como en la reanudación de las alucinaciones en el mal.

La afinidad une a las personas incluso cuando no parecen apoyarse entre sí.

¿No conoces los famosos casos de matrimonios entre personas que siempre han sido hostiles entre sí? ¿Personas que no se soportaban, que peleaban cada vez que se encontraban y que, después, terminaban en el altar intercambiando anillos para asombro de todos?

Por ello, los dramas morales de estos jóvenes son lazos que los unen y, a pesar de los inadaptados a los que se entregan, de una forma u otra se encuentran en proceso de sublimación espiritual. No olvidemos que, a pesar de pertenecer a la familia de los metales, el oro se diferencia mucho del hierro en cuanto a valor, belleza y características específicas.

Sin embargo, tanto el oro como el hierro deben pasar por el crisol que los funde para poder purificarse.

Como todos los hijos de Dios, necesitamos ser derretidos a altas temperaturas para que la impureza sea expulsada de nuestra constitución íntima, posibilitando su purificación y mejora en el largo camino de regreso al Padre. Y no haya coincidencias ni accidentes en esta vida.

Todos los que se encuentran en este entorno, incluidas aquellas entidades perturbadas que hacen uso de los malos hábitos de los encarnados que chupan, tienen una sintonía similar y padecen la misma enfermedad. Sin embargo, esto no significa que hayan estado vinculados a los jóvenes desde el pasado. De ahí que cuando los dos se vayan de aquí, estas entidades acecharán a otras víctimas y se entregarán a los mismos procesos de vampirización, más en sintonía con el interés del momento que con los que lo lideran.

Por otro lado, se darán cuenta que quienes permanecen unidos en la virtud o la adicción tienen en común un bagaje que los atrae, haciéndoles más fácil vivir experiencias que los construyan en el amor o el dolor.

Cualquier persona desprevenida que los pillara en esos momentos de locura estimulada por la droga y la promiscuidad los consideraría dementes, vagabundos e incivilizados, llevándolos a la cárcel.

Sin embargo, donde los hombres ven el consumo de drogas y la práctica del sexo animal, la bondad de Dios sabe ver el embrión del amor, la solicitud, la cooperación y el compañerismo, llevándolos a la indispensable alfabetización moral, en la que, a través del renacimiento, ambos volverán a aprender el camino del bien, sin las ilusiones que ahora los ciegan.

No queremos decir, por tanto, que la sociedad deba elogiar esta conducta, que, por cierto, en términos individuales o colectivos, necesita ser comedida, contrarrestada con medidas saludables y reformadoras que se apliquen desde la cuna, evitando la debacle que hemos visto.

Entonces, Jerônimo, para no detenernos en divagaciones intempestivas, podemos decir que los dos se buscan porque se conocen desde hace mucho tiempo y que, con el tiempo, se apoyarán mutuamente.

No te alarmes, por tanto, con la coincidencia de haberte encontrado en este inmenso pajar que constituye esta vasta comunidad. El hierro siempre encontrará el imán, por más perdido que esté en medio de la pobre pajita, de la misma forma que el imán te atraerá a las experiencias comunes en las que estás sintonizado.

Ahora, lo más dramático de estos dos, lamentablemente, es el hecho que son hermanos de sangre, mal guiados por los mismos padres, victimizados por el mismo hogar inadaptado. Habían sido colocados bajo el mismo techo para que, viviendo juntos de nuevo, pudieran sublimar los viciosos atractivos en los que ya se habían perdido, aprendiendo el amor de un hermano. Sin embargo, por falta de una orientación adecuada, volvieron al mismo contacto íntimo que ayer, que ni la identidad de sangre ni la apelación al sentido común pudieron evitar.

Espero aquí la disminución de la euforia que produce la droga y el sexo para ayudarles a afrontar los momentos de arrepentimiento que siempre ocurren después de tales desvaríos, tratando de inculcarles pensamientos nobles, aprovechando el embrión de amor que alimentan hacia el otro. Quién sabe, aunque como hermanos de sangre, la relación incestuosa que mantienen por asociación en la adicción puede convertirse en una unión afectiva sincera, gracias a la cual comienza el rescate de sus almas para sentimientos de responsabilidad más nobles en el futuro.

Nunca estaremos ayudando si desperdiciamos oportunidades para el bien, incluso si se construyen con el material de la casa arruinada por los errores ya cometidos.

En nuestro caso, la fraternidad que comprende es anterior a la noción de caridad que ayuda y orienta sus medidas. Seremos muy felices si, luego de la euforia de la droga y madurado en espíritu, logramos convertir la asociación por la adicción en un amor sincero el uno por el otro, capaz de sacarlos de este mundo de perversidad.

Puedes pensar: ¡Pero son hermanos de sangre...!

Sí, nacieron en el mismo hogar, hijos de padres normales. Pero la familia los trataba como animales, así que ahora se aman como animales. En su caso, entonces, ¿no es un progreso notable superar el amor animal para empezar a amarte a ti mismo como hombre y mujer?

Si aprenden el amor del hombre y la mujer, darán un paso importante para comprender otros conceptos más nobles para el ejercicio de la afectividad.

La vida nos enseña, queridos hijos, que hay un largo camino por recorrer entre el bien y el mal. Cada uno tiene su propia velocidad y elige la forma en que camina. En cuanto a nosotros, tenemos que ayudarlos a caminar, estimulándolos en cada etapa, hasta que se den cuenta que solo les corresponde a ellos llegar al final.

La enseñanza liberadora había llegado a su fin.

El éxtasis físico había cesado en la pareja que, sin saberlo, recibió la atención del amor espiritual que representaba Aurélio. El sueño físico los conduciría a ambos al mundo de la verdad, y luego, aprovechando la oportunidad, el santo que los protegía los envolvería con su atmósfera de pureza, quién sabe, tal vez para despertar un cariño diferente que pudiera sacarlos de esa guarida de perversidades.

Así fue como el amor visitó el mal para conducirlos pacientemente en la dirección de lo correcto.

23. Escuchando a otras almas

— ¿Estás lista, Jandira? — Preguntó ansiosa la médium Marieta.

— No estoy lista, ¿verdad, Mari? Estuve pensando en este plan de la sra. Gertrudes toda la semana. ¿Cómo empezamos a hablar con gente de otro mundo? Si no fuera por su apoyo, creo que habría saltado de este loco proyecto.

Marieta se reía de su amiga, mientras ambas se dirigían al Centro Espírita donde, esa noche, se reuniría el grupo de obras mediúmnicas, como ocurría todas las semanas.

— Te ríes porque tu puesto es menos espinoso que el mío. Basta cerrar los ojos y ver el mundo espiritual, escuchar sus conversaciones, abrir la boca cuando alguno de ellos quiera hablar o describir lo que está viendo gracias a la mediumnidad de la clarividencia. Si lo piensas, no necesitas hacer nada, simplemente registrar lo que sucede. Ahora, ¿has pensado en mí? ¿Conducir una conversación con un espíritu que ni siquiera sé que es un espíritu? Sigo pensando cómo empiezo la "conversación": Hola, tu espíritu... ¿eres realmente un espíritu? Pero, ¿por qué tienes esta cabeza grande? ¿No podrías presentarte un poco más, digamos, lindo? En tu mundo, ¿tienes bistec con papas fritas? ¡Ahora! Marieta, ¿has pensado en mi problema?

— Mira, Jandira, sé natural. No olvides que estamos bajo la guía de nuestros mentores espirituales, quienes te podrán intuir para que tus ideas ayuden a la entidad a manifestarse, dentro de los temas que te parezcan más importantes. Recuerde que la propia sra. Gertrudes nos alertó sobre el hecho que este contacto solo ocurrirá si nuestros líderes invisibles lo permiten.

– Por eso no salté, amiga. Si estoy aquí con ustedes es por la certeza que son nuestros mentores quienes nos guiarán. Pero, aun así, sigo reflexionando sobre los temas que les parecen más adecuados. Además, hay un grupo de "orejas de pie." ¿Sabes, no, Mari? Aquellos que entre un espíritu y otro están escuchando a escondidas lo que está pasando con el médium al lado. ¿Alguna vez te has preguntado si alguno de ellos me oye preguntar, por ejemplo: ¿por qué? hermano mío, ¿de qué sistema estelar eres? ¿Cómo es tu nave? Esto creará un gran problema para nosotros y para la sra. Gertrudes. Entonces, nos quedaremos atónitas, atrapadas en susurros y, lo que es peor, perturbadas por el ruido de las otras demostraciones que nos impiden entender lo que ustedes están diciendo.

La conversación estaba en ese diapasón cuando llegaron al centro.

Nadie más, aparte de las dos trabajadoras y la líder del grupo, estaba al tanto de la tarea que se llevaría a cabo esa noche en el modesto lugar de las reuniones.

Al mismo tiempo que los médiums iban a trabajar en la Casa Espírita, mucho antes que ellos estaba la señora Gertrudes, ordenando la habitación, preparando el ambiente físico con poco cuidado como colocar la jarra de agua, vasos, colocar las sillas, limpiar el piso por si fuera necesario mejorar el aspecto del lugar, ventanas abiertas para facilitar la ventilación mientras no comenzaba el encuentro, además de sintonizar con los líderes espirituales que, mucho antes que la propia Gertrudes, estaban dinamizando la psicósfera reinante para para la realización de metas espirituales, en el envío de entidades afligidas y mensajes edificantes, dirigidos a los miembros del grupo.

Dentro del plan de trabajo, los mentores responsables eran conscientes que las dos compañeras se dedicarían a la experiencia del contacto mediúmnico con entidades visitantes de otro orbe.

De hecho, Marieta llevaba mucho tiempo trabajando para que sus observaciones llevaran a la conversación con Gertrudes, de la misma forma que ayudaron al responsable de la obra a tener la mente abierta sobre estos temas.

Entonces, no fue un evento que hubiera sido causado por los encarnados y que terminó en el mundo de los espíritus. Al contrario, había sido sembrada por los líderes invisibles como una experiencia importante para el aprendizaje común y para la constatación de la solidaridad entre las humanidades.

Germano, el líder principal, acompañó a Gertrudes mientras el trabajador ordenaba la habitación antes que llegaran los trabajadores. A través de los canales intuitivos, les estaba dando las pautas:

– Hija, el esfuerzo de hoy será una gran oportunidad para responder a los dictados superiores que quieren que nuestro corazón esté en sintonía con la fraternidad del universo. Nuestras hermanas deberán superar la barrera natural que naturalmente las mantiene un poco asustadas, incluso si cuentan con su cooperación, en el sentido de la sintonía adecuada.

El miedo o la falta de serenidad para entender la amplitud de esa hora puede hacer que se pierdan largos períodos de preparación que nos han costado mucho esfuerzo.

Mientras Germano hablaba, Gertrudes, que no lo escuchaba con sus oídos físicos, recogía sus ideas como si hablara sola:

– Sí, hoy es el día en que Marieta y Jandira iniciarán la ejecución de nuestro plan. No debe ser fácil para ellas ser los vehículos para la manifestación de estas inteligencias visitantes. Sigo pensando que, si notara su presencia, podría estar dispuesto a huir del trabajo por las mismas razones que afirmaron en nuestra primera conversación. Sobre la base de nuestros esfuerzos, tenemos líderes espirituales que, si están permitiendo que esto suceda, no es sin razón.

— Entonces, hija — respondió Germano, dándole tiempo a Gertrudes para que aceptara sus intuiciones y razonara con él — esta es una gran verdad. Todo lo que está sucediendo es el resultado de un largo esfuerzo de todos nosotros con un objetivo determinado. ¿Y qué puedes hacer, como líder de este grupo, por los espíritus y nuestras dos dedicadas hermanas?

Gertrudes tomó la pregunta como si se estuviera preguntando a sí misma:

"Entonces, Gertrudes", se decía a sí misma, "si no debería ser fácil para nadie, ¿qué puedes hacer para reducir los obstáculos y ayudar a las chicas?" Ciertamente me gustaría estar en un ambiente menos público, alejado de la curiosidad natural de mis amigos y vecinos en la silla, despreocupada por lo que pudieran escuchar y con la interferencia mental negativa que podría poner en peligro la delicada sintonía del intercambio mediúmnico.

Feliz con sus propios pensamientos, aceptando la reflexión y el llamado de Germano, Gertrudes pronto tuvo una idea:

— Creo que sería oportuno que Marieta y Jandira no se sentaran a la mesa, junto al resto de médiums, como es habitual en todas las reuniones. Colocándolas en una mesita separada del grupo, nos aseguraremos que permanezcan unidas al trabajo, al mismo tiempo que las aislaremos de la participación involuntaria de cualquier curioso que, por el rabillo de la oreja, escuche algo muy diferente.

Aprobando la solución del líder iluminado, Germano hizo caer un chorro de energías estimulantes sobre su centro cerebral, comunicando su acuerdo a través de una alegría interior que brotó, pura, en el alma de Gertrudes.

– Así es, hija mía – exclamó –. Será muy útil para las dos amigas estar un poco alejadas del grupo para que la delicadeza de la tarea no se vea comprometida por accidentes en el camino. Sin embargo, esto debe hacerse de tal manera que no despierte sospechas en la curiosidad de los otros trabajadores que, como seres humanos, seguramente querrán saber el motivo de los cambios. Muchos llevan un alma marcada por frustraciones y represión, complejos de inferioridad o limitaciones de personalidad que no entienden ningún cambio en las rutinas que involucran a otras personas. Pronto se imaginan que se trata de privilegios o protecciones, preferencias o favores inconcebibles. A través de estas brechas en el pensamiento, las entidades inferiores pueden penetrar y perturbar el equilibrio del grupo. Cualquier idea menos elevada es el foco de posibles malentendidos, muchos de los cuales ocurren fuera de la Casa Espírita, a través de teléfonos y correos electrónicos a través de los cuales los descontentos o insatisfechos se unen en grupos inadaptados y comienzan a apoyarse en comentarios calumniosos o negativos, convirtiéndose en opositores a la obra.

"Debo tener cuidado", pensó Gertrudes seriamente, "para no crear mayores problemas con una actitud aparentemente inocente."

Después de pensar un poco más, pronto se le ocurrió la solución.

– Ya sé. Como Marieta estará en armonía espiritual, e incluso podrá escribir lo que está viendo o escuchando, justificaré la medida explicando que se ha inclinado por el desarrollo de la psicografía y, por tanto, comenzaremos a formar esta facultad, con el apoyo de Jandira. Por tanto, no sorprenderá el hecho que ambos se coloquen sobre la mesa por separado, fuera del circuito mediúmnico normal para los fenómenos de psicofonía. No creo que a nadie le resulte extraña esta medida.

Y tan pronto como se le ocurrió la idea, Gertrudes se puso manos a la obra, yendo en busca de los referidos muebles con dos sillas para acomodarlos en un mismo ambiente de trabajo, pero lo suficientemente alejados del mayor contingente de trabajadores, garantizándoles serenidad y despreocupación. para que puedan comprometerse mejor con los objetivos conocidos.

* * *

Cuando llegaron los trabajadores del grupo, por lo tanto, ya lo tenía todo listo y doña Gertrudes estaba lista, dando ejemplo de disciplina y seriedad, corrección y celo, abrazando a cada uno de ellos en la bienvenida que representa la sincera tarjeta de visita entre hermanos que comparten el mismo ideal de servir.

Cada uno acostumbrado a sentarse en un lugar específico, según las actividades mediúmnicas de esclarecimiento o donación de energías a las que se les ofreció, tomaban sus asientos.

Pocos notaron la presencia discreta de la mesa fuera de la sala.

Siguiendo las disciplinas establecidas por los líderes espíritas, el lugar no era para conversaciones sociales. Fue un momento de introspección y concentración, buscando estar en sintonía con las energías del entorno y armonizar con los mentores responsables de cada trabajador, los guardianes y garantes del equilibrio para el desempeño de las tareas a las que cada uno estaba vinculado. Si no se permitía la conversación, se fomentaba la lectura hasta el comienzo de la reunión. Alta, instructiva, alentadora a la lectura, ayudando al propio trabajador a adquirir experiencia y educación por sí mismo. Muchos de ellos llegaron al trabajo, acosados por dolores íntimos, heridos en la emoción personal, agobiados por los conflictos familiares, víctimas de la persecución de muchas entidades que intentaron alejarlos de la lucha espiritual, endureciendo su asedio y tormento para masacrar su estado anímico.

Con tales estrategias, los colaboradores encarnados habían desarrollado un cierto grado de disciplina que servía de barrera segura contra el embate de la marea invisible proveniente de los espíritus inferiores, en una especie de rompeolas lo suficientemente robusto para soportar las olas desfavorables, sin ceder a los estados de abatimiento, cansancio o disgusto.

Cada uno que llegaba estaba envuelto por Gertrudes en un ambiente de afabilidad y energía positiva, quien se interesaba por el estado personal del trabajador, observando las condiciones generales para el desempeño de la tarea, además de recibir peticiones específicas de oración por parte de aquellos en apuros. De otros escuchó noticias sobre las sensaciones orgánicas que azotaban sus cuerpos justo en las horas previas a la tarea de la semana, ofreciéndoles siempre una aclaración segura y dándoles serenidad para que comenzaran las actividades.

Fue así como, con la misma naturalidad, vio llegar a Marieta y Jandira. Después de los rápidos saludos, las hizo a un lado e informó, sin más detalles:

– Hijas, por razones que ya conocen, a partir de hoy, ambas se sentarán en una mesa auxiliar, alejadas de la curiosidad de las demás. Diríjanse hacia allí. Ya dejé lápiz y papel para las notas necesarias. Permanezcan en oración y no hablen con nadie. Antes de comenzar el trabajo, explicaré a todos el porqué de nuestra medida. ¿Lo entienden?

Una sensación de alivio se apoderó de las dos trabajadoras.

– ¡Ah! No sabe lo buena que es para mí esa medida, señora Gertrudes – dijo la médium Marieta.

– Más aun para mí – completó Jandira, igualmente tranquila. Parece que usted escuchó mis oraciones. Incluso ahora, las dos estábamos hablando mientras estábamos aquí, sobre las dificultades del trabajo de hoy, hablando de este problema, entre otros.

– Bueno, está hecho. Y después que todo haya terminado, no hables del resultado con nadie más, excepto conmigo. ¿De acuerdo?

– De acuerdo, sra. Gertrudes.

Entraron rápidamente y fueron conducidos por la líder a la mesa lateral donde se sentaron, colocándose en sintonía para el inicio de las actividades.

Tan pronto como lo hicieron, los espíritus amigos las envolvieron en una especie de burbuja vibrante de aislamiento. Se consolidaron dos ambientes, de tal manera que, en cada uno de ellos, se desarrollara una actividad, sin interferencias perjudiciales.

Entre los trabajadores presentes, a pesar de todas las advertencias de la disciplina laboral normal, dos señoras que mantuvieron los ojos abiertos vieron cuando Gertrudes dirigió a los recién llegados a la mesa auxiliar.

Fueron Laura y Neide, quienes estaban observando el hecho.

Los espíritus protectores que trabajaron el equilibrio de ambas pronto se resintieron por el choque magnético producido por la inversión de la corriente mental nacida en la mente despreocupada e incontrolada de ambas. Esto se debe a que, en lugar de seguir usando el pensamiento en el sentido positivo de afinidad vibratoria, ambas se desconectaron de la oración y la elevación para juzgar por qué las otras dos, Marieta y Jandira, se estaban separadas del grupo.

Laura, indisciplinada, inmediatamente pensó:

– ¡Ah! ¿Qué pasó con estas dos para estar allí? ¿Un grupo especial dentro del grupo? ¿Por qué Gertrudes las privilegia? ¿Por qué no fui elegida para estar allí? ¡Ah! estas dos deben estar pensando que son las más grandes. Así es como comienzan las divisiones. No es de extrañar si, en algún momento, el grupo se rescinde, con comportamientos discriminatorios como este.

Junto a Laura, su amiga Neide también pensó en sus alas.

– ¿Qué pasó con estas dos? Debieron haber hecho algo malo para ser apartados del grupo. ¡Venga! Y nadie me dijo nada. Necesito saber qué pasó, porque no es normal que la señora Gertrudes saque a un trabajador de la rutina del servicio. Si están ahí, aislados es porque hicieron algo feo. Alguien más debe estar al tanto. Después del trabajo, llamaré a Laura y preguntaré. Esta sra. Gertrudes es puro fuego, ¿ves? Parece una sargentona. ¡Ah! si fuera yo, no aceptaría pasivamente esta discriminación. Es una lástima permanecer así, alejado de los demás. Parece una cosa criminal. Santo Dios. Si alguna vez me hace eso, o me explica la razón de inmediato o nunca volveré aquí.

Al final resultó que, el pensamiento que debía estar en sintonía con las entidades amigas que se ocupaban de la preparación mental para el trabajo, se perdió en la mezquindad de estas dos almas que, a pesar de decirse dedicadas al trabajo del bien, se negaron sistemáticamente al autocontrol, dominando la dirección del pensamiento, demostrando los torpezas interiores que marcaban su personalidad inmadura, cultivada por una vida de facilidades materiales, frustraciones afectivas y necesidades emocionales de todo tipo, propias del alma que cultiva la vanidad y el orgullo.

Ambas, a pesar de pretender ser obreras espíritas, se negaron a promover la reforma de sus propios defectos.

Con eso, sus mentores espirituales sufrieron mucho porque, semana tras semana, necesitaban drenarse del ambiente psíquico de cada caldo viscoso de sustancia mental negra, tratando de prepararlos mejor para que pudieran lograr algún intercambio con el mundo invisible. Y cuando eso sucedió satisfactoriamente, las entidades que se manifestaron a través de ellos eran espíritus inferiores, que orbitaban sus psicósferas personales, atraídos por los celos o los malos juicios que hacían de los demás.

Esto solo se mitigó cuando doña Gertrudes, que dirigía la obra, tomó la palabra y, antes de iniciar la reunión, explicó a todos sobre la diferente medida esa noche, citando la experiencia de escribir como motivo para alejar a las dos trabajadoras de los demás.

Sin embargo, incluso con la convincente explicación de Gertrudes, tanto Laura, como Neide no se libraron de su propia maldad.

La primera, antes de comprometerse con la oración inicial, todavía pensaba para sí misma:

– Sí, puede ser por la psicografía, pero deben ser los niños mimados de Gertrudes, eso es. ¿Por qué no hizo eso conmigo? También me gustaría ser un médium psicográfico.

Y mientras esto sucedía en la cabeza de Laura, su amiga Neide meditaba:

– Está bien, puede parecer una buena razón, pero... ¿quién garantiza que no es solo una excusa bien hecha para aislar a quien hizo algo mal? Sí... esta señora Gertrudes no da un punto sin nudo... donde hay humo hay fuego... Bueno, pero déjame rezar porque empieza el trabajo y hoy es el día de limpiarme de lo malo que me ha perseguido durante la semana.

* * *

Así, cuando el trabajo era organizado de manera segura y consciente por el líder encarnado, ahora le tocaba al mundo invisible proceder con sus planes, asistiendo a todos en percepciones mediúmnicas que facilitaran la atención de las aflicciones de entidades necesitadas o que permitieran la llegada de altas orientaciones dirigidas a cada uno de los presentes, aunque Laura y Neide siempre pensaron que no necesitaban ningún intercambio, ya que se consideraban preparadas para ingresar a los niveles superiores.

En la mesa de Marieta y Jandira, el líder espiritual Germano se había posicionado para apoyarlas, dejando el mando de su asistente Eriberto para realizar las demás tareas relacionadas con los otros médiums y diálogos de la noche.

Con el mismo criterio de amor y energía, Germano había creado el campo mental adecuado para que las entidades visitantes pudieran corresponder a través de la sensibilidad de Marieta.

Conociendo el delicado tejido de la mediumnidad, el director de obra, en sintonía con el administrador de la facultad de mediumnidad de Marieta, decidió utilizar, inicialmente, el mecanismo de la clarividencia consciente, induciendo al periespíritu del médium a apartarse ligeramente de su cuerpo. facilitando la captura de las vibraciones del plano menos denso. Luego, como una sonámbula en trance superficial, Marieta pudo ver a las entidades visitantes, escuchar sus explicaciones, usar su dispositivo de habla para describir lo que era importante, mientras recogía las preguntas de Jandira a través de los canales auditivos, respondiéndolas para que la amiga lo anotara.

Quedaba, ahora, involucrar a Jandira en el ambiente adecuado para que no obstaculizara la manifestación espontánea de las entidades visitantes ni permitiera preguntas incompatibles con los altos objetivos.

Si todo va bien, esta sería la primera de muchas otras experiencias capaces de producir buenos frutos para ambos lados de la vida.

Conectado directamente con la mente de Jandira, Germano comenzó a influir en el centro del pensamiento y el habla mediante robustas cuerdas fluidicas, infundiendo serenidad y confianza en quien estaría a cargo de realizar la entrevista.

Y cuando comenzó el encuentro mediúmnico, Germano trajo esbozados los temas principales para sembrarlos en la mente de la conferencista, utilizándolos como herramientas de investigación.

24. La entrevista

Con el apoyo de los espíritus responsables del trabajo que se había programado para esa noche, Marieta y Jandira pasaron a la actividad que, a ojos de todos, estaba destinada a la formación de la psicografía, pero que, en realidad, proporcionaría la recolección de la primera información sobre esas entidades muy diferentes.

Como habían acordado, Marieta, a través de sus facultades mediúmnicas, observaría la mejor forma de proceder, la que le pareciera más natural. Para ello, Germano facilitó su percepción espiritual a través de la clarividencia, intuyéndola para que empezara a informar del entorno mientras Jandira anotaba la información. Con la sintonía armonizada por el ejercicio de la clarividencia, la médium ciertamente se relajaría más fácilmente, calentándose para obtener información más detallada al estrechar los lazos mediúmnicos gracias a la aproximación entre el comunicador y el encarnado.

Así, empezó a relatar lo que estaba visualizando, datos que estaban siendo colocados en papel por la atenta amiga:

– A nuestro alrededor, veo un campo de diferentes energías, como si se tratara de un gran globo de plástico, dentro del cual se encuentran nuestros mentores habituales y algunos seres diferentes. Sí, hay varios. Parece que decidieron presentarse con más claridad, como si quisieran que supiéramos cómo son. Son de diferentes tamaños y tipos. Algunos son muy altos y delgados, con extremidades alargadas y una cabeza en forma de pera o "gota de agua" invertida. Otros son mucho más bajos, aproximadamente de la altura de la manija de la puerta. Estos tienen un cuerpo más robusto y una cabeza más voluminosa, algo que recuerda a una cebolla grande. Sin embargo, aunque se ven extraños, ambos tienen tronco y extremidades que les dan un todo armónico, aunque diferente al de los humanos. En ambos, las líneas del rostro están marcadas por la casi ausencia de boca y nariz, solo hay pequeñas aberturas en lo que serían nuestras fosas nasales y una delicada y discreta fisura, sin labios, a la altura de nuestra boca. Lo que llamamos piel en estos dos es algo que parece una película de plástico flexible y le da cierta transparencia y ligereza. Esta transparencia no es desagradable porque, en lugar de permitirme ver su interior (como sería en el caso de un cuerpo humano), deja escapar una agradable luminosidad, como si a la altura del corazón hubiera un tipo de radiación plateada. azulado que ayuda a delimitar su contorno externo. A veces, los altos y los bajos intercambian algún tipo de información porque, sin tener que hablar, se miran y hacen pequeños gestos. Creo que hablan a través del pensamiento.

Me parece que el responsable de traer la información esta noche es el más alto.

Está indicando que, dentro de esta burbuja, más lejos de nosotros, se colocan otros tipos de seres para que los vea. Estos son bastante diferentes y, de acuerdo con sus instrucciones, se formaron para que pudiera verlos en detalle. Serían creaciones mentales moldeadas por su voluntad para que pudiera encontrarse con otros tipos de seres, en otros niveles evolutivos.

Uno de ellos tiene forma humana, pero tiene una cabeza de dinosaurio, como la de una película. Quizás la palabra más apropiada fue un tipo de cabeza de lagarto. Para que lo entiendas mejor, Jandira, imagina a un hombre que se pone una máscara de lagarto en la cabeza, con esa piel más gruesa que parece escamas. Entonces, es más o menos parecido. Como me informa nuestro hermano más delgado, estas son otras especies de seres menos avanzados. En realidad, no emiten ninguna luminosidad, presentando un aspecto más rústico; sin embargo, sin parecer agresivos. El que está al lado de la cabeza del lagarto, a mis ojos, tiene una cabeza parecida a uno de nuestros insectos, con esos grandes ojos saltados hacia los lados.

Como me explica el "flaco", hay seres extraterrestres en todos los sistemas y galaxias, cada uno en una etapa de evolución. Por algún mecanismo que no conozco, me hace visualizar un entorno muy bello, con vastas áreas verdes, árboles altos de corteza gruesa, mujeres de pelo largo, ojos grandes, manipulando el agua en una convivencia armoniosa con el lugar. A diferencia de los humanos en la Tierra, cuya idea de la vida material les da la impresión de estar separados de la naturaleza, estos seres están completamente integrados en ella, de donde extraen sus propias fuerzas y son capaces de actuar como condensadores de vida, ayudando a modificar su propio entorno... Para que entendamos, está diciendo que estas personas tienen conocimientos muy avanzados que les permiten construir, en ese entorno, verdaderos palacios. Sin embargo, integrados con los seres de ese orbe, prefieren construir sus casas cerca de la naturaleza y hacerlo de una manera muy bonita. Cuando quieren instalarse en una casa, traen semillas de plantas que no existen en la Tierra y las siembran en puntos estratégicos del lugar. Luego, a medida que germinan, utilizando sus propias manos y el poder del que disfrutan a través de la completa integración con la vida natural, aceleran el crecimiento de las plantas modelando el conjunto, dando lugar a muros de troncos y ramas, lucernarios para iluminación, pasajes aptos para el tránsito y la ventilación, lugares de convivencia y descanso, todo dentro de las necesidades de ese orbe y sus habitantes. Lo más impresionante es que las plantas, sintiendo el deseo de quienes las manipulan, crecen con las hojas más robustas y oscuras por fuera, protegiendo y acumulando calor, dejando esas hojas más suaves y nuevas para el revestimiento interior, cuyo verde más claro favorece la iluminación natural. En armonía con los seres vivos de ese entorno, el techo de las casas florece siempre que sus habitantes están contentos (según nuestro idioma, digamos que habla el "flaco"). La naturaleza, por tanto, es un termómetro de las emociones de estos seres, de modo que el "barrio" identifica cuando alguien no lo está haciendo tan bien, y así todos se preocupan por acudir en su ayuda para recuperar el ánimo.

El "flaco" lo dice así por falta de mejores elementos de comparación con nuestra vida en la Tierra. Naturalmente, la vida de estas comunidades tiene otras dinámicas, y las relaciones entre las personas tienen peculiaridades bastante diferentes a las de los humanos. Sin embargo, es para que podamos entender un poco cómo son las cosas en este mundo que él las está describiendo de esta manera. Es como si fuéramos a un pueblo en el bosque cuyos habitantes nunca hubieran visto una televisión. Entonces, para explicar qué es, dijimos que hay una caja de madera en nuestro mundo donde los hombres pequeños están hablando, hablando, viviendo dentro para que nosotros los veamos.

Demostrando que entendieron que los objetivos de la velada estaban ligados a un primer entendimiento, la entidad visitante interrumpió su explicación general, dejando a Marieta intrigada por su silencio.

– Jandira, dejó de hablar.

Nuestro mentor se acercó a él y ahora ambos se acercan a mí para conectarse a través de la mediumnidad y responder a sus preguntas – dijo la médium, confiada y serena

– Oh, Jesús mío, ayúdame ahora, Señor – exclamó Jandira.

– Germano te ayudará, no te preocupes – respondió la amiga.

Marieta sintió el contacto vibratorio diferente que la rodeaba, sabiendo que Germano controlaba el proceso de mediumnidad en curso. Parcialmente exteriorizado en relación con su propio cuerpo, su espíritu entregó el entorno físico a la acción mental de la entidad visitante, quien, asistida por el amigo espiritual responsable, estableció sintonía con el campo activo del cerebro del médium, que utilizaría para responder las preguntas que iban dirigidas a él.

– Buenas noches, hermana mía – dijo a través de la voz de Marieta.

– Bu... buenas noches, mi señor – respondió Jandira, todavía un poco inhibida.

– Yo también soy tu hermano, y aquí estoy para responder a tu deseo de saber.

– Bueno, ¿puedo hacerte algunas preguntas que preparé hoy?

– Sí, nuestro hermano principal ya me había informado sobre ellas y estamos abiertas al entendimiento.

– Entonces, dijo Jandira, mi hermano disculpa mi ignorancia, pero, como es la primera vez que hablamos con gente de otro mundo... bueno... de otro mundo siempre hablamos aquí en las obras del Centro – explicó, un poco confundida – digo como es la primera vez que hablamos con un ser de otro planeta, entonces me preguntaba si el hermano podría informar su naturaleza física. ¿Eres parte de aquellos que no tienen cuerpo material o estás entre nosotros como alguien que tiene un cuerpo físico y permanece invisible a nuestros ojos?

– Estamos aquí en la condición de seres encarnados, dotados de un cuerpo físico mucho más sutil que el cuerpo humano. Nuestra constitución física es mucho más simple que su cuerpo. No necesitamos tantos órganos o sistemas como ustedes para absorber alimentos y distribuirlos. Como no comemos ni sustancias sólidas ni líquidos, no necesitamos el conjunto de estructuras biológicas que las transforman y las dirigen a unidades celulares, como es su caso. Nos alimentamos de energías, vibraciones, lo que también convierte nuestro "organismo físico" en uno más tenue. Cuanto más evolucionan los mundos, más delicado se vuelve el cuerpo físico. Con respecto a la invisibilidad, nuestro cuerpo tiene características que pueden ser visibles para todos. Lo que pasa es que no todos los dispositivos de visualización están preparados para identificarlo ya que la capacidad de captar los instrumentos ópticos de los seres vivos en la Tierra es diferente. Los seres humanos captan solo una banda estrecha del espectro de luz. Algunos de los seres de los reinos inferiores al humano tienen una sensibilidad más precisa en la identificación de otros campos de vibración física, haciendo que ciertos animales sean capaces de identificar visualmente nuestra presencia.

Aprovechando la respuesta e intuida por Germano, Jandira argumentó:

– Sí, pero hay personas que dicen que te han visto con los ojos de su cuerpo físico...

– Es verdad. Aunque nuestros cuerpos son mucho más sutiles, compuestos de materia muy similar a lo que llamáis periespíritu, podemos utilizar energía del entorno y de los propios humanos y densificar nuestra forma física. Nuestro cuerpo, que está hecho de esta materia más purificada, tiene en su constitución unas moléculas de carbono que, en las circunstancias adecuadas y en combinación con otro tipo de energías, se vuelven más densas y pasan al nivel de percepción del aparato visual de los seres de la Tierra. Nuestras naves, por otro lado, están hechas de un material más denso y pueden ser visibles para el ojo físico. Para disminuir la posibilidad de identificación, navegan a gran altura para camuflarse en la atmósfera luminosa, mientras que al mismo tiempo pueden, utilizando sus propios mecanismos, pasar a una etapa que ustedes llamarían invisibilidad.

– Si su cuerpo es así, moldeable, ¿pueden amoldarse a nuestros ojos como si fueran seres humanos?

– Sí. Dado el mismo mecanismo de control de la forma, podemos adoptar nuestra apariencia como queramos. No lo hacemos de manera muy constante en el plano físico, ya que esto consumiría una mayor cantidad de energía, que sería difícil de sostener. Preferimos utilizar este mecanismo metamórfico cuando los hombres se acercan a nosotros durante el descanso del cuerpo. El entorno en el que nos encontramos, entonces, nos permite cambiar nuestra apariencia para que podamos llevarnos bien con los hombres durante el sueño, cuando hay permiso de quienes nos dirigen. A veces utilizamos esta técnica para ayudar a los investigadores y científicos en el desarrollo de su investigación. Cuando son receptivos a nuestra influencia, en ocasiones nos presentamos a ellos durante el sueño, en forma de científicos fallecidos, en las áreas específicas de los temas que están investigando, para que nuestras sugerencias sean acogidas sin sobresaltos ni sorpresas, comenzando a tener un mayor valor en el recuerdo que archivan después de despertarse. Esto los anima a continuar por ese camino o les alerta para que cambien el rumbo de su investigación, basándose en la certeza que alguien a quien admiran los está ayudando e inspirando. Nada impide que el propio espíritu del científico muerto lo haga, acercándose también y produciendo la misma sensación. Sin embargo, el campo de trabajo es tan amplio que, ligado a los mismos objetivos, a veces se nos permite utilizar esta técnica de influencia positiva.

El silencio indicó que el visitante ya había dicho suficiente.

Entonces Jandira, intuida por Germano, pasó a la siguiente pregunta:

— Dijiste que no te alimentas de sólidos ni líquidos. Sin embargo, ¿hay algún tipo de alimento que utilicen?

— Cuando estamos fuera de nuestro entorno, en visita de trabajo a otros orbes como ahora en la Tierra, obedeciendo a nuestros superiores, viajamos a valles o ambientes de naturaleza terrestre que no han sufrido modificación humana, para abastecernos de las fuerzas. de la naturaleza misma, en su forma pura. Cuando los hombres modifican el entorno mediante la construcción de ciudades, pueblos, carreteras u obras de ingeniería, insertan una atmósfera vibrante diferenciada en el campo de la naturaleza, cargada de pensamientos y sentimientos conflictivos, desnaturalizando la armonía original. Como aun no se han equilibrado, espiritualmente hablando, y ni siquiera son capaces de vivir integrados en el pecho del que succionan la leche de la vida, las interferencias humanas en el entorno tienden a contaminar las energías circundantes, aunque, según el cuestionable punto de vista de la estética humana, embellecen el panorama.

Para tu comprensión, imagina al ser humano sin oír. Si tuviera que construir una gran cascada, con un estilo visual impecable e inspirador, ciertamente pensaría que ha hecho un trabajo maravilloso para su nivel de percepción. Sin embargo, como no escucha su interminable rugido, no tiene idea de la tragedia auditiva que creó para todos los seres que disfrutaron de la belleza del silencio de ese entorno paradisíaco, ahora transformado en un infierno ruidoso, gracias a la "gran obra de arte" inventada. por los humanos. Para redescubrir el precioso silencio, los perturbados por el incesante rugido de las violentas aguas deberán intentar alejarse de allí, por la "obra maestra de la ingeniería" de los sordos.

Es por eso que necesitamos un lugar que mantenga la virginidad vibratoria, donde sintonicemos con estas fuerzas y nos abastezcamos por un tiempo. En este proceso, observamos el sistema de rotación, garantizando que todo aquel que necesite este alimento tenga la posibilidad de encontrarlo.

– Hermano mío, según la médium que nos reveló recientemente en el proceso de clarividencia, algunos de ustedes son altos y delgados, otros son pequeños y un poco más robustos, y parece que hay diferentes especies entre ustedes. ¿Vienen todos del mismo lugar?

– Así como sucedió con el ser humano en sus inicios, cuando comenzó a caminar, existen diferencias físicas entre nosotros que se asemejan a la misma raza, pero muestran su evolución en el tiempo. Algunos de nosotros somos la evolución de lo que son hoy y ahora son lo que alguna vez fuimos. Estas diferencias se deben a la evolución del espíritu, el desapego que, poco a poco, va sucediendo en relación con lo físico, llegando al punto en que ya no necesitamos diferenciarnos unos de otros por el aspecto externo. Solo lo que llevamos dentro diferencia y marca nuestra personalidad. Algunos de ustedes podrían poetizar diciendo que solo nos distinguen las cualidades del corazón. A medida que la Tierra evoluciona, también cambiarán quienes la habitan. En el pasado, los hombres tenían dientes robustos, arcos prominentes, una cabeza pequeña y un cuerpo velludo, adecuado para sus necesidades básicas de supervivencia. Hoy, estas características ya no existen. Si tú, hermana mía, con la apariencia que tienes hoy, fueras transportada a esos tiempos y llegaras a la puerta de una cueva de este Neanderthal, ciertamente serías considerado extraterrestre. Sin embargo, hoy eres el resultado de su transformación.

Así, poco a poco, los cuerpos van perdiendo los órganos que no necesitan, debido a la evolución que están conquistando. Disminuirán la ingesta de carne y, por tanto, la dentición, al no necesitar ser tan robusta, se irá reduciendo gradualmente. Si no hay mucha necesidad de fuerza para la mordida, los dientes pierden su función y la mandíbula que los sostiene deja de ser una herramienta útil para moler alimentos, comenzando a perder dimensión. Esto remodelará la forma del rostro y la cabeza de los seres del futuro, y así sucesivamente. A medida que el hombre desarrolla conocimientos sobre el pensamiento y los avances en tecnologías, su cerebro se vuelve más demandado y la caja craneal necesita contener un volumen mayor para una "computadora cerebral" más poderosa. Esto sucede en la tecnología moderna que han desarrollado, en los denominados servidores de unidades informáticas.

Cuantas más placas y circuitos se necesiten para ampliar la capacidad de almacenamiento y las funciones de la máquina, mayor será el servidor en el que se encerrará todo. Entonces, el crecimiento craneal será natural, algo que ya observan los antropólogos al evaluar los diferentes cráneos humanos encontrados en la Tierra, a lo largo de millones de años. El hombre de hoy sería considerado por los hombres primitivos como un "extraterrestre cabezón", en discrepancia con los primates cuyo cuerpo, entonces, era más parecido al del gorila salvaje que al del hombre de la ciudad. Y así es con todos los seres en evolución en los diversos orbes habitados. Cada uno tiene su proceso y esto provoca que existan algunas diferencias entre nuestras apariencias, lo que indica pertenecer a humanidades que evolucionaron a través de diferentes líneas.

– ¿Cómo ves tú, estando encarnado, el mundo espiritual; es decir, cómo es la relación entre tú y los espíritus que también son invisibles a nuestros ojos físicos? ¿Te ves a ti mismo, estás en la misma dimensión vibratoria o no?

– Bueno, en ese sentido, puedo decir que los espíritus – como tú los llamas – siempre nos ven, pero nosotros solo podemos verlos cuando nos lo permiten. Por ejemplo: aquí en esta Casa Espírita, cuando llegamos, estacionamos afuera, esperando que nos identifiquen los líderes y entidades espirituales que están en una dimensión diferente a la nuestra. Así, cuando aceptan nuestra visita, se hacen visibles y nos invitan a unirnos. En el trabajo de esta institución, solo vemos a los encarnados y los espíritus que se dejan ver. Somos naturalmente invisibles para ustedes, pero no para ellos, que siempre nos ven. Al respecto, el líder espiritual de este encuentro me informa que hoy estamos llegando al final de nuestra conversación. Por tanto, teniendo en cuenta la orientación que nos envías, esperaremos otra oportunidad para continuar con el tema.

– ¡Venga! Pero qué lástima… –. dijo Jandira – ¡Justo ahora que me estaba entusiasmando con las preguntas!

La entidad no pronunció una palabra más, ya que, con la ayuda de Germano, había dejado a la médium Marieta, de regreso a su cuerpo físico.

En la otra mesa, las obras mediúmnicas avanzaban hacia el final, esperando solo la comunicación del propio Germano, que terminaría la obra como de costumbre.

Tan pronto como el mentor del grupo se comunicó, Gertrudes ofreció la oración de agradecimiento y liberó a todos por los rápidos comentarios que anticipaban las despedidas.

Como habían acordado, Marieta y Jandira no dijeron nada, solo escucharon las noticias sobre las distintas citas de esa noche. Finalmente, luego que terminó la reunión semanal, el grupo se dispersó, volviendo cada uno a sus rutinas personales, no antes de proceder a las despedidas y ajustes naturales para la reunión de la próxima semana. Cuando se marcharon, Laura y Neide echaron un vistazo a los papeles de la mesa auxiliar en busca de pruebas que en realidad habían sido manipulados, en confirmación o no de las palabras iniciales de Gertrudes. No tuvieron el valor de preguntar nada sobre el éxito del emprendimiento, limitándose a salir de la habitación, cada una con un insecto diferente detrás de la oreja, pero ambas pertenecientes al mismo género de la "pulga chismosa."

25. Mucha gente y sin gente

Mientras esto sucedía, por un lado, Jerônimo y Adelino continuaron la tarea de visitar otras instituciones espíritas para ayudar a sus miembros a despertar a importantes temas transformadores.

Cuando llegaron a su destino, cerca de la hora programada para el comienzo de la reunión de los encarnados, el mundo de los espíritus estaba alborotado. A diferencia de otros períodos del año, cuando las necesidades eran grandes, pero manejables, esos días especiales retrataron una verdadera avalancha de almas.

A la entrada de la institución, un nutrido grupo de espíritus quiso invadir el lugar, reclamando derechos de entrada. Otros lanzaron insultos contra la institución espírita que, en el plano vibratorio, estaba rodeada de un halo de luces intensas cuyo propósito era servir de faro de esperanza para los perdidos y, al mismo tiempo, protección contra los ataques de los más curtidos...

Había seres espirituales confundidos por la ignorancia junto a criaturas devotas que deseaban proteger su dolor, y no todos los afligidos podían ser recogidos ni las entidades amigas podían satisfacer la integralidad de los necesitados, pues carecían de recursos magnético-fluidicos.

Entonces, los responsables de la vigilancia espiritual se anticiparon a sí mismos, estableciendo barreras de contención a gran distancia, a través de las cuales solo podían pasar aquellas almas que ya vibraban de manera sincera en la dirección de su propia renovación.

Solo las criaturas sinceramente arrepentidas y efectivamente cansadas de sufrir mostraron el tono adecuado que les permitió superar las líneas defensivas, que, por el contrario, velaron a todos aquellos que en su interior se inclinaban a la rebelión o la locura.

Incluso con esta medida, la institución se vio abrumada por la multitud que había acudido a ella en busca de recursos celestiales.

El equipo de trabajadores invisibles luchó, trabajando para servir a todos.

Improvisaron ayudas espirituales, separando en grupos a los que llegaban, según sus problemas específicos, para sectorizar sus esfuerzos y hacerlos más eficientes, ante la ausencia de mejores posibilidades en ese momento.

Adelino y Jerônimo, nada más llegar allí, vieron la avalancha organizada y, como simples visitantes que eran, buscaron al líder espiritual de la institución, un alma valiente que, hacía algunas décadas, se había hecho cargo de la dirección de los encarnados y la coordinación de actividades.

Encontraron a Leonardo divertido con la solución de innumerables preguntas que requerían una derivación inmediata y, por lo tanto, esperaron un descanso para el entendimiento fraterno iniciado a través de un abrazo cordial.

– Gracias por la espera y perdonen por no haberlos atendido de inmediato. Es solo que, como ustedes ven, somos pocos servidores en una noche con mucho servicio.

– Sí, no tienes nada de qué disculparte – respondió Jerônimo con sinceridad –. Vinimos esta noche para cumplir con el mandato recibido de Bezerra, quien nos confió la visita a las instituciones espíritas para enfatizar la necesidad de esfuerzos unificados para preparar y mantener el equilibrio y el discernimiento en las próximas horas tormentosas, con miras a la urgente transformación moral...

— Medida de las más importantes, queridos amigos. Sin duda, el amor de Dios se despliega para que ninguno de sus hijos lo desconozca – reflexionó Leonardo.

— Esperábamos cooperar hoy en el encuentro mediúmnico de los hermanos encarnados, pero viendo la cantidad de luchas presentes, Adelino y yo lo buscamos como colaboradores de la obra, ofreciendo nuestros servicios para ayudarte en el servicio.

— Dios escuchó mis oraciones más secretas, queridos hermanos. Nunca perdemos por tener fe y pedir ayuda. Literalmente cayeron del cielo.

— No lo creas, querido Leonardo. Estamos aquí para ayudar con lo que sea necesario. Cuenta con nosotros. Como no conocemos sus mayores necesidades, esperamos que nos digas dónde podemos ser útiles.

— Si no vas a pedir demasiado, me gustaría que uno de ustedes nos ayude a organizar la atención a las personas más enfermas que necesitan tratamientos profundos mientras que el otro sería muy valioso para explicar un tema evangélico en el gran salón, ya que estamos enviando allí a miles de almas que carecen de la luz de un razonamiento claro en materia de fe.

Sorprendido por la información, Jerônimo refirió a Adelino para que asistiera a determinadas aplicaciones magnéticas mientras, con el consentimiento del amigo, se puso a disposición para ser útil en la palabra de esperanza a los afligidos.

— Pensé que usarían la cooperación del conferenciante encarnado. Al menos, eso es lo que nos dijeron cuando conocimos las actividades de esta institución. Se nos presentaron las rutinas de servicio y en base a ellas decidimos venir hoy aquí, buscando el refugio de tu corazón, Leonardo.

– Sí, Jerônimo, esta es nuestra planificación habitual. Sin embargo, como ves, estamos en un período anormal, cuando la asistencia se multiplica y no podemos dejar pasar la oportunidad de ser útiles a los muchos espíritus tan desesperados que se acercan a nosotros en este período.

– Sí... El Carnaval es la gran fecha de nuestros esfuerzos por el bien.

– Sí, es difícil encontrar otra en la que podamos ayudar a tantos afligidos como ahora. Pero no todos aprecian las generosas horas en las que el trabajo se multiplica.

– ¿Cómo así?

– ¡Pues mira! Hermano mío, ¿no te diste cuenta de que, a pesar de los miles de amigos del sufrimiento que tenemos bajo nuestra acogida, necesito recurrir a tus servicios para la siembra del Evangelio de la noche?

– Sí, pensé que encontraría el tema abordado por el orador asignado al enfoque.

– Pero, como puedes ver, no vino a trabajar.

– ¿Es cierto lo que me dices? Quizás llega tarde a sus compromisos de la noche, Leonardo. Algún otro trabajador podría reemplazarlo en la conferencia.

– Sí, Jerônimo, consideramos esta hipótesis, pero con pesar en nuestro corazón, no tenemos a nadie que lo reemplace. De hecho, amigo mío, la demora en el cumplimiento de los compromisos es, de hecho, una elección de todos los directores y trabajadores de la institución. Observamos que no llegan tarde solo a los compromisos de esta noche. Llegan tarde a los compromisos de esta vida. Creen que también pueden disfrutar de los placeres del descanso, disculpándose con la idea que no habrá ninguna encarnada al que ayudar en las festividades del Día de la Madre.

Aunque esto podría ser real, y no lo es, olvidan que la tarea se extiende a ambos lados de la vida, olvidándose de la multitud de espíritus afligidos que acuden aquí, especialmente en un período tan especial como este.

La palabra del líder espiritual no tenía indicios de rebelión o recriminación. Llegó a formarse en la más pura fraternidad, que lamentó el derroche de los encarnados en cuanto al trabajo salvador, como el padre generoso que lamentó las omisiones, tonterías y derroches de su irresponsable hijo.

Jerônimo no tenía conocimiento de este incumplimiento de responsabilidad por parte del grupo en su conjunto.

En ese mismo momento, sintió el dolor moral del líder trabajador que, sin amargura alguna, intentó apoyar como pudo.

– Es cierto, Jerônimo, que este contingente mayor de espíritus nos buscaría de todos modos, dadas las circunstancias del momento en el mundo de las fantasías físicas. Sin embargo, si los encarnados aquí estuvieran haciendo la parte que les fue asignada, tendríamos menos dificultades para satisfacer tantas necesidades. Esto se debe a que proporcionarían abundantes fluidos vitales para actuar más plenamente a favor de muchos hermanos de nuestro plano que necesitan recibir una dosis de tal suministro vibrante. Además, las posibilidades mediúmnicas facilitarían el encaminamiento de los grupos de afligidos a contactar el esclarecimiento en el momento oportuno, multiplicando la protección. El conferencista hablaría a los afligidos encarnados y desencarnados cuya lucidez les permitiría comprender la llamada, ya que la palabra es el gran remedio para la conciencia, ahorrándose el esfuerzo de nuestros médicos y enfermeras, que solo dirigirían las energías siguiendo la fuerza del verbo iluminado en medicación emocional que sería moldeada por cada uno al escuchar el mensaje de amor y esperanza. Una sola boca salvaría cientos de manos. Tendríamos más medios disponibles para seguir sirviendo en otras áreas. Sin embargo, como les resultó innecesario asistir al trabajo, suspendiendo nuestras actividades, repitiendo hábitos ya arraigados en el espíritu perezoso que no quiere el servicio, los líderes materiales de esta institución han desatendido nuestras reiteradas orientaciones sobre responsabilidades ante la obra de Dios.

Y no es solo en esos largos días de vacaciones. Hacen de las fiestas del calendario masculino una excusa para interrumpir las actividades del Centro Espírita, además de garantizarse de 15 a 20 días de vacaciones al final de cada año, como si trabajaran en un cargo público de lo más relajado.

Entonces, amigo mío, tenemos que bastarnos con la fe en Dios y el apoyo de manos generosas como las tuyas.

Tras consultar a nuestros superiores, estamos a la espera de una importante decisión que, al parecer, cambiará las condiciones físicas de algunos de sus líderes para que, abrumados por dolores y dificultades que parecerán insuperables, se planteen la posibilidad de alejarse de la dirección del Centro, dejando espacio para que otros miembros estén dispuestos a comprender las necesidades espirituales y seguir nuestras pautas al respecto. Si estos nuevos miembros tampoco están dispuestos a modificar el hábito del menor esfuerzo, el siguiente paso será dejarlos solos, para que el sufrimiento colectivo les haga meditar con más sabiduría, hasta que estén decididos a asumir el manejo de una casa que no les pertenece. Por lo tanto, esperamos recibir la respuesta solicitada por nuestros mayores durante los próximos días.

En cuanto a nosotros, Jerônimo, hagamos lo que podamos, porque la dimensión del dolor real no nos permite el descanso al que se entregan los vivos, a pesar de decir que necesitan del trabajo.

Tenemos muchas personas invisibles y ninguna gente encarnada que los atienda.

– Sí, Leonardo, vayamos a la obra del bien, haciendo de nuestros esfuerzos el algodón con el que Jesús puede curar las heridas abiertas.

Se dirigieron al salón espiritual de la institución, que en ese momento estaba lleno de almas inquietas y esperanzadas. Mientras tanto, el salón físico de la casa de Dios se quedó al polvo y los insectos que aprovecharon la ausencia de los vivos para vagar despreocupados de un lado a otro.

26. Uno a la vez

Al día siguiente, Jerônimo y Adelino, después de las agradecidas despedidas de Leonardo, habían acordado participar en un encuentro espiritual de otra casa de oración ubicada en la misma ciudad.

Luego de las decepciones de la noche anterior, cuando no pudieron cumplir con el programa de orientación debido a la ausencia de los encarnados que los escucharan, Adelino le preguntó a su amigo sonriendo con simpatía:

– Y hoy, Jerônimo, ¿vamos a encontrar un Centro Espírita que funcione para poner nuestra banda en la calle?

– Eso espero, Adelino. Después de ayer, además de consultar nuestros registros, me comuniqué con el espíritu responsable del trabajo de esta noche para que no ocurriera algo similar.

– No es que no me gustara ser útil, sabes – dijo Adelino. Pero es que nuestra tarea está ligada al objetivo de inspirar a los obreros espíritas a la necesidad de despertar más rápido a la verdad.

– Sí, estoy totalmente de acuerdo contigo. Ya me comuniqué con Helena, nuestra hermana líder, de quien recibí la confirmación que el grupo mediúmnico de la institución se reunirá esta noche, a pesar de las festividades del mundo.

– Vaya, tendremos trabajo entonces...

– Yo también lo espero.

* * *

La noche llegó rápido para aquellos que tienen compromisos que hacer y no tienen tiempo que perder.

A la hora acordada, los dos estaban allí frente a Helena, la líder de ese grupo que, fiel a su trabajo, mantenía en funcionamiento la casa del Padre.

– Es una alegría tenerlos con nosotros, queridos hermanos. Sobre todo cuando están llevando a cabo la tarea asignada por nuestro Bezerra, tan recomendable. Yo también pude asistir a algunos encuentros espirituales en los que la preocupación por el momento de la humanidad terrena se manifestaría en el corazón de los presentes, no como miedo a la tragedia, sino aprovechando las dolorosas lecciones por las que muchos pasarán.

– Bien, Helena. Esto facilitará el servicio. Creemos que tus esfuerzos ya han allanado el camino.

Haciendo una expresión de melancolía y pesar, Helena agregó:

– Lamentablemente, amigos míos, cuento más con ustedes esta noche que conmigo misma, porque lo he intentado todo para que nos escuchen, en vano.

– ¿Cómo así? – Preguntó Adelino, sorprendido.

– Nuestros hermanos son muy buenos y responsables. Trabajan con aceptable desinterés y no piden favores más allá de lo que naturalmente esperamos, considerando la etapa material en la que se insertan.

Sin embargo, parece que estamos estancados en el tiempo, con conceptos arcaicos y obsoletos, bloqueando el razonamiento de todo lo que ya puede considerarse más apropiado en términos de práctica mediúmnica y actividades espirituales.

No pudimos superar algunos "dogmas" que crearon ciertos líderes espíritas, basados en textos adecuados a la época y al mundo en el que fueron transmitidos, pero que no tienen en cuenta las exigencias de hoy.

– ¿Podrías explicarlo mejor?

– Será más fácil para ustedes observarlos.

Y señalando al director de la institución que se sentó a la cabecera de la mesa principal, flanqueado por ocho médiums que callaron y rezaron, como se aconseja a cualquier trabajador serio, agregó:

– Este es Domício, un hermano devoto que lleva algunos años al frente del grupo, un observador estricto y, por qué no decir, rígido sobre las disciplinas mediúmnicas que le parecen adecuadas. Al quedarse desactualizado con las enseñanzas espirituales, ha reducido su razonamiento y, con la excusa de ser fiel a los dictados antiguos, mantiene rígida la tarea, regida por estándares de décadas atrás.

En el pasado, cuando no había literatura que guiara la conducta de médiums y líderes, los trabajadores se formaban imitando las tácticas y los vicios de los demás. Esto produjo varios problemas que interfirieron con el buen funcionamiento de las tareas.

Sin embargo, era con ellos que el mundo espiritual podía contar para la realización del mundo invisible. Así, se propuso la creación de un procedimiento estándar para orientar las obras mediúmnicas, evitando las tradicionales modas místicas y, para controlar mejor las manifestaciones, a través de la literatura espírita, se promovió la metodización del encuentro desobsesivo con el fin de crear un modelo mejor adaptado a un encuentro equilibrado y serio, en los diferentes grupos que se iban formando. Esto se observó con más rigor a partir de las obras literarias producidas en los últimos 40 años del siglo pasado, en las que se establecieron algunos parámetros para los llamados encuentros espíritas de desobsesión. Un número específico de trabajadores, con el equipo mediúmnico haciendo posible recibir un espíritu a la vez, siendo el diálogo dirigido por el líder encarnado del encuentro.

Si eso fue un avance en términos de la orden de trabajo en esos días, veamos cómo funciona hoy.

Estamos ante un grupo pequeño, aquí se turnan, en promedio, ocho médiums a la semana, reuniéndose una sola vez para este tipo de tareas. Los demás aquí presentes son compañeros cuya actividad está ligada al soporte magnético, en lo que durante mucho tiempo llamaron corriente. Y, si lo siento por el juego de palabras, ese modelo ha encadenado a todos en el pasado. Domício aprendió de los antiguos que cada médium solo puede recibir un máximo de dos espíritus por reunión, porque corre el riesgo de drenarse con fluidez. También escuchó que era importante evitar las consultas simultáneas para preservar el orden y también que los demás presentes escuchen las manifestaciones para que puedan ser utilizadas como aprendizaje. A partir de estos conceptos, Domício impuso en la rutina de los trabajos que se hiciera una aclaración cada vez, realizada siempre por el director de los trabajos que, según las antiguas nociones, cumpliría esta función como máxima autoridad de decisión sobre cómo conducir a los espíritus.

A pesar de ser generoso y sincero, no admite ningún cambio en el transcurso del encuentro mediúmnico, manteniendo una rutina en su lugar durante casi setenta años. Como no considera importante el estudio doctrinario, permanece endurecido en los procedimientos ancestrales, sin ningún cuestionamiento ni apertura.

No es que deba llevarse a cabo una reforma de las bases doctrinarias, las cuales, evidentemente, son muy sólidas en los principios en los que se basaron, ni queremos, con ello, invalidar el contenido de la información y consejos que nos llegaron a través de trabajos que complementaron el entendimiento a través de varios médiums dedicados al bien. Lo que estamos defendiendo es el ejercicio mediúmnico dentro de los parámetros actuales, con los grupos de estudio adaptándose a las nuevas etapas de desarrollo de la población encarnada y desencarnada.

No queremos cambiar el fondo. Simplemente queremos ajustar la forma del procedimiento.

Para evaluar el problema, observe los siguientes parámetros: un año tiene 52 semanas. Si dependiéramos solo de los encarnados para el esclarecimiento de las almas necesitadas y, considerando a este grupo trabajando con todos sus miembros sin falta alguna, atendiendo ocho espíritus por semana, hubiéramos ayudado solo a 416 espíritus. ¿Puede imaginarse cuánta necesidad está aumentando en nuestro plan de acción y cuán insignificante es esa cantidad? Esto; sin embargo, no parece tocar el razonamiento de Domício y los demás miembros del grupo, quienes, felices y contentos, cada semana se sienten más cerca del paraíso porque están haciendo una hora de esfuerzo, cada uno recibiendo un espíritu.

Como les dije, no son malos ni indignos de nuestro cuidado. Son; no obstante, ingenuos que no se dan cuenta de las inmensas necesidades de una población invisible que es de cuatro a cinco veces mayor que la de los encarnados en el mundo.

La reunión estaba a punto de comenzar, lo que impidió que Helena continuara con su explicación.

Sin embargo, procedemos a la observación de los hechos.

Acercándose al médium más experimentado y sensible que estaba en condiciones de recibir allí su inspiración, Helena estaba presente saludando a todos.

– Buenas noches, queridos hijos. Que la paz de Jesús esté entre vosotros.

– Que así sea – respondieron los dieciocho trabajadores presentes en la reunión.

– Una vez más, tenemos nuestra tarea semanal que espera lo mejor de todos. Hemos destacado las inmensas necesidades que marcan la vida en ambos planos y, por ello, esperamos que cada uno sea consciente sobre la ampliación de esfuerzos encaminados a mejorar el servicio que aquí se ha prestado. Y si reconocemos que cada uno hace lo mejor que puede, los instamos a buscar medios o métodos seguros que garanticen la extensión de la ayuda sin los inconvenientes del desequilibrio.

Imagínense que, como grupo de rescate, solo tuviera una camilla y poco equipo para transportar a los enfermos o heridos al hospital principal de la pequeña comunidad, donde serían atendidos.

Ahora, pasados los años, la ciudad ha crecido, han crecido en habitantes, los problemas y el dolor se han multiplicado, por lo que el trabajo se ha vuelto más complejo. Más lejos, la gente está enferma y en mayor número. La vía pública se llenó de vehículos, lo que dificultó al generoso camillero que ahora pasaría varias horas transportando a un solo paciente en medio de una multitud de sufrimientos y necesidades.

¿No sería, entonces, necesario pensar si no se aprovecharían mejor si, en lugar de seguir dependiendo de la fuerza de los músculos para el transporte de un paciente o dos cada día, lograran multiplicar eso por diez, con la adopción de un transporte mecánico que acelerara la llegada al lugar de necesidades y el traslado urgente?

¿No serían estas circunstancias más favorables para los propios pacientes? ¿No sería posible salvar más vidas si, retirando el antiguo procedimiento, se pusiera en marcha la ambulancia que trasladaría mucho más rápido a la camilla y al paciente a la indispensable ayuda?

Ciertamente se puede pensar que, con esto, necesitaría aprender a conducir y manipular dispositivos dentro del vehículo para ayudar al paciente, incluso antes que llegue al hospital. Este nuevo procedimiento requeriría un reciclaje de técnicas que, en la vieja camilla, no requerían más que músculos fuertes para soportar el peso.

Por supuesto, más trabajo requiere más calificación. Sin embargo, esto da como resultado una mayor eficacia del servicio final. Por eso, queridos hijos, mediten en esta idea y, con el apoyo de nuestros mayores, comprendamos la urgencia del momento en materia de eficiencia en la labor de ayudar a las personas desafortunadas que llaman a nuestra puerta.

Antes de terminar su conferencia preparatoria para los trabajos mediúmnicos que seguirían, Helena completó:

– En concreto esta noche, la clausura estará a cargo de un noble amigo espiritual que nos visita y que hablará directamente a los corazones atentos, en un mensaje que nos trae por recomendación del querido Bezerra de Menezes y que está destinado a los trabajadores de las distintas instituciones Cristianas Espíritas. Abran bien sus mentes y sus oídos a todo lo que tiene que decir. Se trata de nuestro hermano Jerônimo. Que nuestro Jundival esté preparado para recibir su influencia.

Ahora, manos a la obra.

Dicho esto, se alejó del médium Jundival que, momentáneamente, había abandonado el organismo físico para permitir un mejor acoplamiento al comunicador sin; sin embargo, entregarse a la inconsciencia.

Junto a Jerônimo y Adelino, Helena gestionó con seguridad y amabilidad las actividades previamente establecidas para esa noche.

Conociendo la lentitud del proceso de aclaración, había elaborado una estrategia que utilizaba a los trabajadores de la mediumnidad de la mejor manera posible, además de utilizar el mecanismo de agrupación de necesidades similares ya vistos en otros lugares.

Así, a pesar que cada médium recibió solo un espíritu a la vez para que Domício pudiera hablar con él, la enseñanza fue escuchada por un grupo de entidades en la misma situación que la que se comunicaba, para beneficio de todos.

Además, Helena utilizó otro mecanismo para acelerar el proceso de ayuda a los necesitados invisibles.

Mientras Domício dedicaba los minutos y las palabras en un intento de apoyar al comunicador afligido, los otros siete médiums fueron involucrados por sus respectivos mentores espirituales y, a través de una leve hipnosis mediúmnica, sintieron el acercamiento de varias entidades que hablaban a sus pensamientos y con quienes los mentores los animaban a hablar mentalmente, sin tocarlos para permitir una manifestación psicofónica directa y completa. Así, mientras el líder pensaba que los otros médiums estaban prestando atención a las palabras que él dirigía a los espíritus, los otros siete estaban envueltos en una conversación de consuelo con muchos otros afligidos, ya que no podían desperdiciarse ante tantas aflicciones.

De hecho, este procedimiento también se adoptó en relación con todos los demás trabajadores de apoyo que se encontraban fuera de la mesa de trabajo. Los que estaban en buen estado eran utilizados para establecer contacto mental con entidades infelices que, abordadas con la ayuda de mentores espirituales, podían beneficiarse de los buenos pensamientos y los fluidos magnéticos que les servían para restaurar la lucidez o mejorar su estado general. Conduciendo bien la mente, el sustentador mismo se transformaba en un diálogo silencioso, una nueva oportunidad para el diálogo fraterno, aliviando la angustia de la entidad sintonizándose con el bien que encontraba. Mientras tanto, Domício iba uno a uno, imaginando que esa era la forma más fiel de ser leal a la doctrina espírita.

El tiempo transcurría en este lento proceso y, como es habitual, ocho entidades pudieron ser escuchadas y guiadas por el líder encarnado, mientras que, en su ausencia y con la ayuda de los demás médiums y simpatizantes, habían sido dirigidas, aunque de manera precaria, 95 entidades que, aunque no completamente iluminadas, encontraron un pequeño rayo de luz que las llenó de esperanza.

Al final, Jundival se concentró para que el encuentro terminara bajo las palabras orientadoras de ese Jerônimo que les aclararía las recomendaciones del querido Doctor de los Pobres.

27. Terquedad pseudodoctrinaria

– Buenas noches, queridos hermanos. Como ya informó nuestra hermana Helena, ejercemos la simple tarea de enviarles una solicitud amorosa de los líderes superiores, muy bien representados por el augusto Bezerra de Menezes, a quien servimos como modestos mensajeros, mensajeros que no están en altura del mensaje que llevan.

Por tanto, no nos juzgues por la importancia o sublimidad de la comunicación que te traemos. Somos, como ustedes, estudiantes de la escuela de la vida, luchando por pasar exámenes usando las lecciones del maestro divino para corregirnos.

Aprovechando el tiempo, aquí nos acercamos como lo hemos hecho en todos los lugares destinados al culto del Consolador Prometido para contarles la importancia del momento que vive la humanidad, un verdadero momento dorado en el destino de cada uno de sus integrantes. Y si nos fuera posible utilizar algún símbolo evangélico para representar mejor la excelencia de la hora actual, utilizaríamos la parábola sobre "Los obreros de la última hora", contenida en los Evangelios canónicos y explicada en detalle en el capítulo XX de la obra *El Evangelio según el Espiritismo*... Esto se debe a que, si allí se nos informa de la ventajosa retribución que les espera a quienes no se niegan a trabajar, aunque sea solo una hora al día, aquí hacemos uso del discurso evangélico para decirles que todos estamos viviendo en esta última hora. La última hora es nuestro presente actual, queridos hermanos.

No se dejen engañar por facilidades y sueños de consumo, con ambiciones y cultos externos. Nuestros tutores invisibles nos encargan de advertirles que cualquier sacrificio que hayan hecho para olvidar, vencer, abstenerse, superarse y ayudar al prójimo corresponderá a los oficios del fiel trabajador en la obra de la creación.

Sus tareas no pueden reducirse a reuniones mediúmnicas ni a las de la Casa Espírita. No se le juzgará por lo que hagan dentro de los templos religiosos, sin importar a qué denominación se unan.

Estarán mostrando vigilancia y buena voluntad en todo momento de cada día, aprovechando la hora que pasa para retirarse de forma decisiva. No será un gesto improvisado, adoptado en medio de la tormenta por miedo a lo desconocido, que será suficiente para cambiar el juicio de la ley sobre ti. Cada uno necesita demostrar una aptitud para la renuncia real, para el verdadero desapego, sobre el cual no hay duda sobre sus elecciones.

Las próximas horas son de amargura y dolor para quienes no tienen una fe firme y un control sobre sus emociones, para ser útiles en las luchas de la vida, sirviendo de base, con sus ejemplos de equilibrio, a otras almas más débiles. Si bien es cierto que cada uno se responsabilizará de sí mismo, también es cierto que la conducta serena y armoniosa puede contagiar corazones desacostumbrados a las disciplinas del bien, con el fin de orientar sus pasos y elecciones firmes.

La prueba a la que se somete toda la humanidad terrena la evaluará con el fin de calificar a los respectivos alumnos para un nuevo destino para futuras reencarnaciones.

No se aprobará solo a quienes hayan alcanzado la nota máxima, la que debe buscar cualquier alumno dedicado honestamente a su propia superación. Se aprobará incluso a aquellos que, sin lograr el 100% de éxito, hayan demostrado un esfuerzo suficiente para garantizarles la oportunidad de permanecer en la misma escuela.

Entonces, queridos hermanos, esta Casa Espírita es un pequeño foco de aclaración para los muchos que la buscan y los ejemplos que obtienen aquí, las palabras que escuchan aquí, los conceptos espirituales que se les dirigen, necesitan reflejar las advertencias de la urgencia si esas oportunidades que no pueden ser desperdiciadas se cuidan a sí mismos y buscan un destino mejor.

Muchos duermen, muchos juegan a vivir, muchos posponen decisiones, basándose en un código de valores equivocado, privilegiando todo lo material en detrimento de logros perennes.

Sin embargo, no creas que, con esto, deberíamos inaugurar el período apocalíptico en la Casa Espírita, asustando a la gente para explotarlas en sus miedos o culpas.

Deseamos decirles que hay un gran plan superior que se ocupa de advertir a aquellos que tienen oídos para oír y ojos para ver para recordarles que estamos en los minutos finales de la última hora a la que se refiere la parábola.

Muchas criaturas se han desencantado a lo largo de los siglos con los anuncios del fin de los tiempos, de tal manera que han relajado su vigilancia.

Como el mismo Jesús nos había enseñado, el ladrón vendría y solo aquellos que no estaban distraídos estarían listos para enfrentarlo cuando llegara. Y la mayoría hoy están distraídos.

El rugido de la tormenta ya se puede escuchar en todas partes. Muchos hacen oídos sordos, otros temen enfrentarse a la verdad. Sin embargo, aunque muchos están cerca de las religiones, no encuentran en ellos sino las viejas fórmulas y rutas viejas y raídas, amenazas y advertencias que se han utilizado durante siglos para atacar a una bandada de personas irracionales y temerosas.

Encontrarás las diatribas de Satanás, las fuerzas de las tinieblas amenazantes y el canto de "Da dinero para ser salvo o para protegerte del mal."

Solo el camino espírita–cristiano tiene el conjunto de pautas lúcidas que, activadas en el tiempo, pueden ayudar a las personas a superar los obstáculos que persisten en sí mismos y a alcanzar verdaderos bienes, los únicos útiles para la cuestión de la salvación.

Todos ustedes, más que obreros de la institución espírita, médiums, aplicadores de fluidos, oradores o predicadores de la palabra, líderes o coordinadores de actividades, todos ustedes son – repito – enviados de Dios para transformar esta hora dolorosa en una oportunidad para despertar a muchos, secularmente dormidos. No se preocupen por la indiferencia o el juicio irónico que les arrojan los pseudo–sabios, los que están muertos piensan que están vivos gracias a los bienes que han acumulado.

Este es el momento de la verdad. Sean sus defensores en cada momento de sus vidas.

Creemos que el mensaje tiene la claridad necesaria para hacer reflexionar a todos, para que asuman sus propias responsabilidades y estén dispuestos a ayudar a Jesús en la administración de la casa del Padre, a través de las tareas de iluminación de las masas que aquí asisten.

¿Alguien tiene alguna pregunta?

Jerônimo indicó así que había cumplido con su deber de entregar el mensaje a los destinatarios.

Los oyentes quedaron atónitos y sorprendidos.

Nunca habían visto una orientación tan directa sobre las horas vividas, aunque conocían las alertas genéricas contenidas en las diversas obras de carácter evangelizador.

Nadie se atrevió a abrir la boca. Mentalmente; sin embargo, se pudieron identificar las diversas reacciones individuales, destacando la del líder cuya mente, no acostumbrada a razonamientos más profundos, estaba confundida por las palabras claras del espíritu comunicante.

Domício no se había preparado para pensar más ampliamente.

Analizando sus actitudes en su rutina diaria, esto no le pareció nada malo. Su trabajo profesional de ganarse el pan y buscar consuelo nunca le pareció pecaminoso. La Casa Espírita no podía ser el centro de sus ocupaciones. De igual manera, no estaba dispuesto a permitir que otro lo reemplazara en las tareas ya que se consideraba el más calificado y el más antiguo de la institución, credenciales que justificaban su permanencia al frente del grupo y la imposición de "su" lentitud en el trabajo realizado allí.

Otros oyentes, más abiertos y conscientes, recibieron las ideas de Jerônimo con buen ánimo, sincero y casi feliz ante los anuncios con los que muchos ya coincidían en espíritu, identificando la llegada del momento crucial en sus existencias.

Helena involucró a Domício para que no se dejara llevar por la mezquindad personal, empobreciendo los conceptos escuchados, minimizando las consecuencias.

El líder; sin embargo, prefirió confiar en las viejas opiniones, cerrando su mente a cualquier cambio positivo, alegando que no podía aceptar la palabra de ningún espíritu sin juzgar su valor efectivo.

De hecho, este cuidado fue y es loable por parte de cualquier líder responsable, al momento de evaluar los consejos que le llegan del mundo invisible. Sin embargo, en boca de Domício estaba la excusa que solía, *a priori*, poner agua fría al fuego de la verdad.

La reunión terminó y los espíritus se quedaron con el grupo para evaluar la reacción.

El diálogo que siguió les demostró la forma indiferente en la que Domício trataba las cosas serias de Dios, a pesar que era el administrador de la casa del Padre.

– Bueno, queridos hermanos – dijo, dirigiéndose a los médiums de la noche –, hoy hemos escuchado muchas cosas importantes de nuestros amigos líderes invisibles. Desde la comunicación de nuestro asesor, hemos recibido exhortaciones que, de una forma u otra, interfieren en nuestra forma de proceder. Sin embargo, como líder y responsable de la administración doctrinaria, creo que hay que tener cuidado con la euforia y las noticias, aunque se atribuyan a almas nobles como Bezerra de Menezes.

Ciertamente hemos escuchado al mismo Codificador enseñarnos acerca de las necesidades de atención, prefiriendo rechazar noventa y nueve verdades para aceptar una sola mentira.

Entonces, si bien nuestro querido Jundival merece toda la credibilidad, no podemos aceptar todo lo que nos llega sin, primero, pasar por el tamiz de nuestra razón para no encontrarnos atrapados por una "dictadura de los espíritus." Según las palabras que escuchamos, creo que, si las aceptamos en su totalidad, todas nuestras rutinas cambiarán. Helena nos habla de la expansión de servicios. Para ello tendremos que reunirnos más a menudo durante la semana, multiplicando el encuentro y abriendo más horarios para tareas de mediumnidad de cara a la espiritualidad. Personalmente estaría dispuesto a hacer tal sacrificio en mis compromisos personales, viniendo aquí una noche más. Sin embargo, no puedo imponer esto a otros miembros del grupo mediúmnico.

Por otro lado, nuestras rutinas parecían seguras para nuestro tamaño. No pretendemos convertirnos en la Casa Espírita más grande de nuestra ciudad. Ni siquiera tenemos tantos trabajadores, ya que pueden manejar más actividades. ¿Puedes venir uno o dos días más por la noche?

Al escuchar el avance de la discusión según conceptos muy diferentes a los que, en verdad, habían sido objeto de la guía de Helena, hubo un deseo de manipular las decisiones y razonamientos de los presentes:

– Tú, Osvaldo, ¿a qué hora puedes venir?

Sorprendido por la mención personal, Osvaldo se aclaró la garganta y dijo:

– Bueno, Sr. Domício, yo... personalmente... bueno... ya tengo dificultades para venir una noche a la semana. Qué decir, entonces, dos. Muchas cosas en casa dependen de mí, y mi esposa, al no ser espírita, ciertamente haría de mi vida un infierno aun mayor.

– Y tú, Áurea – disparó Domício en dirección a otra pobre trabajadora, dependiente del transporte público.

– ¿Yo?

– Sí, Áurea, tú misma, ¡claro! Después de todo, ¿estás presente o es solo el periespíritu que vino? – dijo, tratando de burlarse.

– Bueno, Domício. Sabes que dependo del autobús o del transporte de alguien. Con respecto al transporte público, no podía permitirme otro gasto con cuatro pasajes por semana. Mis condiciones económicas no lo permitirían sin sacrificios insoportables. Tengo facturas en la farmacia, en la panadería, en el mercado, además de mis hijos que me necesitan.

Y luego, yendo uno a uno, a cada uno le costó mucho aceptar otro trabajo durante la semana y, cuando pudieron, no hubo forma de conciliar la reunión entre ellos.

– Lo ves. No creo que, por el momento, sea posible seguir el mejor consejo de nuestra hermana Helena. Sin embargo, estudiaremos el caso para ver cómo lo haremos. Quizás podríamos adelantarnos al inicio del trabajo o ir hasta más tarde.

Alguien, entonces, intuido por la poderosa mente del líder del grupo, sugirió la posibilidad de poner a alguien más en el diálogo durante el trabajo de cada noche.

Muy molesto con la sugerencia, Domício tuvo que contenerse para no abandonar su pose equilibrada y, con cierto tono de irritación en sus palabras, respondió:

– Bueno, creo que esta solución encuentra obstáculos de orden material y doctrinario.

La dificultad material es elegir quién podría hacer el adoctrinamiento. Todos aquí tienen actividades específicas, en mediumnidad y apoyo. Además, para las tareas de adoctrinamiento, se necesita una gran cantidad de conocimiento doctrinario, porque no se realiza para cualquiera. Estaremos hablando con otras personas, pudiendo ayudar o entorpecer nuestras palabras. Por lo tanto, se necesita una gran experiencia y muchos años de trabajo espírita para categorizar al referido ejercicio.

La dificultad doctrinaria es como, sabes, aprendimos en muchas obras espíritas que el médium no puede recibir, en la misma actividad, más de dos entidades porque, de lo contrario, minaría sus energías físicas, y podría llevarlo al desgaste con trágicas consecuencias.

Entonces, si nos atreviéramos a arriesgarnos en sentido contrario, estaríamos violando ciertas pautas doctrinarias, algo que no puedo permitir como director de esta institución, dando un mal ejemplo a los que están bajo mi responsabilidad.

La única salida sería aumentar uno o dos días de trabajo, pero como quedó muy claro en la posición de la mayoría, esto parece imposible en este momento.

Parecía que Domício había logrado desprenderse bien de la primera petición de la noche, valiéndose de su pseudoconocimiento doctrinario, mezclando conceptos y rechazando cualquier compromiso que, al final, permitiera a otro realizar una tarea para la que, según su propio juicio, vanidad, solo él estaría preparado.

Luego, fue necesario comentar el mensaje de Jerônimo, a través de Jundival.

Pasó por la misma cosecha, confundiendo el falso celo doctrinario con el cuidado más allá de toda medida, pasando por el prejuicioso pre–juicio del pobre médium.

– Bueno, en relación al comunicador final, sus palabras reflejan una gran verdad. Que tenemos que realizar nuestra reforma íntima. Esto se ha dicho desde que me conozco espírita. No parece haber ninguna innovación en términos doctrinarios. Último momento, tiempos difíciles...

Si vamos a los Evangelios, ya en la época de Jesús encontraremos estos mismos adjetivos y, obviamente, no fue por ellos que todo llegó a su fin. Han pasado casi dos mil años desde las exhortaciones cristianas que, ante esto, nos parecen más metáforas de la urgencia de nuestros cambios que, de hecho, signos reales que las transformaciones arruinarán nuestra vida. Siempre han existido terremotos, muertes colectivas también. Y si hoy mueren más personas es porque, obviamente, hay más personas vivas que nunca en el mundo.

En el pasado, las fuertes lluvias arrastraban una casucha o ahogaban a dos o tres residentes. Hoy, la misma lluvia fuerte destruye barrios y mata a cientos porque, por supuesto, hay más casas y más residentes, en una población mucho mayor. Lo que aumentó no fue la violencia de las catástrofes, fue el número de personas. Ahora, hay algunos detalles que debemos tener en cuenta para no ser los que, incrédulos, cayeron en los trucos de la oscuridad. Es sospechoso este asunto de venir a decir que lleva un mensaje del amoroso Bezerra de Menezes. ¿Cuántas entidades – y es el mismo Codificador quien nos alerta – pretenden ser nobles personalidades, pretendiendo, con ello, que sus tonterías sean escuchadas y aceptadas?

¿Cuántos espíritus inferiores quieren cambiar rutinas perfectamente correctas y entorpecer sus proyectos, utilizando mensajes similares a estos, invocando nombres venerables? ¿Cómo saber si no es una medida desafortunada la que quieren que tomemos? ¿Han pensado en el número de desesperados? Una Casa Espírita es fuente de esperanza. No puede ser el escenario de una película de terror. ¿Quién estaría interesado en cambiar su rumbo para dañar a los habituales con promesas tan negras? Fin del mundo, último minuto, dolor esperándonos, todo esto es un discurso del apocalipsis, eso sí, haciendo temblar a los que ya están afligidos y nos buscan para encontrar una posada serena.

Por eso les pido a todos que se mantengan alerta, especialmente a los médiums, ya que las acciones inferiores pueden engañarnos, a pesar de toda nuestra buena voluntad de ser útiles.

Por tanto, no digo que Jurandir nos estuviera engañando. Pero sí, está la figura de la mistificación inconsciente, del animismo del médium, cosas que pueden engañar al mejor intencionado de los trabajadores.

Y como no tenemos ningún médium psíquico entre nosotros, no hay forma de ver la naturaleza de los espíritus que vienen a nosotros para sus exhortaciones.

✱ ✱ ✱

Pobre Domício, líder espírita con buenos sentimientos, pero con tan precarias valoraciones doctrinarias. Confundiendo intencionalmente conceptos reales, cada vez que se veía contradecir sus intenciones, arrojaba la cosa a la hipótesis de la mistificación inconsciente o del animismo mediúmnico, con cuya etiqueta consideraba cerrado el análisis del hecho.

Su alma inmadura no quiso cambiar nada en los hábitos establecidos y, confundiendo sus intereses con los intereses de todos, manipulaba las cosas al predominio de su voluntad.

Como la mayoría de los trabajadores que se sometieron a su directiva estaban igualmente constituidos por quienes se mostraban serviciales en los estudios y omisos en el trabajo en el bien, consideraban que era suficiente con realizar sus tareas de la manera que agradaba a Domício, sin cuestionar sus decisiones o análisis, ya que lo consideraron muy inteligente, preparado y dedicado, además de respetar su antigüedad en el grupo.

Era el típico ciego, guiando a otros que tampoco querían ver.

✳ ✳ ✳

Afortunadamente, no todas las instituciones espíritas están dirigidas por criaturas tan sumisas a la vanidad y al orgullo, disfrazadas de dedicación y celo por la causa espírita.

La semana pasada, Gertrudes leyó atentamente el resultado de la primera experiencia con entidades visitantes que se habían manifestado a través de las facultades de Marieta, con el apoyo de Jandira. Sus evaluaciones la llenaron de anticipación para la próxima reunión. No pretendía dar a conocer la información obtenida en el primer contacto hasta haber obtenido más información, circunstancia indispensable para reforzar su análisis y asistirlo en las conclusiones comparando la coherencia, profundidad y solidez entre ellas, haciendo así una valoración de la seriedad y coherencia de las inteligencias que las producían.

Así fue como Gertrudes esperaba con ansias la llegada del nuevo encuentro, cuando se repetiría la experiencia de la semana anterior.

28. Nuevas respuestas

Había llegado el día de la nueva reunión mediúmnica del grupo coordinado por Gertrudes.

Una vez más los trabajadores estaban en sus lugares, entre ellos Marieta y Jandira, quienes, siguiendo instrucciones de la líder, habían llegado mucho antes que los demás, colocadas en sus respectivos lugares, en la misma disposición que la semana anterior.

Sin embargo, apenas llegaron al centro, recibieron de Gertrudes una lista de algunas preguntas que tenía la intención de enviar a los visitantes, ayudando a Jandira a abordar los temas, sin pretender reemplazarla en sus tareas.

Bien entendida a través de la sinceridad fraterna, que no se esconde detrás de falsas consideraciones, además de los médiums en foco, estaban los demás trabajadores, sin excepción.

Durante los preparativos del encuentro, se volvió a recordar el motivo del aislamiento temporal de las dos trabajadoras del bien, dato que no impidió las miradas de renovada sospecha entre Laura y Neide.

Mientras tanto, espíritus involucraron a médiums, dialogantes y simpatizantes para las diversas actividades de la noche.

Tal como había sucedido en la institución de Domício, esa noche el grupo mediúmnico sería visitado por un dedicado servidor del bien, encargado de la misma misión de despertar que venían realizando varios espíritus.

Esta vez, la tarea la llevaría a cabo el alma generosa de Juana, quien ya se había acercado a Germano sobre la medida en curso, pidiéndole no solo autorización para cumplir la tarea, sino también por el concurso fluido de los encarnados y desencarnados.

Como resultado de este programa específico, al asumir la mediumnidad de uno de los trabajadores en la apertura de tareas nocturnas, Germano recomendó que se prepararan para la recepción de un espíritu noble, con importantes comunicaciones. Prefirió no mencionar su nombre ni referirse al contenido del informe que se transmitiría, precisamente porque conocía el carácter frágil de varios de sus tutelados, además que lo más importante era que estaban abiertos al contenido del mensaje.

Destacó que esto sucedería luego de la tarea normal de asistir a las entidades afligidas y las vibraciones solicitadas por las personas que acudían al núcleo solicitando vibraciones específicas.

Como Marieta y Jandira estaban vinculadas a una actividad concreta, las despidió de escuchar el mensaje que se produciría con los demás trabajadores para que no interrumpieran la puesta a punto necesaria para el buen fin de sus actividades.

Todo ajustado, empezó la faena nocturna.

Se repitió el aislamiento entre los dos grupos de trabajo, con el ambiente espiritual de la zona donde ambos eran totalmente diferentes al resto del entorno, proporcionando una mayor implicación y una mayor sensibilidad.

Marieta volvió a ver las imágenes del plano espiritual que la rodeaba.

– Bueno, Jandira, veo a los mismos amigos de visita, el "flaco" y el "bajito." No tengo, en mi campo visual, la identificación de otras formas diferenciadas, como sucedió la otra semana, algo que, según me dicen, no lo hicieron porque ya es innecesario.

El hombre más alto y delgado nos está informando que nuestras relaciones magnéticas hoy son más fáciles debido a nuestras comprensiones previas y porque nos conectamos durante el descanso orgánico. Dice que nos reunimos dos veces esta semana, para una mayor sintonía, lo que produjo un campo mental favorable para esta segunda conferencia.

Creo que esto hará más clara la captación de las ideas que quieran pasarnos preparando el cerebro encargado de recibir las impresiones.

Dice que puedes empezar a hacer las preguntas que quieras, Jandira.

– Muy bien, Mari. Entonces, vayamos a la primera de hoy: acabas de decir que esta semana te acercaste al médium dos veces mientras tu cuerpo físico dormía. ¿Cuál fue el propósito de esta reunión?

– Como ya dijimos, con esto pretendemos mejorar los procesos de comprensión reduciendo la extrañeza que puede bloquear tu mente, creando barreras naturales para la comprensión de algunos conceptos. Explicar cosas muy diferentes requiere el uso de símbolos comprensibles y, para que esto sea efectivo, el intermediario necesita saber algo de lo que necesita traducir. Si el traductor no tiene un poco de conocimiento del tema que le espera a la traducción, seguramente tendrá dificultades para entender lo que deberá traducir, dañando el trabajo final.

Así, durante el descanso del cuerpo de nuestra compañera, con la autorización de sus asesores aquí presentes, nos acercamos a la armonización favorable a los objetivos de nuestro diálogo. Y lo hicimos no solo entendiendo espíritu–espíritu. También ayudamos al cerebro físico con la implementación de recursos sutiles en el campo de sus memorias, insertando un programa temporal, con el objetivo de familiarizarlo con la traducción de conceptos de manera simbólica. De esta forma, tanto el alma del médium como las herramientas que utiliza para la transmisión básica de las ideas principales serán más maleables para la comprensión de las ideas centrales.

No fue necesario – como estás pensando – realizar ningún tipo de implante físico. Nos referimos a operaciones magnéticas en el campo cerebral, liberando ciertos departamentos que aun están poco explorados para que, comenzando a trabajar de manera acelerada, sean capaces de procesar información sin tantos errores. Sería algo así como un programa de traducción más avanzado. Muchos de ustedes pueden utilizar estos programas de computadora en sus actividades habituales en el mundo actual. Sin embargo, cualquiera sabe que la simple elección de un texto extranjero y su traducción automática a través de tales mecanismos no garantiza una cadena de ideas completa y perfecta, ya que los traductores actuales, al no tener experiencia creativa e integrada junto a los idiomas que intentan correlacionarse, se limitan a la interpretación literal de palabras, sin tener en cuenta simbolismos, figuras literarias, expresiones regionales. Son traducciones hechas al pie de la letra, que en muchos casos crean más confusión que aclaraciones. Con la actividad que desarrollamos en el campo cerebral y mental de nuestra hermana, hemos implementado un programa más avanzado, que la nutrirá con estos símbolos apropiados para la comprensión de las ideas que le transmitimos.

No interferimos con su propia personalidad, ni alteramos la naturaleza de sus emociones, que respetamos porque cada uno de nosotros es una obra especial y única en el universo.

– ¡Ah! ¿Tiene, entonces, algún entendimiento que se base en leyes universales? Quiero decir, ¿respetan las leyes y no solo hacen lo que les da la gana?

– Todo en el universo, como los hombres terrenales un día notarán personalmente, está estructurado en reglas muy claras, que mantienen el funcionamiento armonioso del todo. Estos preceptos también se aplican a todos los mundos y humanidades, respetando sus peculiaridades evolutivas.

No olvides que no todos los seres que componen la humanidad están en la Tierra. En otros orbes habitan otras inteligencias, cada una sujeta a evolución según un modelo específico que les impone el tipo físico del mundo, por el mayor o menor predominio de leyes generales, en un sentido u otro. Donde la materia es más densa, la evolución está ligada a ciertas reglas. En mundos donde la densidad es diversa, existen otros requisitos y se aplican otras leyes, igualmente sabias.

– Aprovechando este tema – interrumpió Jandira –, en la Tierra hay muchas formas para que la humanidad se relacione con lo que él llama Dios. ¿Tiene alguna forma de conexión con una inteligencia superior y cómo es esta relación en la práctica?

– Sí. Esta relación tiene bases similares a la suya. Creemos en algo muy intenso, fuerte, que dirige toda la construcción universal, cuyo propósito, para nosotros, es aun desconocido en el sentido de no poder penetrar en su esencia ni comprender sus objetivos. Pensamos en este concepto que en la Tierra recibe este nombre "Dios" como algo no físico. Sabemos ser muy intensos y precisos, algo que produzca un mecanismo – si así podríamos llamarlo – que es perfecto, sin fallas en su integridad.

– Y puesto que creen en algo superior, ¿tendrán también lo que nosotros, los humanos de la Tierra, llamamos principios morales, éticos y de conducta?

– Para nosotros, el código que llaman Evangelio es para todos los niveles de evolución espiritual. Es cierto que, en nuestras condiciones de comprensión y evolución, ya se han superado varias cuestiones morales. La vanidad, el orgullo, el egoísmo, por ejemplo, son emociones que ya no necesitan encajar en los códigos de conducta que nos gobiernan. Esto se debe a que, por ejemplo, hablando de mi condición personal, en mi especie todos somos idénticos por fuera. No tenemos prendas exteriores y, por lo tanto, se han dejado de lado algunas normas morales que aun son importantes para ustedes porque ya hemos superado estas barreras. La belleza exterior, que es tan importante para ustedes, ya no es un objeto de preocupación para nosotros, reemplazada por la belleza real, la del propio ser, esa luz interior, esa que puede brillar más o menos, incluso indicando nuestros problemas internos por los cambios luminosos. externalizados. Es como si pudiéramos ver la esencia de cada uno. Para ustedes, una mujer hermosa, bien vestida y peinada a menudo es codiciada, envidiada o temida por los humanos. Sin embargo, en nuestra opinión, si no hay luz interior, no hay belleza real. Es solo una ilusión óptica, por lo que podríamos clasificarla.

Estamos tan acostumbrados a ser iguales que, para nosotros, ustedes son los extraterrestres, cada uno con un cabello diferente, un color diferente, con ropa diferente, con modelos diferentes. Ustedes son, para los que vienen de fuera, una sorpresa tras otra y, por momentos, una sorpresa pavorosa y primitiva. Algunos admiran el tamaño de nuestra cabeza, pero no se sorprenden del tamaño de su propio vientre. Para nosotros, ustedes serían como carrozas ambulantes, y la ciudad donde viven, un gigantesco desfile de carnaval, cada uno con su fantasía individual. Montan en carrozas y viven constantemente en un carnaval. Y lo decimos de una manera muy respetuosa, sin criticar las decisiones que toman.

– Bueno – respondió Jandira sonriendo –, en ese sentido, estoy realmente de acuerdo con tu opinión. Ahora, a la luz de estos hallazgos, ¿qué mensaje te gustaría que aprendiéramos?

— Aprender no es la palabra. Sería mejor decir "experimentar." Todo lo que aprenden en la escuela no es realmente aprendizaje. Allí, según nuestros conceptos, están siendo capacitados o programados. El aprendizaje solo ocurre con la experiencia. Nos gustaría mucho dejarles con la idea de disfrutar cada momento de esta vida actual, no por miedo a que sea la última, ya que esto no es real. Habrá muchos más por delante. Pero porque cada encarnación tiene sus propios objetivos, su brillo específico y su valor real. Cada uno está construida sobre una base diferente a las anteriores. Tendrán encuentros y reencuentros que los sorprenderán cuando regresen a la otra dimensión, después de la muerte. Algunos, cuando lleguen allí, querrán noticias de un ser querido que traen a la memoria de reencarnaciones lejanas, deseando abrazarlo en el mundo espiritual como alguien que fue madre, padre o hijo. Y, para su sorpresa, descubrirán que esa alma se encarnó a su lado, en la misma familia en la Tierra, alguien a quien esa persona nunca le dio mucha importancia. Esto representará un amargo choque en la memoria de los indiferentes.

Amar a todos es algo que sucederá poco a poco. Así que sería hipócrita esperar ese amor inmediato de la gente del ahora. Tanto queremos que a aprendan a respetar a todos y todas. Esto es mucho más fácil que amar, que implica afinidad, sentimiento. El respeto involucra solo nuestra voluntad. Respetar a todos en sus opciones personales e, incluso si no están de acuerdo con sus elecciones, debe prevalecer el respeto. No me refiero aquí a cancelar las correcciones de las tendencias más bajas. Ya sea en una sociedad grande o en la familia – que es la misma sociedad en escala minúscula – es necesario que el sentido del respeto corresponda al horizonte que debe guiar la vida colectiva. Por tanto, no es apropiado dejar de corregir el mal con la excusa de respetar el mal. De hecho, es fundamental subsanar el acto inadecuado, demostrando a su agente que ha violado las reglas de respeto común, que todos deben a todos. Incluso cuando se va a castigar a un delincuente, la sociedad evolucionada lo hace dentro de los límites del respeto a su dignidad, incluso si el delincuente no ha respetado todas las convenciones. Es como si fuera un paciente o un animal rabioso que ataca incluso a quienes lo cuidan. Si el tutor se enoja con su tutelado y lo ataca con la misma virulencia, demostrará que está al mismo nivel que la bestia o que es incluso peor que ella.

El respeto al que me refiero está vinculado a las elecciones lícitas que hacen las personas y que no representan una vulneración de los derechos de los demás.

Respeten a todos los seres que conocen, incluso si se refiere a los espíritus perturbadores que te producen problemas. Cuando los hombres descubran que el respeto por otra nación u otra persona es la base de la civilidad, encontrarán el camino de la paz que hará posible la armonía en este momento evolutivo. Todo lo que sucede hoy en la humanidad fue culpa del mismo hombre, en los desajustes generados por su egoísmo, que conducen a la competencia y es un paso hacia la destrucción.

Respeten la Tierra, usándola de la mejor manera posible, tratándola como la cuna que necesitarán y donde te acurrucarán en futuras reencarnaciones.

Respeten todo y a todos ahora, para luego amar como consecuencia.

– ¿Cuál es la razón práctica que te trae a este planeta? ¿Están aquí para hacer algo que interfiera con este proceso de crecimiento evolutivo, supongo?

– Estamos aquí para ayudar, tanto a ustedes como a nosotros. La armonía de los planetas del sistema solar es importante para nosotros. Los hombres que cultivan el campo están comenzando a descubrir que la prosperidad de sus vecinos influirá invariablemente en el éxito de su propia cosecha, ya que todo está interconectado. Ya vivíamos en la Tierra cuando era muy diferente a lo que es hoy. Cuando estuve aquí, como miembro de la familia terrenal, este mundo estaba formado por un solo continente. En ese momento, todo era mucho más difícil, más denso en todos los sentidos. Tal unidad territorial permitió el desarrollo de muchos conceptos que, hoy en día, se encuentran tremendamente distantes debido a la deriva de los continentes que se produjo a lo largo de millones de años. Algunas estructuras arquitectónicas y costumbres similares de pueblos hoy muy distantes entre sí, encuentran sus primeras raíces en la coexistencia de épocas remotas como aquellas, transmitidas a pueblos posteriores en forma de leyendas, tradiciones orales, cultos religiosos, conceptos sagrados. En ese momento, recibimos la ayuda de espíritus muy avanzados que tenían conocimientos de física, química que no conocíamos. Esto nos permitió construir muchas cosas que, por obvias razones, actualmente están destruidas por la sucesión de edades geológicas. Aun así, estamos trabajando directamente en la mejora del ADN de los seres humanos, como principal objetivo. Con la mejora de la Tierra, los hombres no igualarán inmediatamente la evolución de sus hermanos extraterrestres, como por un arte de magia. Hay un largo camino por recorrer para lograrlo. Cuanto mejor sea el cuerpo físico, cuanto más puedan hacer, menos daño soportarán. Los seres humanos pagan mucho con sus cuerpos, con las correspondientes enfermedades y dolores. Nuestra intervención tiene como objetivo ayudar a los hombres a comprender los mecanismos de la salud real, además de apuntar a la renovación de los métodos de tratamiento de enfermedades, el descubrimiento de fármacos más avanzados, la rectificación de conceptos filosóficos sobre el desequilibrio biopsíquico–energético como matriz primordial según el cual se produce la repercusión destructiva de los tejidos en lo que se conoce como la enfermedad. Con permiso superior y respeto a las leyes universales de intervención no abusiva, actuamos para que el propio ADN evolucione para defender la estructura orgánica de la incidencia de determinadas enfermedades, como creando una especie de bloqueo. En genética agrícola, los científicos ya son capaces de alterar el gen de algunos tipos de semillas para que, al transformarse en plantas, tengan barreras naturales al acoso o a la proliferación de determinadas enfermedades bacteriológicas o al ataque de plagas devastadoras. Tales intervenciones de nuestra parte en la genética humana respetarán los límites impuestos por la dirección superior de los destinos de la humanidad terrena. Estamos, por tanto, hablando de medidas que se están implementando a nivel de investigación de laboratorio, en beneficio de los futuros cuerpos humanos. De hecho, estos cambios importantes y beneficiosos solo se consolidarán, volviéndose reales y efectivos, cuando los hombres cultiven conceptos más saludables en el espíritu, ya que la mejora genética y la mejora del alma deben ir de la mano. Entonces, para ayudar a mejorar el ADN de los cuerpos, también necesitamos fomentar la mejora interna de las criaturas. Sin embargo, este cambio en esencia no se puede manipular mecánicamente, ya que depende exclusivamente de cada ser. Ya estamos trabajando en el mejoramiento biológico con mucha anticipación, esperando la elevación del espíritu humano para beneficiarse de una nueva vestimenta carnal.

– Con esta mejora de los cuerpos en la Tierra, ¿les permitiría eso a ustedes, visitantes, reencarnarse entre nosotros nuevamente?

– Es importante que sepan que no pretendemos dejar nuestras conquistas civilizadoras porque aspiramos al montón de latas y telas que la humanidad terrena considera su mayor tesoro. Por tanto, no es por nuestro interés que cooperemos con esta mejora genética. Sin embargo, existe un trabajo paralelo al ya mencionado, cuya finalidad es el desarrollo de cuerpos compatibles para nuestro uso y que no atemoricen a los ojos terrenales porque son más parecidos a lo que los humanos aceptan como normal para que, de esta forma, podamos estar en su sociedad, ayudándoles más de cerca en el trabajo terrenal.

Si piensas profundamente, a pesar de estar hecho de carne similar a la de cualquiera de tus contemporáneos, el cuerpo de Jesús refleja este avance superior de armonía biológica. En un momento en que los brotes devastaron comunidades, pueblos y aldeas enteras, nunca hubo noticias que se había enfermado. Era un cuerpo denso de carne que sucumbió a la crucifixión. Sin embargo, era mucho mejor de lo que cualquier hombre de hoy podría poseer.

– ¿Por qué son visibles, a veces, a través de la mediumnidad y no a la visión normal de todas las personas?

– Nos hacemos visibles o no por el permiso que se nos da. Se trata de un plan organizado para permitir o animar a los humanos a buscar más noticias, además de estar preparados para un contacto más directo y sin traumas. Cuando el inconsciente trata al sujeto como algo normal e inofensivo, el camino hacia la comprensión está abierto y pavimentado. Si fuera algo brusco, lo inesperado produciría miedo y el miedo estimularía la agresividad, estropeando todo el esfuerzo de un acercamiento sano y pacífico.

– ¿Nuestras alegrías o tristezas, luchas o logros influyen sobre ustedes de alguna manera?

– Sus alegrías o tristezas no repercuten directamente en el mundo en que vivimos, muy distante del tuyo. Sin embargo, cuando estamos aquí, sus alegrías o dolores nos influyen. Dado que hemos venido para ayudar a la evolución del planeta y la de sus habitantes, las victorias humanas en el bien común son también nuestras victorias. Imagina nuestra alegría cuando alguien que ha logrado captar nuestra influencia positiva para la realización de un determinado proyecto, logra llevarlo a cabo. Asimismo, ¡considera nuestra tristeza cuando, desvirtuando su propósito, la usa como arma de destrucción para otros pueblos! Naturalmente, esto nos impacta. Sin embargo, no somos responsables del resultado o el control del uso de dicho progreso. El hombre será responsable de su buen o mal uso.

– Hay rumores que dicen que algunos países avanzados de nuestro mundo mantienen contacto directo con extraterrestres, incluidas bases para barcos en sus territorios. ¿Es esto ya una realidad?

– Eso es verdad. En realidad, les estamos dificultando la vida a estos encarnados que se creen poderosos, porque imaginan que están teniendo grandes conocimientos o avances, pero nuestra presencia con ellos apunta a contenerlos en sus deseos de supremacía racial o nacional. En su posesión hay cuerpos de extraterrestres que corresponderían a una especie de bio–robot. Usamos estos androides biológicos para misiones de investigación y reconocimiento, como lo hace con los dispositivos mecánicos que envían a otros planetas. La única diferencia es que la tecnología de los humanos aun no permite enviar una sonda con humanoides, equivalente a la forma humana, con todos sus miembros perfectamente adaptados a las misiones. Entonces, sus científicos construyen carros más o menos sofisticados, que caen a la superficie y duran algún tiempo en la investigación, permaneciendo allí después como los cadáveres de la civilización terrestre y su tecnología primitiva.

Asimismo, enviamos sondas bio–robóticas en naves más pequeñas, que realizan investigaciones para las que han sido programadas como nuestros representantes remotos. Como son el resultado de nuestra industria, transmiten la información recopilada, pero son de naturaleza desechable. Algunas de estas unidades fueron capturadas por uno de los países más desarrollados de la Tierra y están siendo estudiadas para que aprendan cómo funciona. Tanto ellos como sus naves están sujetos a una intensa y costosa investigación. Con eso, hemos encaminado la dirección de este país muy inclinado al dominio y la guerra, a hacer grandes gastos por la ambición de dominar nuestra tecnología. Es por eso que esta base está ubicada allí, un país que vivirá con la ilusión de tener mucho.

Es como si nuestra presencia y la lentitud de la investigación consumieran tiempo y dinero, frenando su impulso de destruir a sus semejantes, gastando en investigación científica valores que, de lo contrario, estarían encauzando hacia más guerras. Además, cuando ven el poder tecnológico de seres que no pueden igualar, entienden que hay una fuerza mayor que la suya y que no sería apropiado adoptar comportamientos incompatibles con nuestros protocolos, bajo el riesgo de tener que enfrentarlos. Sus armas nucleares no significan absolutamente nada para nuestra capacidad de intervención. Podemos neutralizarlos incluso antes que sean disparados, evitando así una catástrofe atómica innecesaria.

Si la transmisión tecnológica avanzada hubiera estado en nuestros planes, esto ya habría producido frutos visibles, ya que han tenido estos contactos en su territorio durante muchas décadas.

Nuestra influencia; sin embargo, no solo se preocupa por esa nación. Nuestro propósito básico es compartir la información que tenemos con todos los miembros de la familia humana, respetando los conceptos de universalidad y fraternidad universal. Es por eso que nosotros, los miembros de la familia cósmica que estamos vinculados a ustedes, hemos producido apariciones hoy, en diferentes partes del planeta y no solo en una región específica. Queremos hacer natural y aceptable la idea de la existencia de la vida en otras dimensiones, hablemos de esta manera. Nuestra presencia aquí tiene el propósito específico de ayudar, influir positivamente, intuir el desarrollo de la tecnología en beneficio de todos. No estamos aquí para fomentar el dominio mutuo o la agresividad y explotación de los débiles. Por eso, nuestra tarea de contener a los líderes agresivos de esta nación está muy evolucionada materialmente, pero muy tardía en cuanto al sentimiento sobre la esencia del universo y del ser humano.

– ¿Cuál es el concepto que hacen de las figuras que son importantes para la fe de los humanos, como Jesús, María, Buda y muchos otros espíritus evolucionados según nuestros estándares?

– Para nosotros, son espíritus evolucionados de la misma forma que para ustedes.

– ¿Pero tienes contacto directo con los espíritus antes mencionados?

– Cuando estos espíritus lo permiten, podemos relacionarnos con ellos más fácilmente que nuestras posibilidades de comunicación con los seres humanos. Para nuestra llegada aquí como tarea de ayuda, hubo una reunión importante para la definición objetiva de nuestras funciones y la forma en que actuaríamos. Cuando llegaron aquí nuestras primeras representaciones, lo hicimos bajo la protección del que llaman el Cristo y su augusta colaboradora directa, María, que condujo nuestra caravana hasta las inmediaciones del ambiente de los hombres.

– Aprendimos que Jesús es el líder espiritual de este orbe y otros que son vecinos. ¿Cuál es la relación entre quienes nos visitan y quienes, de alguna manera, interfieren con el orden físico del mundo y estas almas superiores? ¿Están autorizados por ellos?

– Sí, nuestra interferencia es por su designación. Son espíritus que, de la misma manera que los ven con adoración, nosotros los vemos como espíritus muy elevados, tenemos respeto y conciencia de la grandeza espiritual de cada uno.

– En ese caso, dado que Jesús y María están más evolucionados incluso en relación con ustedes, ¿con qué apariencia se presentan ante ustedes?

– Los vemos como luz, solo luz. Jesús con una luz más intensa, con un contorno como si de un cuerpo se tratara y María envuelta en una luz rosa que se vuelve azul cuando se extiende a su alrededor. No los vemos con la forma humana que ustedes plasman para relacionarse emocionalmente con ellos.

– ¿Todos los que nos visitan hoy, como habitantes de otros mundos, han vivido alguna vez aquí en la Tierra como tú?

– Lo hcie, como dije antes. Los demás, no necesariamente. Han vivido en mundos distintos a la Tierra, han evolucionado con otras formas. Los planetas con el mismo patrón geológico que este mundo tienden a desarrollar una biología similar a la que se encuentra aquí. Siempre somos humanos, cada uno para el planeta específico que habita. Para nosotros, considerando los mismos estándares que usáis para calificarnos, diríamos que son los extraterrestres, solo que no abandonaron sus alojamientos terrenales para encontrarse con nosotros en el universo. ¿No hay una ley que gobierne todo? La génesis es la misma para todos. Cuando muchos suben la misma escalera, la que está en el escalón superior puede considerarse más importante o más alta que las que están directamente debajo, mientras miras hacia abajo, puedes ver que otras pasan por los mismos escalones inferiores que ya se han superado. Así, en el caso de los humanos en la Tierra, es común idolatrar a los que están por encima de él y despreciar a los que están por debajo de la escala de evolución, como vemos en el trato que los terrestres dan a los hermanos en el reino animal. Pero también son muy importantes para aquellos en los escalones más bajos que la Tierra. ¿Has pensado en eso? ¿Nunca has interpretado la devoción de un animal doméstico, que los venera como dioses, como la admiración y el respeto que los seres menos evolucionados tienen por sus ídolos? ¿Y qué hay de esos humanos que viven en otros orbes debajo de su mundo físico? Si pudieran escuchar sus pensamientos, podrían escuchar: "¡Vaya! ¡estas personas en la

Tierra están tan evolucionadas! Tienen teléfono, agua que sale de la ducha, un carro que anda por tierra, en el cielo, en el agua, bajo el agua, tienen palacios luminosos, pueden hablar entre ellos mientras están en el otro lado del mundo, mientras aquí, donde estamos, no hay cama para descansar."

– En los eventos de malestar social o rebelión de un pueblo, ¿interfiere para evitar enfrentamientos entre hermanos de la misma sangre?

– Bueno, obedecemos un protocolo muy estricto en el sentido de no intervenir en otros destinos. Ocurre que hay ayuda, tanto de nosotros como de los espíritus rescatadores que trabajan por el bien de todos, pero en muchos casos, estas turbulencias son algo que debe ocurrir, pues es una rebelión necesaria que traerá muchos cambios sociales importantes para el crecimiento de todos los pueblos.

29. Efectos de la locura

Continuando el trabajo coordinado por Gertrudes y bajo la dirección general del espíritu Germano, en la institución hermana a cargo de Ribeiro, Jerônimo y Adelino acompañaron la recuperación espiritual de Leda.

Evidentemente, no era solo la exmujer de Alberto la que estaba allí bajo el atento cuidado de los trabajadores. El médium que había sido su marido en la última peregrinación física continuó sus labores en la Casa Espírita, fiel a las disciplinas de perfeccionamiento y purificación que debían formar parte del cuidado de cualquier médium responsable de mejorar su sensibilidad mediúmnica.

Tras el fracaso material de la empresa donde trabajaba, seguido de la quiebra familiar, había dedicado su vida a construir el "tesoro en el cielo", actitud que Jesús aconsejaba a los que tenían oídos para escuchar.

La decepción ante el oficio de intereses en el mundo de los hombres, el aprendizaje de las leyes espirituales y las posibilidades de sentir su vibración a través de percepciones mediúmnicas fueron un alimento precioso, motivando su nuevo estilo de vida. Se había equilibrado materialmente al comprender sus reducidas necesidades materiales, satisfechas a través de una modesta función profesional que le pagaba lo necesario.

Con la decisión acertada sobre sus tareas, había mejorado mucho la sintonía amorosa en la que podía captar las intuiciones y la presencia de varias entidades amigas, que lo utilizaban para ayudar a los pobres sin comprensión.

La lección viva de renuncia y devoción, humildad y superación lo acercó al líder encarnado Jurandir. Entre ellos, el vínculo de confianza y amistad se profundizó de tal manera que, naturalmente, Alberto había comenzado a compartir con el presidente varias actividades que le pesaban en el hombro por la falta de colaboradores espontáneos y responsables.

Así, fue Alberto quien se ocupó de los detalles del encuentro espírita que allí se realizaba todas las semanas.

Su compromiso con la obra le permitió a Ribeiro estar más presente con sus intuiciones, utilizándolo finalmente para transmitir comentarios o consejos.

Alberto se había ganado el apoyo de las venerables entidades con las que se conectó espontáneamente, quienes le extendieron la acogida temporal por el reequilibrio inmediato de su antigua compañera, esa alma devota y menospreciada que subestimaba la conexión espiritual que el exmarido mantenía con la casa de oración. Esto no fue solo gracias a la intervención de sus oraciones sino, se observa, la aplicación imparcial e ineludible de la ley del universo, la consideración del mérito relativo de la propia Leda.

Ciertamente, en el tribunal de justicia divina no podía sentarse excepto en la silla de los acusados. Había vivido para el mundo y gozado de sus facilidades, renunciando a aceptar el cáliz amargo que se debía a su propia culpa y solidaridad fraterna con su marido.

Sin embargo, a pesar de todos sus delitos, había sido madre de dos hijos.

Aunque había ejercido imperfectamente sus responsabilidades maternas, había sabido conservar las joyas de amor que le habían prestado, habiendo permitido que nacieran de su vientre sin las atrocidades del aborto egoísta y criminal.

Además, aunque no estaba de acuerdo con las actividades espirituales de su esposo, Leda las toleró sin crear mayores dificultades para Alberto, nunca tratando de detenerlo de la tarea mediúmnica ni atormentando su vida en ese sentido, como hacen tantas mujeres y maridosególatras.

Mientras nadie le impidiera hacer sus caprichos, toleraría las prácticas religiosas de su marido. Esto evitó muchos disturbios que podrían haber perjudicado la labor mediúmnica de Alberto en el cumplimiento de sus obligaciones.

Luego, dentro de las leyes solidarias, Leda se había convertido en acreedora de la protección de los espíritus que utilizaban a Alberto como vehículo para sus actividades en el Centro Espírita regentado por Ribeiro, en cuyo complejo hospitalario se refugiaba para su despertar y renacimiento tras la muerte física.

Habían pasado casi dos semanas desde la fecha de su ingreso, recibiendo la asistencia constante y dedicada de varios trabajadores capacitados para que la persona recuperara la conciencia de sí misma.

Como ciertamente recuerda el lector, no fue solo Leda quien aceptó la invitación del bien para entrar en la casa del Padre.

Las entidades que lo habían seguido, cada una apoyada según sus necesidades específicas, estaban también al cuidado de equipos especializados que trabajaban en un esfuerzo por recuperar su lucidez, para que pudieran elegir otros rumbos.

A las dos semanas Leda empezó a recobrar la conciencia, hecho que preocupaba a sus benefactores por las infortunadas condiciones a las que estaba acostumbrada desde los tiempos en que, en la Tierra, se había lanzado al cultivo de los caprichos y placeres, creyéndose superior a los demás...

No pasó mucho tiempo antes que uno de los trabajadores espirituales de las cámaras de recuperación buscara al líder responsable, y le informara sobre la condición de la paciente y le pidiera orientación sobre las decisiones que se tomarían en su caso.

Esto se debe a que la mujer se mostró indiferente ante cualquier ayuda, insatisfecha con todo, quejándose de dolores que, según sus palabras, solo empeoraron, sin mostrar inclinación por ayudar a asimilar el tratamiento recomendado para su caso.

El diálogo, por tanto, siguió siendo interesante:

– ¿Cómo despertó hoy? – le había preguntado Ribeiro a uno de sus compañeros de trabajo.

– Bueno, parece que todavía no se identifica ni recuerda lo que le pasó. Sufre del síndrome de amnesia.

– Debido a que carece de la importante noción de la sobrevivencia, no ha desarrollado favorablemente la lucidez. Muchos, como ella, son candidatos al sanatorio terapéutico, único refugio idóneo para la ayuda real, ante la zona de Umbralina, que, en todo caso, sigue siendo una bendición para renovar conciencias.

– De verdad, hermano Ribeiro. Hemos tratado a nuestra hermana con la misma atención que a quienes se encuentran en la misma situación. Sin embargo, debido a sus adicciones a su última vida carnal, no parece capaz de asimilar a satisfacción los efluvios vibratorios que se le ofrecen. La disposición mental inadecuada no lo permite.

– Sí, Alencar. No descartamos el aislamiento. En lo que a mí respecta, sabes que nuestra hermana no merecía créditos especiales. Está aquí gracias a los llamamientos de nuestro querido Alberto, cuyo mérito le afirma a la hermana que le sirvió de esposa unos recursos a través de los mecanismos de intercesión, previstos en la ley del universo. Sin embargo, no hay violencia en el bien. Cuando el beneficiario no lo quiera, comenzará a gestionar sus propios pasos en los caminos que elija. La noche siguiente, ahora que Leda está despierta, traeremos a Alberto para hablar con ella sobre los temas trascendentes del alma. Quizás con su cercanía nuestra hermana mejore su estado de pensamiento y colabore mejor en la propia renovación, sin la cual necesitará ser dirigida al pabellón de los locos o desplazada al entorno magnético umbralino, para que el choque la haga despertar de una vez por todas. todas.

– Es una realidad, hermano Ribeiro. Sin embargo, sigue siendo una tristeza que la gente a menudo prefiera este mecanismo para cambiar.

Poniendo su mano sobre el hombro del dedicado trabajador con el que hablaba, Ribeiro respondió:

– Es el efecto de años de gozo, décadas de inconsecuencias, siglos de holgazanería y milenios de ignorancia a pesar de los sublimes esfuerzos del Padre, a través del amigo divino, por la elevación de los hijos amados. ¿Te imaginas, Alencar, si no hubiera posibilidad de dolor, qué sería de esta gente?

Todos lamentamos tener que estar marcados con el sello del sufrimiento. Sin embargo, esto es pedagógico para el alma que no se ha adaptado al progreso de la vida verdadera, aprendiendo que sus acciones tienen consecuencias en todos los sentidos. La mayoría de los hermanos que tenemos en nuestro parque hospitalario están compuestos por entidades de zonas oscuras, en tránsito para regresar al mundo por reencarnación o para ascender a alguna de nuestras colonias espirituales. Así, estos son casos en progreso hacia la mejora, referidos por los departamentos celestiales como procesos que van de ruptura en ruptura, recorriendo los procedimientos que los conducirán a la felicidad final. Pero, ¿qué pasa con los miles de millones de demandas atascadas en ausencia de la propia voluntad del interesado? ¿Estaríamos preparados aquí, Alencar, para acoger a todos los indiferentes y bromistas, a los que ridiculizan la idea de Dios y se burlan de la solicitud del Padre? ¿Cómo darles acceso a una realidad que desdeñan y de la que no quieren formar parte? Además de convertirse en un pesado lastre para quienes quieren ayudarlos, su presencia iría destruyendo poco a poco la armonía lograda en beneficio de los que se están recuperando emocionalmente, empeorando todo. Por eso, también en la Tierra, la marcha de los procedimientos está sujeta a la ley de provocación por parte del interesado. Aquellos que demuestren el deseo, que cumplan las determinaciones y recopilen los documentos, reciben su solicitud al ritmo esperado. Quienes no hacen nada, por el contrario, condenan su caso al archivo donde los procesos permanecen inactivos, esperando que, algún día en el futuro, el titular del derecho se anime a reclamarlo, adoptando las actitudes oportunas. ¿Alguna vez te has preguntado si las oficinas gubernamentales y las autoridades que ya están abrumadas necesitan continuar con procesos que son despreciados por los legítimos propietarios? Sería una calamidad incluso para el espacio físico que ocuparía este inmenso volumen. Y sepa esto, hermano mío: hay muchos más hijos de Dios que se presentan en la oscuridad de la inconsecuencia que demandas en curso en los foros de la Tierra.

Sacudiendo la cabeza, afirmativamente, Alencar reflexionó, esperando la sabia experiencia de Ribeiro:

– Pero hermano Ribeiro, ¿y los que siempre aprendieron las verdades eternas, leyeron los libros, escucharon las advertencias del mundo invisible, y fueron incluso médiums o trabajadores? ¿Por qué, en nuestro sanatorio, son más abundantes en número que los que ignoraron los llamados de Dios?

Al comprender el deseo de aprender del compañero de lucha, Ribeiro hizo un gesto de compasión y dijo:

– Espiritismo práctico, Alencar. A diferencia del Espiritismo practicado. Muchas personas quedan encantadas con la novedad y sueñan con las posibilidades que se les abren a través de la sensibilidad, en las diferentes etapas del servicio que brinda la solidaridad humana. Sin embargo, descuidándose a sí mismos y las cosas de Dios, se convierten en máquinas, rechazando la necesidad de espiritualizarse. Observamos el peligroso proceso de la obsesión por sí mismo cuando el encarnado, orgulloso, presumido e inmaduro cree que está preparado para el paraíso porque dedicó unos minutos de su vida a la práctica de la caridad material, repartiendo unos bocadillos o aplicando unos pases. Sin embargo, olvidan lo importante. Cuando miran a hermanos de otras religiones, a menudo piensan que esos pobres cultivadores rituales, los que asisten a ceremonias interminables y monótonas, están perdidos porque no conocen las leyes del espíritu como les revela la Doctrina Espírita Cristiana. Sin embargo, no reconocen que están practicando el Espiritismo cuando el católico va a misa y, a veces, incluso con menos unción que esta. Por la pereza secular que los contamina, quienes acuden a centros que han obtenido el "pasaporte especial" imaginan que el prestigioso servicio brindado por los espíritus desencarnados, mientras que los demás, de segunda o tercera clase, el umbral es lo máximo que se les puede conceder. Como ves, amigo mío, son niños mimados que se creen adultos y que, cuando llegan aquí, tienen que afrontar una verdad para la que no se han preparado: que no basta con dar cosas. Sorprendidos por la falta de méritos esenciales, se rebelan, imaginando que la caridad material no se contaba debidamente o valía mucho menos de lo que ellos mismos suponían. No entienden que no es por valor material lo que el universo considera sus méritos, sino porque tales comportamientos no nacieron de un corazón transformado por el bien sincero.

Por eso podemos decir, Alencar, que cuando muere este tipo de espíritas en el mundo, deja a la gente llorando a ambos lados de la vida. Los encarnados que lloran su partida y los espíritus que tendrán que acogerlos "llorando" por su llegada a este lado, siempre exigentes y difíciles, a quienes tendremos que atender, esperando privilegios que no merecían. Son niños arrogantes y temperamentales, insatisfechos con todo lo que encuentran y no están dispuestos a cambiar su forma de pensar. Viven en la comodidad de pensar que están exentos de deberes por el Espiritismo que han conocido en el mundo, olvidando que, si realmente lo conocieron, apenas lo practicaron.

La mayoría de ellos no pueden prescindir de la pasantía en el sanatorio para un tratamiento a largo plazo, especialmente después que se dan cuenta de la pérdida de la preciosa oportunidad que tenían en existencia. Mientras tanto, algunos católicos, evangélicos y otros grupos religiosos se están moviendo hacia adelante, hacia nuevas experiencias evolutivas. Si algo podríamos aconsejar a los que se autodenominan espíritas, sería que no se permitan dormirse a la espera de facilidades de este lado. Que aprovechen los conocimientos que tienen y se cuiden, porque, al igual que en la Tierra, la enfermedad ataca tanto a los infectados como a los médicos, que están más expuestos al contagio porque se esfuerzan por combatirlo, en la vida real, el desequilibrio se vuelve más evidente en quienes no conocían las leyes morales que a menudo es más intenso en quienes lo recomendaron a otros, pero no las siguieron.

El tema fue instructivo, pero Ribeiro recibió una llamada importante y tuvo que despedirse de su compañero, quien, siguiendo el cuidado de los afligidos, llevó la lección que él también necesitaba aplicarse a sí mismo antes que a los demás.

30. Decisiones infelices

Alencar volvió al cuidado de los enfermos del alma que tenía que soportar, esperando la oportunidad favorable del encuentro entre Alberto y Leda.

Sin embargo, su presencia junto a la hermana angustiada parecía abrumarla aun más.

– No te conozco – repitió Leda, entre loca y perdida –. ¿Eres nuevo aquí? ¡Nunca he visto tu cara!

– Sí, doña Leda, llevo poco tiempo en este trabajo – respondió Alencar, usando la psicología para apoyar a la mujer perdida en sí misma.

– Creo que este hospital debería advertir a los pacientes sobre estos cambios. Después de todo, mi vida está en manos de extraños que pueden inducirme perfectamente a la muerte mediante el intercambio de drogas. Ves ahí, ese suero colgante, no vi quién lo colocó, ni sé cuál es su propósito.

– ¡Calma! Doña Leda, todos aquí queremos su mejora. Tenga la seguridad que es una sustancia que le ayudará en el reequilibrio general.

– Yo no sé. Solo creo en Alberto y en mi médico. Después de todo, llevo muchos meses aquí y tengo planes de volver a mi vida. Hablando de eso, ¿puedes decirme si alguno de mis amigos vino a visitarme?

– No lo creo – respondió el enfermero, sonriendo.

Para evitar la decepción del paciente, continuó explicando:

– Es solo que estuvo durmiendo un rato y nadie quiso interrumpir su sueño. Además, aun no estamos en horario de visita.

– Bien, eso es cierto. Me desmayé y ni siquiera sé cuánto tiempo ha pasado. Pero todavía tengo un dolor intenso. ¿No tienes ningún medicamento para aliviarme? Dios, este hospital está empeorando cada día. ¡Son los pacientes los que necesitan seguir pidiendo los medicamentos…! ¿Cuándo viene el doctor a verme?

Las palabras se mezclaron en las frases, su razonamiento apuntaba a una alteración del equilibrio mental, producto de la transición entre los dos mundos, pero también del estado de falta de preparación interior que acompañaba al paciente en el otro lado de la vida.

A pesar del apoyo de los amigos, siguió siendo la misma Leda de antes, voluble, egoísta, mezquina, con actitudes y palabras en absoluto desacuerdo con el entorno en el que fue generosamente acogida.

– ¿Qué tal si oramos pidiendo a Dios su protección?

Ante la sugerencia inocente y fraternal, Leda se movió sobre la cama, se puso de pie para mostrar su propia importancia y dijo:

– Escucha, amigo, ¿eres enfermero o sacerdote disfrazado? Si crees que las oraciones son más poderosas que la medicina, estás en el lugar equivocado, querido. Si tienes estas ideas, te pediré que me saques de mi habitación. Este asunto de Dios es hablar con un buey para hacerlo dormir. Si fuera cierto, estas personas que oran nunca se enfermarían ni pasarían por aflicciones. Sin embargo, parece ser todo lo contrario. Cuanto más reza la gente, más inquietudes se encuentran en su camino.

Ante el silencio de Alencar, volvió a disparar la ametralladora:

— Y entonces, so momia. ¿Te quedarás ahí mirándome? Rápido llama al médico, inútil...

Él estudió para curar a personas vivas como yo. Rezar es por los muertos.

Como puede verse, traía la idea fija que poseía el cuerpo de carne y, caminando hacia la recuperación de la conciencia, soñaba con poder volver a las fiestas y placeres de antes.

Con la mente pegada al mundo material, de poco le servían los recursos magnéticos que se le ofrecían, ya que no los asimilaba, manteniendo el cuadro de inadaptación orgánica y dolor constante.

Nadie le había hablado todavía en términos de desencarnación, segura que, en el momento oportuno, Leda sería consciente de los verdaderos cambios. Su ilusión mantenía sus locuras, viviendo en un mundo de ficción, que le parecía el único real.

Las imágenes mentales que orbitaban su alma indicaban un estado de total desequilibrio.

De esta forma, Alencar esperaba la llegada de Alberto, quien, en espíritu, sería la última forma de abrirle los ojos a Leda.

Tan pronto como el médium pudo ser llevado a presencia del enfermero, intercambiaron unas palabras, enfatizando a Alencar la necesidad que la esposa comprenda su nuevo entorno y, con ello, reajuste sus pensamientos hacia la elevación espiritual a los nuevos horizontes que su alma había sido llamada.

Alberto había entendido la delicadeza de la situación y, agradeciendo la protección de la que era objeto el espíritu de su ex esposa, fue conducido a su presencia, pidiendo íntimamente a los espíritus amigos una inspiración superior para realizar la tarea con éxito.

Al ver la llegada de su exmarido, Leda pareció despertar, cobrando fuerza, sobre todo para juzgar a su exmarido en el contexto del cuerpo vivo, como estaba acostumbrada. No se le ocurrió que el mismo Alberto estaba allí como un alma despojada de su envoltura carnal por el sueño físico.

– ¡Ah! Gracias a Dios que llegaste, Alberto. Solo tú para calmarme. Mira, cariño, ¿sabes que hay diferentes personas por aquí cuidándome? No sé quiénes son, son muy diferentes a los que trabajan aquí en el hospital. Nunca he visto a esta gente. Parece que despidieron a todos y contrataron un nuevo equipo de trabajadores.

Al ver que Leda tergiversaba los hechos para adecuarlos a su interpretación, Alberto trató de alertarla de una manera muy cariñosa, llamando su atención sobre las diversas oportunidades de trabajo en el bien.

– Bueno, mira, Leda, también creo que el hospital ha cambiado. ¿Alguna vez has notado que apenas hay gritos o gemidos en algún lugar que perturben tu descanso?

Todos los que están hospitalizados aquí traen problemas. Sin embargo, la bondad de Dios es inmensa al permitir que sus ansiedades se transformen. ¿Has intentado pensar en la misericordia del Padre?

– ¡Caramba! Alberto, aquí vienes con la letanía del Centro Espírita. Respeto mucho tus ideas, pero como ya te dije, prefiero nuestras tertulias donde, de una forma u otra, nuestras afinidades se alimentan de cosas comunes. Yo, Moira y tantos otros, nos felicitamos y aprovechamos la noticia para distraernos de las preocupaciones del mundo. Hay gente pobre en todas partes y, con eso, terminamos sintiendo la necesidad de acercarnos a quienes son como nosotros. La pobreza atrae la pobreza y con la enfermedad pasa lo mismo. Espero que sigas rezando por mí, así es. Como tu fe es mayor que la mía, sigue orando y pidiendo que las cosas no se estropeen más de lo que ya están. No puedo morir ahora, tengo mucho que hacer.

Al darse cuenta de su insistencia en la loca idea que su vida material sería preservada, Alberto tomó sus manos y dijo:

– Sabes, Leda, antes que las dificultades nos lleven a dar testimonio de la fe a través de la pobreza, no me olvido del día en que nos encontramos en el mundo, tejiendo las brillantes redes de esperanza para nosotros y para los nuestros. Y de estos recuerdos surge la certeza que dondequiera que estemos, nuestro espíritu podrá sentir el mismo cariño para unirnos con todo lo que guardamos en nuestro corazón.

– Es verdad, Alberto – exclamó Leda, un poco más tranquila ante la palabra cariñosa del excompañero.

– Por eso no debemos enfrentar la muerte como un hecho traumático o angustioso que nos aleja de todos los seres importantes. Por el contrario, entendemos la transición a otro mundo como la promoción que se le da al buen alumno o, al menos, al alumno sinceramente interesado en aprender. ¿Has pensado en el momento de tu viaje al otro lado de la vida? Después de todo, todos lo vamos a hacer, sanos o enfermos.

Leda se congeló por dentro, dando la idea de lo aterrorizada que estaba con esta idea.

– No pensé ni quise pensar, Alberto. Las cosas del Espiritismo te hacían hablar solo en la hipótesis de la muerte, como si todos los días tuviéramos que morir un poco. En realidad, mi deseo es vivir y vivir la vida material, rodeado de la atmósfera de gozo, satisfacción, alegría, que realmente toca mi alma. Ahora mismo, un enfermero novato se me acercó con esta conversación de oración. Le pregunté si aquí era una iglesia o un hospital, porque si es el primero, no estaré aquí ni un minuto más.

No es que me estén maltratando, pero, en verdad, estas actitudes de santidad no van bien con las cosas del hospital, llenas de bacterias y artilugios. Entonces, no vengas a mí con esa pequeña charla también. Si descubro que este negocio aquí es una iglesia con todas sus oraciones, encontraré la manera y saldré de aquí rápidamente. Estoy viva como tú, Alberto. ¿Estás muerto por casualidad?

– No, Leda, soy un espíritu que está en un cuerpo de carne.

– ¡Así que vamos! Me visitas en este hospital para animarme a superar la enfermedad. Sin embargo, me dimes que esté rezando, Alberto. Si la oración salvara a los enfermos, no habría necesidad de una farmacia en el mundo, ¡pues claro! Eres una persona viva que habla con otra persona viva. Listo. No más charlas fúnebres. ¡Dios Santo! ¿Viniste a salvarme o a enterrarme?

– Vine para ayudarte a entender, Leda. Resulta que tu vida ahora no se puede vivir como antes. Todo cambia en nuestro camino y todos necesitamos adaptarnos a las nuevas realidades.

– Aquí vienes con esa charla sin sentido. Mira, dime algo: ¿has tenido noticias de Moira? Le envié un mensaje que estaba en el hospital, pero no creo que nadie le diera el mensaje, porque nadie vino a verme.

– Sí, lo hice, Leda. Moira fue enterrada hace un año.

La información produjo una descarga eléctrica en Leda.

– ¿Qué me estás diciendo? ¡No es posible...! ¡No puede ser...! Esa mujer era especial, llena de vida, llena de amigos. Fue mi espejo, la persona que me sirvió de modelo. ¿Cómo sucedió eso y nadie tuvo el valor de decirme nada?

– Creo que no querían molestarte, con los problemas que ya tenías, dando noticias como esta. Pero como decía, no era ni rica, ni joven, ni lo suficientemente hermosa como para evitar que se convierta, ahora, en una calavera bajo la Tierra, ¿verdad?

— Oh, Alberto, Dios, eso es crueldad. Solo pensar en eso me da escalofríos. ¿Y qué será de su espíritu en el otro lado de la vida? ¿Podrías explicarme tú, que eres espírita y lo sabes todo?

— No hay cambio de naturaleza esencial en los espíritus que se mueven entre los dos lados de la vida. Solo se borra el hecho que caen las máscaras mentirosas y las ilusiones que las entretenían. Ahora, en el lado espiritual de la vida, Moira debe estar entendiendo cuán inútiles eran las cirugías plásticas que le garantizaban un cuerpo delgado y atractivo. Ciertamente los obsesores de la vanidad y los que fueron víctimas de explotación sexual la esperan, por lo que la cazadora se ha convertido ahora en la presa.

Preocupada por su posición en el mundo, ahora que su "gran amiga" se había ido, Leda preguntó, angustiada:

— Pero Alberto, y ahora, ¿qué será de este mundo? Siempre nos encontramos a su lado. Ella fue quien organizó las fiestas, recepciones y nuestras diversiones. No hay nadie que pueda igualarla para lograr la misma belleza que ella pudo lograr. Todos giramos en torno a ella. Mi vida no será más divertida si no hay otro lugar adonde ir.

— Pues bien, Leda, no olvides que tanto como Moira, también llegarás al otro lado de la vida con el peso de los errores pasados. ¿Alguna vez has pensado en ello?

— ¡Claro que no! No recuerdo ningún error, querido. Mis hijos; es decir, nuestros hijos, se criaron con lo bueno y lo mejor. Ahora están construyendo sus vidas basándose en todo lo que les enseñamos.

— ¿Te han visitado aquí?

— Lamentablemente no, Alberto. Me angustia un poco, ¿sabes? Pero me calmo cuando pienso en la magnitud de los logros materiales que están buscando. Son luchadores y no quieren aparecer en la sociedad como derrotados, sobre todo después de todo lo que han pasado y las repercusiones de la quiebra sobre ellos.

Alberto, sintiendo que se le acababa el tiempo, necesitaba darle a Leda la amarga medicina que, de una forma u otra, la despertaría.

Con mucho amor en las palabras, entonces, el exmarido le habló:

– ¿Sabes por qué no vienen aquí a verte?

– Ya te lo dije, Alberto, están muy ocupados.

– No es por eso, Leda.

– Sí lo es... lo es... conozco los hijos que tengo – respondió con terquedad, queriendo imponer su opinión.

– No, no es por falta de tiempo. ¡Es porque ya no pueden verte en el mundo, Leda!

– ¿Qué? ¿Cómo es posible que los dos se hayan quedado ciegos? Pero, ¿qué es esto? ¿Una epidemia, una terrible conjuntivitis, un problema más grave del que todavía no me has hablado? Dios mío, Alberto, ¿estás viendo la falta que hace la madre en la vida de sus hijos? Era solo que necesitaba ir al hospital por un tiempo y los chicos terminaron así, ¿enfermos también? Todo es confuso y complicado. Dios mío, ¿no puedes ayudarlos con esto de no ver?

Al ver que Leda seguía eludiendo el tema, Alberto luego le reveló:

– No, Leda, necesitas despertarte. No pueden verte porque, en realidad, te has vuelto invisible. Tu cuerpo murió y ha pasado mucho tiempo en el que tu alma ya no está en medio de la vida de la carne.

Leda no consideró la generosidad de las palabras que le llegaban al alma para producir beneficios de lucidez. Inmediatamente gritó:

— Mentiroso... mentiroso... ¿por qué me haces esto? Lo sé, quieres vengarte de todo lo que te hice, ¿no? ¡Qué cobardía... ¡Ayuda, ayuda, enfermera, ayuda! Hay un hombre aquí que quiere matarme, por favor ayúdame, saque a este loco de aquí...

— Cálmate, Leda, no te agites más. Tu alma está en recuperación. Este es un hospital espiritual y te trajeron aquí por la misericordia de Dios, que tuvo en cuenta algunas de las pocas cosas buenas que hiciste en el mundo.

— ¿Pocas? Continuó gritando, descontrolada. ¿Cómo te atreves a decir que hice poca caridad? ¿No sabes cuánto he donado a los pobres? Lo que queda de nuestras reuniones se dona a los hambrientos. ¿Cómo seguiremos haciendo esto si ya no tenemos a Moira con nosotros? ¿O es eso también una mentira tuya, so impostor? Sí, eres un impostor y quieres impresionarme con esta noticia.

— No importa cuánto patalees, Leda. Ya es hora que te despiertes. Su visita a este hospital no te garantiza acomodación para la frivolidad y la tontería. Los que hiciste cuando estabas en la Tierra son suficientes. Tu presencia aquí es una concesión precaria, que depende de tu deseo de mejorar. De lo contrario, no hay forma de emprender la recuperación, lo que la obliga a reequilibrarse. Te guste o no, ya no tienes el cuerpo de carne.

— Y tú, ¿cómo me hablas? ¿Acabas de decir que estás vivo en el mundo? ¿Cómo puedes decir que estoy muerta?

— Muy simple, Leda. Mi cuerpo está dormido y mi espíritu ha sido traído para tratar de ayudarte a despertar. Si no lo crees, no habrá forma que te quedes aquí.

Leda había palidecido ante una energía nunca vista en las acciones de Alberto. Lágrimas de angustia y dolor íntimo brotaron, revelando su más profunda inadaptación moral.

– ¡No es posible, no puede ser verdad! – Exclamó, media enferma.

– Pero es la verdad más verdadera que tu alma necesita saber. Por eso no conoces a las enfermeras que te atienden, que nadie viene a visitarte y que, ni yo mismo, ya no podré quedarme aquí.

Tus pensamientos deben ser dirigidos hacia arriba, a través de la oración y la humildad, la aceptación y la confianza en Dios, porque de lo contrario, tu vibración inferior te llevará a los planos inferiores, en sintonía con tu alma.

Leda se movió en la cama sin escuchar su consejo.

Sin poder seguir más a su lado, Alberto terminó la conversación diciendo, francamente:

– Dios abrió las puertas de este hospital para recibirte con amor, aunque no tuvieras ningún mérito por ello. Ahora está en tus manos aceptar el don sublime y ayudar a quienes están tratando de ayudarte, cultivando la paciencia, la obediencia y la resignación. De lo contrario, te quedarás en otro tipo de hospital, mucho peor que éste. Tú decides.

Las palabras de Alberto cayeron en su mente como chispas eléctricas de alto poder penetrante, cargadas de sinceridad fraterna. Leda necesitaba decidir su camino para que los compromisos no se pospusieran. Hasta ese momento, había recibido concesiones que no correspondían a semillas. Ahora, tenía que decidir si los aceptaba o si tenía la intención de cosechar lo que había plantado cuando estaba en la Tierra.

Alberto se despidió diciendo que no sabía cuándo podría regresar.

Leda no le prestó más atención, ahora que estaba perdida en sentimientos tan antagónicos.

No pasó mucho tiempo antes que Alencar regresara a la habitación para continuar el servicio.

– Oh, oh... –. gimió Leda – maldita sea la hora en que este marido inútil... quiero decir... ex marido vino a visitarme. Mejor que estuviera enjaulado en alguna penitenciaría. Solo vino aquí para hacerme sufrir. Imagínese, enfermero, intentó convencerme a toda costa que había muerto.

– Y tiene razón, doña Leda. Ya no estás en el papel de los vivos en el cuerpo.

Asustada por lo que ella consideraba la audacia del asistente, se enderezó en la cama, negándose a someterse a los cuidados que le brindaba.

– Me gustaría hablar con el responsable del sector. No aceptaré hacer el ridículo con esta charla de muerte.

Con la tranquilidad de quienes saben lidiar con estos brotes psicóticos, Alencar hizo sonar una campanilla suave que indicaba la llamada del responsable del sector hospitalario al que se adjuntaba el caso Leda.

– Buenas noches, Leda – dijo Alexandre solícito.

– Buenas noches, nada. Estoy aquí bombardeada con información falsa de estas personas que, con la excusa de cuidarme, me han estado persiguiendo. Imagínese, insisten en decir que estoy...

– Muerta, ¿no? – Respondió Alexandre.

– ¡Sí, sí! Gracias a Dios vino alguien que me entiende. ¿Encuentraws algo de lógica en eso?

– Es cierto, doña Leda, no hay lógica en la muerte que lo destruya todo. ¿Alguna vez se ha imaginado cuánto de la obra de Dios se desperdicia para alimentar a los gusanos?

– Es cierto. Por eso quiero que mandes a este tipo para allá – dijo señalando al enfermero Alencar – para que deje de asustarme con esta macabra noticia.

– Resulta, señora Leda, que está pensando en la muerte con la idea del fin de todo mientras que, para todos, la muerte es solo una etapa en la larga trayectoria de crecimiento. Usted realmente no murió, pero su cuerpo ya no existe.

– ¡Mira! – murmuró la pobre mujer – otro loco que quiere engañarme. ¿Tú también estás en ese negocio, amigo? Parecía que era más inteligente que los demás al comprender que todavía vivo como antes.

Con la paciencia de quienes saben lidiar con este delicado momento, Alexandre respondió:

– Entender que la vida sigue es el mayor signo de lucidez que podemos tener, considerando la bondad de Dios, hermana mía. Dios no pudo destruir lo que dice que ama. Y si la ama, permitió que su alma siguiera existiendo para que, después de recuperarse, pueda corregir el mal y hacer el bien.

Leda ya no se atrevía a disputar. Parecía inútil.

Prefería, en su locura, parecer que aceptaba las ideas que la contradecían, de modo que ya no parecía desobediente, y luego trató de ceder.

– El que era mi marido en el mundo me dijo que morí y que estoy aquí para mejorar por no haber hecho nada bueno en el mundo.

– Eso es verdad.

– También dijo que mi mejor amiga había muerto antes que yo.

– Sí, también es cierto. La sra. Moira ya está en el mundo invisible antes que usted.

– Entonces, si eso es lo que me estás diciendo, quiero ir a hablar con ella. Si me dice que morí, veré qué voy a hacer.

Al darse cuenta que Leda se negó a aceptar las terapias propuestas por el amor, Alexandre no se sorprendió por la solicitud y dijo:

– Sepa que no está en una prisión. Estamos en un hospital de amor para los que sufren. Cuando los afligidos no aceptan nuestras medidas, son libres de retirarse cuando quieran. Entonces, arreglaré su transferencia a donde está su amiga Moira, en condiciones mucho peores que las suyas en este momento. Esperamos que esto sirva como una experiencia de aprendizaje. Sin embargo, no olvide que, una vez haya elegido el camino con la libertad que tiene, tendrá que responder de sus actos. No se nos permite volver a recogerla, hasta que sea profundamente transformada por las experiencias que ha elegido vivir.

– Todo bien. Soy consciente de las advertencias. ¿Dónde firmo el documento? Puedes traérmelo, no me negaré a firmarlo. Eso sí, quiero mi alta.

Alexandre asintió positivamente y le pidió a Alencar que arreglara todas las medidas para sacar a Leda de ese hospital y su derivación a los niveles umbralinos en busca de la compañía oscura que tanto extrañaba.

Sería la última vez que Leda tendría un poco de paz y serenidad, hasta que el dolor le devolviera la conciencia al puerto seguro de la lucidez.

31. Corazón del mundo

Acompañado de otros espíritus responsables de las instituciones espíritas activas en la *Patria do Cruzeiro*, Ribeiro había sido convocado para un entendimiento urgente en la región alta, por lo que no había podido continuar la conversación con Alencar.

Frente a los miles de espíritus reunidos para el evento, estuvo Bezerra, junto a quien se reunieron otros mentores y trabajadores del amor con responsabilidades vinculadas al destino de la nación brasileña.

Sin más preámbulos, el Médico de los Pobres se acercó a la sencilla plataforma diciendo, tras la oración de apertura y el saludo fraterno:

– Queridos hermanos, nuestro encuentro fue urgente por la gravedad del tema. Por instrucciones de Ismael, la augusta y angelical entidad que gobierna los destinos de nuestro amado Brasil en nombre del Cristo de Dios, es fundamental que nuestros grupos espíritas se preparen para ejercer el destino natural atribuido a nuestra nación como corazón del mundo.

Según sus aclaraciones, la tragedia que le sobrevino a la industriosa civilización japonesa, surcando en sus almas una dolorosa página de pérdida y rescate, produjo decenas de miles de desencarnaciones repentinas, marcando estas almas con el sello de la desesperación y la agonía. En cuestión de unos minutos, miles fueron trasladados al mundo invisible, muchos de ellos sin la comprensión o preparación adecuada para una nueva vida. Miles de espíritus quedan atrapados en los escombros o en los propios cadáveres en un cuadro doloroso, que abruma al alma más preparada.

No hay duda que todo esto es parte de los procesos renovadores y no hay ni rastro de ira divina en la tragedia colectiva, como muchos la describirán.

En los sistemas superiores no hay lugar para los vicios humanos ni para el ejercicio de las emociones inferiores. Se nos ha advertido constantemente sobre los cambios que se están produciendo, pero a pesar de esto, la mayoría se queda dormida en las emociones materiales como si el mundo material fuera el único que existe.

Esto no impide que la naturaleza siga su curso. Al mismo tiempo que los pueblos de innumerables naciones africanas claman libertad y renovación, víctimas de gobiernos despóticos e indiferentes, las fuerzas del bien observan el avance de los cambios pronosticados durante milenios, reconociendo el desajuste entre las leyes del universo y el dominio egoísta que el ser humano se ha impuesto sobre el medio que ocupa, produciendo desánimo y confusión en la casa del Padre que llamamos Tierra.

En todas partes, los elementos naturales seguirán provocando tanto trastornos en el tejido social como antiguas prácticas de dominación.

Ismael destaca, por tanto, el momento de solidaridad entre hermanos que viven en regiones no afectadas por catástrofes hacia quienes, alejados de la vida física, se pierden entre las ruinas en busca de sus bienes o seres queridos que también han desaparecido.

El dolor de los sobrevivientes no será menor, ya que tendrán que vivir con la reconstrucción de todo lo que perdieron bajo el oscuro panorama que seguirá a la tragedia material.

El miedo, la contaminación, la falta de recursos, todo esto dejará atónito a la nación japonesa en su conjunto, pesando más sobre los que vivían directamente en las zonas afectadas.

Las dos tragedias se unirán para agravar aun más la psique reinante, mezclando lágrimas y lamentos de los encarnados y desencarnados, ensombreciendo todo el panorama.

Por eso, a nuestras casas de amor espiritual se les pide recibir, según las posibilidades espirituales de cada uno, contingentes de desencarnados que, al seguir viviendo, carecen de paz para recuperar el equilibrio. Sentirse acogidos por corazones generosos será más fácil de comprender y superar, aunque la victoria plena solo serán las determinaciones personales hacia la conciencia de cada uno.

En nuestro caso, el estrecho contacto con los inmigrantes japoneses que se trasladaron a Brasil produjo no solo la colonia japonesa en el círculo de los encarnados, sino que incorporó a nuestra realidad espiritual las entidades desencarnadas de este pueblo hermano, estableciendo una mayor armonía e identificación entre nuestras dos culturas... No es por otra razón que, como nos informa Ismael, Brasil fue bendecido con un variado intercambio interracial, gracias al cual también hubo un entrelazamiento entre los espíritus de diferentes etnias, preparándolo como una "cuna espléndida" para la recepción de almas angustiadas de los diferentes pueblos del planeta, cuando llegue el momento de testificar.

No nos faltarán almas desinteresadas militando en nuestras casas de amor, en la dimensión espiritual, para ayudar decisivamente en el apoyo de los que son traídos aquí, que servirán de puente entre las dos culturas, facilitando la adaptación de los recién llegados.

Entre ustedes, cada quien dirige una de estas instituciones, en la medida de lo posible, está invitado a realizar todos los esfuerzos necesarios para sumar a las tareas ya existentes, la de dar cabida a tales necesidades, incluida la modelización de entornos que recuerden a los viajeros el ambiente del país de origen, con la calidez y serenidad que caracterizan sus tradiciones.

Sabemos que tienen un profundo respeto por la naturaleza, lo que facilitará el trabajo preparatorio en el ambiente espiritual de sus instituciones, reservándose un lugar específico que refleje estas beneficiosas peculiaridades con el objetivo de un reequilibrio más rápido.

Además, con los espíritus japoneses ya aclimatados a la psique brasileña como intérpretes, haremos posible reponer sus corazones lacerados, sintiéndose en un lugar familiar, con gente familiar y solidaria. No se trata, por tanto, de inculcar una nueva religión o promover la conversión a una nueva fe. Como saben, el cristianismo se basa en el Respeto a los hijos de Dios, no utilizando la violencia hacia ninguno de ellos, ni para convertirlos ni para intimidarlos. Prepararemos nuestras instituciones como lo hicimos al dar la bienvenida a los queridos amigos, cuando aun vivíamos en la carne, dándoles lo mejor que pudimos por el cariño que teníamos.

Ampliaremos el entendimiento de la fraternidad, ofreciendo en nuestras instituciones la acogida de la casa materna que se engalana para producir en quienes llegan la idea que están en su propia casa.

A lo largo de los días y semanas, algunos serán llevados a reuniones específicas, durante las cuales, aunque no puedan mover la herramienta mental para el intercambio por falta de experiencia y comprensión, recogerán fuerzas vitales de los presentes, sintiendo la renovación de energías a través de la asimilación las poderosas corrientes de equilibrio que envuelven el trabajo espiritual de las casas espíritas serias.

Y cuando sea posible, utilizarán el intercambio mediúmnico para la comprensión más íntima y el despertar de la comprensión de la nueva vida. Sin embargo, primero es fundamental que recuperen el equilibrio indispensable.

De todos modos, Ismael tiene nuestro entendimiento para que la casa del Padre y el corazón del mundo sean el pesebre de aquellos a quienes la bondad de Dios dirige a nuestro ambiente acogedor.

Háganles saber que los recibimos con respeto y sinceridad, haciendo todo lo posible para reducir el tamaño del dolor. Nadie nos garantiza que, tarde o temprano, no serán los hermanos brasileños los que necesiten asilo en algún otro rincón de la Madre Tierra. Solo al precio de un dolor multiplicado aprenderemos la verdadera hermandad.

No olviden dilucidar también a los encarnados sobre este programa de rescate y protección, para que comprendan la importancia del momento que atraviesa la humanidad en cuanto a aprovechar las oportunidades, para que el fantasma del egoísmo y el orgullo se pueda combatir en las almas.

Cada institución espírita dispondrá de un día para hacernos saber a cuántos necesitados puede albergar según la estructura de cada grupo, teniendo en cuenta los recursos disponibles, el volumen de trabajadores en ambos planos de la vida, detallando también cuál será el nivel de ayuda al que podrán cooperar, ya que sabemos que algunos no cuentan con áreas hospitalarias para una atención más extensa y prolongada. Toda buena voluntad será importante, sin importar el tipo de recepción. Se entenderán las posibilidades de cada uno, pero recordamos la urgencia de tales servicios, ya que el dolor no espera.

Si alguno de los presentes ya puede presentarnos una estimación, tan pronto como terminemos nuestro rápido entendimiento, debe dirigirse a los organizadores del traslado para transmitir la información, así como aquellos que necesiten más detalles sobre las actividades deben obtenerlo de los responsables para los servicios de preparación y adaptación, que no escatimarán esfuerzos para ayudarlos en todo lo que sea posible.

Si muchas naciones de la Tierra definieron sus elecciones por los caminos del poder imperial o la esclavitud de los más débiles, la nuestra recibió del Padre la misión de ser la nación que salva vidas. Que esto nos inspire en la cooperación que Jesús necesita de nosotros, reforzando los programas de servicio y, como Cireneo moderno, ayudando a otros afligidos a llevar sus cruces.

Terminó la rápida asamblea que, por razones obvias, estuvo marcada por la alegría colectiva en los corazones de quienes pudieron trabajar para mejorar a los caídos, sacrificados o muertos.

Las despedidas fueron rápidas porque había mucho que ofrecer.

Acostumbrado a acciones de esta naturaleza, Ribeiro ya había tomado las precauciones y, con el apoyo de todo un equipo cariñoso y dedicado, había puesto a disposición una gran ala hospitalaria instalada sobre la Casa Espírita que dirigía, además de alojamientos específicos y un ambiente acogedor para aquellos viajeros.

Buscó a los responsables de la tarea e informó que su institución contaba con dos mil espacios hospitalarios en sistema colectivo y cerca de ochocientas habitaciones individuales. Los propios organizadores quedaron sorprendidos por la rapidez de la respuesta, expresando el agradecimiento de quienes pueden contar con tal apoyo. En respuesta, pusieron a disposición del dedicado líder cuatrocientos espíritus voluntarios para servicios extras, siendo uno de los primeros en Brasil en acoger a los trasladados del lugar de la tragedia.

Al día siguiente, cuatrocientos nuevos asistentes comenzaron a contribuir a la institución que dirige Ribeiro, cuyas tareas se sumarían a las de sus numerosos trabajadores.

Debidamente acogido e integrado en las tareas, Ribeiro informó a todos que la superación personal era imperativa, para corresponder al mandato de amor que habían recibido de lo más alto.

Los artistas espirituales se han unido para producir ambientes acogedores. Los pintores crearon paisajes inspiradores y relajantes, que recuerdan los paisajes queridos por los corazones de los refugiados, los músicos se encargaron de la melodía, todos trabajando duro en lo que se conoció como el "Pabellón Japonés." En cada rincón, se agregó un toque delicado, esperando a los nuevos invitados. Los escritores orientales escribieron poesía en japonés para que en cada habitación hubiera ideogramas inspiradores en la pared, recordando al huésped la importancia de la supervivencia, el amor fraternal, la protección divina, la confianza en Dios, todos conceptos universales bajo cuya sombra de las religiones planetarias se identifican y unen.

En cada cama de la habitación colectiva se dispuso un arreglo floral al estilo japonés, con el objetivo de transmitir serenidad. En todas partes, un suave flujo de agua sumó el ruido de la fuente a la frescura del ambiente, rodeando el pabellón de verdor, como una verdadera piedra preciosa que encanta a todos.

Mientras tanto, esperaban la llegada de nuevos amigos, la mayoría de los cuales no entendían, perdidos como zombis que no saben qué hacer, reaccionando mecánicamente ante cualquier estímulo.

No pasaría más de una semana para que esta institución, además de algunas más que ya estaban preparadas, recibiera a los primeros invitados, en lo que podría considerarse la segunda inmigración japonesa a Brasil.

* * *

De esta manera, se confirmó el plan superior sobre la misión de la nación brasileña, cuya mansedumbre y benevolencia sería la protección de los sobrevivientes, un refugio seguro para acoger y educar a través de la solidaridad real a quienes no tenían otro lugar adonde ir.

Gracias al carácter pacífico de su pueblo y a los conceptos cristianos que se han extendido a lo largo de los siglos de preparación espiritual, las fuerzas espirituales ahora pueden contar con el ambiente acogedor que es indispensable para la reducción de las aflicciones colectivas.

Así, Brasil inició el cumplimiento de sus compromisos superiores como el granero de las naciones, acogiendo a miembros de todos los pueblos del mundo en su tierra dadivosa, consolidando la solidaridad fraterna en ambos lados de la vida.

Cada colonia extranjera que se había asentado en su generosa tierra en busca de conquistas materiales, en verdad se había convertido en el embrión invisible de esta profunda alianza entre hermanos de todas las razas, como hijos de un mismo Padre.

Se estaba dando el primer y eficaz paso hacia la construcción de una humanidad renovada, consolidando los planes de Jesús para los tiempos difíciles que suavizarían las fibras más endurecidas del carácter egoísta e indiferente.

Mientras muchos países luchaban en diversos disturbios o manipulaban instrumentos económicos para hacer más víctimas de sus ambiciones, el Brasil espiritual comenzó su camino de liderazgo a través de la bondad, en el nuevo orden de evolución al que la Tierra fue llamada.

Las casas espíritas serían ocupadas por los afligidos, ofreciendo protección en la ejemplificación del verdadero Cristo, aquel que no se limita a decir ¡Señor! ¡Señor!

Construido, entonces, sobre la roca de los sentimientos espirituales, Brasil no estaría exento de su cuota de dolor en el testimonio necesario para el crecimiento colectivo. Sin embargo, debido a la firmeza de sus bases, no sería borrado del mapa ni por la tormenta, el viento o el desastre.

Y en las luminosas palabras de dos de los benditos misioneros del bien en tierras brasileñas, los conceptos y objetivos superiores que delinearon el compromiso de Brasil con la nueva era fueron retratados de la siguiente manera:

> Brasil no solo está destinado a suplir las necesidades materiales de los pueblos más pobres del Planeta, sino también a brindar al mundo entero una expresión consoladora de creencia y fe razonada y a ser el mayor depósito de claridad espiritual en todo el Orbe. (Prefacio del espíritu Emmanuel a la obra de autoría espiritual de Humberto de Campos – *Brasil, Corazón del mundo, Patria del Evangelio*).

Y el diálogo de Jesús con Helil da fe de la convicción superior que impulsa los destinos humanos:

> Y cuando en medio del paisaje lleno de aromas y melodías, contemplaron las almas santificadas de los orbes felices, en presencia del Cordero, las maravillas de esa nueva tierra, que luego sería Brasil, se dibujó en el firmamento, formado por estrellas brillantes, en el jardín de las constelaciones de Dios, el más imponente de todos los símbolos.
>
> Con las manos alzadas en el aire, como invocando la bendición de su Padre para todos los elementos de

ese suelo extraordinario y opulento, Jesús exclama entonces:

– A esta tierra maravillosa y bendita será trasplantado el árbol de mi Evangelio de piedad y amor. En su suelo muy generoso y fértil, todos los pueblos de la Tierra aprenderán la ley de la hermandad universal. Bajo estos cielos se cantarán las más tiernas hosannas a la misericordia del Padre Celestial. (…) Aprovechamos el simple elemento de la bondad, el corazón fraterno de los habitantes de estas nuevas tierras, y, después, ordenaré la reencarnación de muchos espíritus ya purificados en el sentimiento de humildad y mansedumbre, entre las razas sufrientes de las regiones africanas, para formar el pedestal de la solidaridad del pueblo fraterno que florecerá aquí, en el futuro, para exaltar mi Evangelio, en los gloriosos siglos venideros. ¡Aquí, Helil, bajo la luz misericordiosa de las estrellas de la cruz, se ubicará el corazón del mundo!

Por eso Brasil, donde hoy confraternizan todos los pueblos de la tierra y donde se modelará la obra inmortal del Evangelio de Cristo, mucho antes del Tratado de Tordesillas, que hundió los faros de las posesiones españolas, ya traía, en sus contornos, la forma geográfica del corazón del mundo. (Primer capítulo del libro *Brasil, Corazón del mundo, Patria del Evangelio*)

32. Orientación a los trabajadores encarnados

Tan pronto como el grupo de frecuentadores encarnados se reunió para las tareas mediúmnicas habituales, Ribeiro se hizo del control del médium Alberto y, tras la oración inicial de Jurandir, los convocó al servicio de elevación multiplicando los esfuerzos para el adecuado cumplimiento de los deberes cristianos.

– Saben, queridos hijos, que no estamos en el mundo para abanicarnos en busca de posiciones cómodas y fáciles. Todos los que conducen los caminos de la alienación, tarde o temprano se verán obligados a despertar en el dolor, en el triste despertar a la verdad. En cuanto a los que ya se han postulado para servir por amor, no dejemos pasar el momento precioso que Jesús indica para la renovación de nosotros mismos. Sé que los presentes muestran una fuerte voluntad de servicio, pero estamos en el período del sacrificio.

En *El Evangelio según el Espiritismo*, encontramos en el capítulo XX una preciosa página que nos enseña sobre "La misión de los espíritas." En él hay profundas advertencias que deberían tocarnos con el sentido del deber, si aceptamos las tareas de sinceros colaboradores del Cristo de Dios, en la obra de regenerar el mundo.

✳ ✳ ✳

Este es el extracto al que se refiere el espíritu Ribeiro al dirigirse a los trabajadores responsables:

> ¿No escuchas ya el ruido de la tormenta que se apoderará del viejo mundo y asombrará a todas las iniquidades terrenales? ¡Ah! bendecid al Señor, vosotros que habéis puesto vuestra fe en su justicia soberana y que, nuevos apóstoles de la creencia revelada por las voces proféticas superiores, predicarán el nuevo dogma de la reencarnación y la elevación de los espíritus, según hayan cumplido, bien o mal, sus misiones y soportado sus pruebas terrestres.
>
> ¡No tengan más miedo! Las lenguas de fuego están sobre sus cabezas. ¡Los verdaderos seguidores del Espiritismo!... ¡Ustedes son los elegidos de Dios! Ve y predica la palabra divina. Ha llegado el momento en que debes sacrificar tus hábitos, tus trabajos, tus ocupaciones inútiles para su propagación. Ve y predica. Contigo están los espíritus elevados. Seguramente hablarás con las criaturas que no querrán escuchar la voz de Dios, porque esa voz los insta constantemente a la abnegación. ¡Predicarás desinterés a los avaros, abstinencia a los disolutos, mansedumbre a los tiranos domésticos, como a los déspotas! Palabras perdidas, lo sé; pero no importa. Es necesario regar la tierra donde hay que sembrar con su sudor, porque no dará fruto y solo producirá bajo los repetidos golpes de la azada y el arado evangélico. ¡Ve y predica!

✼ ✼ ✼

Este no es el momento de reclamar derechos o esperar facilidades, sino, al contrario, es el momento de sacrificar todo lo que podamos dejar para que lo principal se realice. Los hábitos, trabajos y ocupaciones inútiles son menos importantes en el orden de las cosas, especialmente ahora que se aceleran los acontecimientos que llevarán al hombre a la conciencia lúcida.

En esta modesta casa recibimos parte de las muchas víctimas de los trágicos sucesos al otro lado del mundo. Como nosotros, todas las instituciones espírita–cristianas, por su naturaleza más preparadas en materia de comprensión de las leyes del universo y en la experiencia de la verdadera fraternidad, serán puestas en urgencias. El corazón del divino maestro necesita ayudantes que sirvan de algodón, analgésico, aliento y esperanza para todos los heridos que puedan ser rescatados, en el mar embravecido de la vida espiritual.

Nuestro centro será otra unidad de primeros auxilios. Ciertamente no nos quedan trabajadores. Sin embargo, tampoco carecemos de buena voluntad real. Por lo tanto, necesitaremos aun más la cooperación de cada uno de ustedes.

Acostumbrados a las disciplinas del trabajo, todos son puntos de apoyo con los que contamos para ofrecer la mejor ayuda.

Un hospital necesita donantes de sangre en las grandes crisis, tanto como la Casa Espírita necesita donantes de energías benéficas y buenos ejemplos. Contamos con que todos trabajen de noche, después del descanso físico, debido a sus fluidos vitales, cientos de beneficios pueden contagiar a los desesperados. No nos limitaremos a esperar aquí dos veces por semana. Necesitamos más porque la necesidad es mayor. Por lo tanto, no se pierdan en actividades innecesarias. Algunos sentirán una especie de cansancio durante el día, lo que indica que se están utilizando sus energías. Aquellos que puedan descansar en estos momentos facilitarán el trabajo de los técnicos espirituales. En muchos casos, no tomará más de quince minutos a media hora de descanso, incluso si el sueño profundo no ocurre.

Si tal fragilidad ocurre en un momento en el que no es posible para usted descansar, afirme el pensamiento y conecte con el pensamiento a nuestro grupo para que la sintonización sea más fácil. Váyase a un lugar más tranquilo y haga una oración en silencio.

No te dejes impresionar por la noticia ni te contamines con el abatimiento de personas que, en lugar de convertirse en dínamos de optimismo, generalmente se dejan debilitar por la desgracia, empeorando su propio estado.

El mundo espiritual no necesita más personas que obstaculicen el servicio del bien. Tenemos necesidades de idealistas y personas valientes que no miden sus comodidades o intereses para hacer juntos lo que hemos aprendido: fuerza, coraje, paciencia y fe.

¿Entendieron nuestras necesidades?

La pregunta de Ribeiro no deja lugar a dudas.

Todos los oyentes respondieron afirmativamente.

– ¿Estás dispuesto a cooperar un poco más en esta hora de dolor colectivo?

– Sí – fue la respuesta unánime.

– No esperaba otra decisión de cada uno. No olvides que, si el Señor espera mucho de todos, la generosidad de su corazón es magnánima y espléndida. Cuanto más callen sus quejas para ser útiles, más sentirán la presencia de amigos invisibles que responderán a este apoyo, apoyándolos cada hora. Sin embargo, no olvide hacer su parte en el seguimiento de las malas vibraciones, los pensamientos deprimidos y las conversaciones inferiores.

Dado que todo el mundo es un donante de fluidos, es necesario mantenerlos purificados en la mayor medida posible. No te abastezcas de sustancias que te corrompan o desperdicien con comportamientos inapropiados, recordando que cada momento de descanso de tu cuerpo será más útil que cualquier programa de televisión, cualquier aventura emocionante o actividad social. Después de los deberes profesionales ennoblecedores que garantizan la realización del pan de cada día y la atención a los compromisos familiares, prioriza tu donación espiritual por encima de cualquier otro interés. Y aunque no sea por el sueño físico, lo hacen a través de la lectura y la meditación, a través de la oración íntima, a través del pensamiento en el bien, a través de una conversación enriquecedora sobre valores elevados, cultivando la calidad de vivir en espíritu.

En cuanto a las obras mediúmnicas, les advierto que, mientras nuestros visitantes no se recuperen en absoluto, no podrán establecer sintonía con los medios de comunicación verbal. Sin embargo, a medida que pasen los días y las semanas, las actividades de servicio vayan tomando forma y las condiciones lo permitan, varias de ellos serán referidos a intercambios mediúmnicos. Mientras tanto, serán colocados con los encarnados que están aquí para sentirse más abastecidos por fuerzas biológicas, lo que facilitará su comprensión y la recuperación de la conciencia.

Mantener el equilibrio de pensamiento y sentido común que podemos desarrollar a través del estudio constante. No imaginen que todos los espíritus que mueren en tragedias colectivas serán traídos para comunicarse aquí o a través de uno de ustedes, especialmente cuando se trata del espíritu arraigado en una cultura tan diferente a la nuestra. No nos importa cuál es el origen del traumatizado, sino qué alivia su angustia. Por esta razón, cuando no estés seguro del discernimiento de la entidad comunicante, deja que se acerque a ti, vibra por ella y déjala en nuestras manos para dirigirla de regreso al lugar que está marcado para ti. Primero, las barreras mentales, culturales, verbales y emocionales deben superarse para que se produzca la comprensión más directa.

Deja a Dios y los espíritus directores la tarea de definir el mejor momento para enviarlos a los medios disponibles, evitando la autosugestión, siempre perjudicial para la autenticidad de la manifestación.

¿Alguna pregunta?

Ante la apertura que le concedió Ribeiro, Jurandir – el líder encarnado – preguntó:

– Estimado Ribeiro, entendemos las nuevas actividades y nos alegra que podamos ser útiles. Sin embargo, ¿no consideraría oportuno hacer algún tipo de abstención alimentaria para cooperar mejor con este objetivo?

– Te refieres a evitar la ingesta de alimentos de origen animal para mejorar el metabolismo y el grado de vibraciones periespirituales, ¿no?

– Sí, eso mismo.

– Bueno, hijo, cualquier abstención que se haga por amor es significativa e importante en el ámbito de la donación. Hay alimentos y sustancias que contaminan los centros de energía con un espeso depósito de residuos nocivos para el buen funcionamiento general. A menudo, incluso en personas de buena voluntad, estas ingestas inadecuadas reducen el potencial utilizable de sus energías vitales. Sin embargo, la dieta carnal no es tan importante como la elevación espiritual. Con menos trabajo, los espíritus depuran las fuerzas vitales contaminadas por el filete que las estropeadas por malos pensamientos, calumnias, agresividad, indiferencia o frialdad. Estos estados emocionales manipulados generan más destrucción que la comida inadecuada.

Es una dieta mental que todo el mundo necesita adoptar, porque no basta con cambiar la dieta sin vibraciones íntimas.

Para aquellos que pueden abstenerse de alimentos tóxicos, esto ayudará mucho. Pero no olvides modificar las matrices de pensamiento y afecto.

Con respecto a las sustancias tóxicas que impregnan hábitos sociales inadecuados, hace tiempo que los trabajadores espíritas deberían ser liberados de su uso. Quienes piensan que se necesitan unas horas sin encender un cigarrillo para evitar que los efectos del tabaquismo dejen de existir en las emanaciones de energía que producen se engañan. Lo mismo ocurre con los diversos tipos de bebidas alcohólicas y diversas drogas.

Para ser serio frente al trabajo, el obrero interesado en contribuir a la obra de Dios no puede dedicarse a la salvación de sus semejantes, mientras elige matarse por placer.

El verdadero espírita no es reconocido por su inmaculada pureza. Todos estamos en el camino del aprendizaje a través de aciertos y errores. Sin embargo, es la enseñanza del Evangelio que el verdadero espírita es reconocido por su transformación moral y "por los esfuerzos que hace para domar sus malas inclinaciones."

En materia de abstención, cuanto más limpios químicamente estén, menos trabajo darán a Dios y más útiles serán para los semejantes.

– Lo entendemos, hermano Ribeiro. Sabremos hacer las dietas más adecuadas para un trabajo intensivo, reconociendo; sin embargo, que estamos enfermos ofreciendo ayudar a otros pacientes. No nos olvides, en nuestras grandes necesidades de elevación y contención.

– Nunca los olvidamos, querido Jurandir. Siempre estamos de visita y esperando que continúen las tareas.

Que Jesús los ilumine siempre.

Buenas noches.

Con estas palabras, Jurandir pasó al trabajo mediúmnico en sí, dejando los comentarios para el final de la reunión.

33. Comentarios sorprendentes

Al finalizar el servicio de la noche, Jurandir abrió la palabra a los integrantes del grupo de trabajo para entablar un diálogo constructivo sobre los hechos vividos allí, haciendo referencia al mensaje de Ribeiro y a lo largo de las distintas convocatorias de las agonizantes entidades.

Luego de los primeros acercamientos, se observó que todos habían entendido claramente la solicitud del mentor, incluso algunos reportaban que ya habían sentido esta indisposición, atribuyéndola a alguna causa física, efecto del calor o algún problema de alimentación. Tras las aclaraciones, comprendieron la verdadera causa de las sensaciones que, desde hace unos días, ya identificaban.

– No se deje engañar pensando que será solo eso, disminuyendo en intensidad una vez que nuestros nuevos invitados hayan sido recuperados – dijo Jurandir, comprendiendo la tarea que tenía por delante –. Se nos pide que hagamos un mayor esfuerzo, porque este no será el único mecanismo de limpieza que utilizará la ley del universo para empujar al mundo cuesta arriba. Tenemos que vigilar constantemente, porque la línea de los agonizantes, en ambos lados de la vida, no disminuirá. Después de este tormento en forma de terremoto e inundación, vendrán otros de otras formas, sin contar la euforia de las entidades inferiores liberadas de las entrañas de la Tierra durante estos eventos. Percibirán la proliferación de crímenes horribles, situaciones violentas, actos perjudiciales y duelos en todos los niveles de la vida humana, en un reflejo directo del desequilibrio vibratorio y la falta de preparación de los seres encarnados para resistir el asedio de la oscuridad espiritual.

Un buen ajuste será la mejor defensa.

Apenas había terminado de hablar cuando uno de los médiums presentes levantó el brazo y pidió la palabra. Acostumbrada a la fraternal sinceridad que rodeaba al grupo, Olivia informó un poco incómoda:

– Sabe, Sr. Jurandir, lamento hablar de esto, pero como está comentando estas cosas, me gustaría preguntarle algo que he ido percibiendo cada vez con más intensidad.

– Puedes hablar, Olivia.

– Mira, sé que es extraño lo que voy a decir y pido disculpas de antemano si estoy confundida o es muy raro lo que voy a decir, pero la verdad, para mí es que he visto gente extraña aquí en nuestro trabajo. No me refiero a espíritus monstruosos, malformados y enfermos. Me refiero a seres de otros planetas. No me parecen malos. Por el contrario, aunque diferentes a nosotros, a menudo los veo iluminados desde dentro, dándome una sensación de serenidad y confianza.

– ¿Y te dicen algo en estas ocasiones? – preguntó Jurandir, ante la mirada curiosa e interesada de los presentes, quienes, conociendo el honor de la médium, no tenían motivos para dudar de sus palabras.

– Bueno señor Jurandir, yo no digo que me hablen con la boca, pero de manera mental, me hacen escuchar lo que quieren y demostrar que escucho lo que pienso de ellos.

– Sí, Olivia, entiendo. ¿Y de qué cosas hablas?

– No son conversaciones muy largas, porque no me permito involucrarme totalmente, ya que aquí tenemos trabajo. Sin embargo, en las últimas semanas la presencia ha sido tan intensa, y a veces parece que hay decenas, que he estado prestando más atención a sus palabras.

– ¡Dinos qué estás escuchando!

Al observar la atención de todos los presentes, Olivia relató lo que recordaba del diálogo con estos espíritus.

– Lo primero que se me ocurrió al ver ese ser diferente fue asegurarme que no era algún espíritu como la gente está acostumbrada a ver. Inmediatamente comencé a preguntarme de dónde era, imaginando que esa forma humana no debería venir de nuestro mundo. Para mi sorpresa, como si estuviera escuchando todo lo que pensaba, me respondió con el pensamiento: Antares.

Cuando escuché estas palabras, inmediatamente pensé en el polo sur, donde solo hay hielo. Imaginando que había venido de allí, me asombró verlo vestido tan inadecuadamente para una región donde hace tanto frío. De hecho, no vestía nada como nuestra ropa de abrigo. Llevaba algo similar a un traje de buzo, pero muy delgado y flexible.

Me bastó pensar así, en un esfuerzo por aclararme, para estirar el brazo, proyectando, justo frente a mí, una pantalla donde se veía una gran estrella, muy brillante y rojiza, diciéndome que venía de ese sistema estelar que los hombres habían llamado a Antares. Fue entonces cuando me di cuenta que no tenía nada que ver con el Polo Sur, ya que había confundido Antares con la Antártida. Me avergoncé de mi estupidez e inmediatamente pensé: "¡Vaya! pero este lugar debe estar muy lejos. ¿Cómo llegó de allí hasta aquí?

Luego, me respondió (de hecho, me pareció que este mecanismo de comunicación era muy bueno y rápido):

– Pasamos por vehículos construidos para esto, que ustedes conocen como naves. Para facilitar su movimiento, la mayoría de ellos tienen una apariencia circular, que es más adecuada para viajar en el espacio–tiempo, ya que estamos aproximadamente a 180 parsecs (aproximadamente 600 años luz) de este planeta.

Esta información no tenía ningún sentido para mí, en términos de distancia física, pero me dio la idea de estar en un lugar muy lejano. Entonces pensé: "Tan lejos, ¿qué es lo que está trayendo a esta gente a la Tierra ahora? ¿Por qué vienen aquí?

Y mira, el mecanismo siguió funcionando. Allí llegó la respuesta:

– Nuestra venida a la Tierra siempre ha existido. No estamos aquí ahora. Actualmente, esta frecuencia es mayor debido al interés en ayudar a los seres vivos en las importantes transformaciones a las que se verá sometida la Tierra y que afectarán a todas las cosas y personas. Así, a través de lo que ustedes llaman intuición, intentaremos apoyar sin interferir en sus destinos, además de brindar la posible asistencia a quienes viven fuera del cuerpo – llamados espíritus que son amigos para ustedes – en el apoyo necesario.

La información me hizo conectar, de inmediato, con el desastre en Japón, preguntándome de inmediato si estaban realizando alguna tarea de ayuda en las catástrofes que suelen suceder y él asintió al mismo tiempo que me dijo:

– Sí, ayudamos a los amigos responsables por ayudar a los que perecen y a los que sufren.

Entonces, pensé, ¿por qué están en un Centro Espírita? Fue entonces cuando me dijo algo que se relaciona con lo que nos dijo el hermano Ribeiro esta noche: No solo estamos en los Centros Espíritas, sino en todos los lugares donde la tarea del bien es la bandera enarbolada en beneficio de los que sufren. Como lugar de apoyo al sufrimiento, tenemos aquí la sala de emergencias para la recepción de quienes necesitan paz y recuperación, como es el caso de las víctimas de este cambio estructural de la Tierra, que acaba de ocurrir.

Así que aproveché para preguntar si todos eran buenos o si hubo algunos malos, como pasa entre nosotros:

– Nos llamas extraterrestres porque vivimos fuera de la humanidad de este mundo, la Tierra. Dentro de este concepto, también existen extraterrestres buenos y malos, según el grado evolutivo que caracteriza su existencia en los diferentes mundos que existen a lo largo del universo. Los malos son los hermanos menos evolucionados que están encarnados en planetas como este o incluso en planetas inferiores. En cuanto a nosotros, todos los que estamos aquí con el doble propósito de ayudar y evolucionar, nos encontramos en el mismo nivel de evolución que aquellos que tienen la bondad como el fin más grande. Algunas personas sensibles pueden visualizar espíritus terrestres de baja elevación asumiendo formas extrañas, con apariencia de extraterrestres, con el propósito de asustar y atemorizar, provocando confusión y pánico en quienes los identifican.

Después de eso, Sr. Jurandir, inmediatamente pensó:

– Pero si dijiste que hay alienígenas malos, ¿no pueden venir aquí como tú y hacernos daño?

– Éstos no pueden porque se encuentran sin la tecnología que les permite extender el sufrimiento más allá de sus fronteras. Como todavía no comprenden los protocolos superiores, son como los animales salvajes que se les mantiene en jaulas. Cuando realmente se transforman, pueden ser estimulados por desarrollos tecnológicos que les permitirán dejar sus células para vincularse con otros miembros de la humanidad cósmica.

– En ese momento del diálogo, comencé a observar su apariencia, ciertamente diferente a la nuestra, pero, al mismo tiempo, con cabeza, cuerpo y extremidades. Era alto, delgado, de contornos físicos luminosos, cabeza grande, brazos largos, cuatro dedos en manos y pies, sin pelo ni cabello, irradiaba una luz verde–dorada que venía de dentro. Parecía estar hecho de una especie de sustancia transparente y firme, pero al mismo tiempo, suave y flexible, como una película elástica. Al observar, quise saber si también eran encarnados o espíritus: Estamos aquí con el cuerpo material que nuestra evolución nos permite construir cuando visitamos este mundo, a través del modelado mental y utilizando los elementos materiales que existen aquí. Por eso viajamos en embarcaciones físicas.

– ¿Pero este cuerpo está sujeto a muerte, como el nuestro?

– No diría que la muerte a la que estamos sujetos sea del mismo tipo que la muerte que le ocurre al cuerpo físico en su mundo material. Con nosotros lo que sucede, por la sutileza de la materia de la que están compuestos nuestros cuerpos, además que hemos aprendido a dejar ir las ilusiones externas, es un intercambio de ropa, según el planeta en el que vivamos. El cuerpo no es una barrera sólida como lo es en la Tierra y, por lo tanto, las conexiones eléctricas entre el espíritu y su envoltura se realizan de manera menos automática que con los mismos vínculos en su mundo físico. En la Tierra, el cuerpo sostiene al espíritu en una red de energía que lo aprisiona rígidamente para disciplinar al espíritu en la evolución primaria hacia el aprendizaje necesario. Por eso los efectos de la auto aniquilación orgánica son tan dañinos. Para nosotros, no existe una cadena de retención eléctrica temporal como la de los humanos en la Tierra. Nuestro espíritu, a través de la mente, tiene cierto control sobre esta conexión entre los dos planos, y la muerte física no tiene ninguno de los traumas tan comunes entre los terrestres.

Es casi como una elección que hacemos en vista de las aspiraciones evolutivas. Como no estamos sujetos al proceso de reencarnaciones expiatorias, somos libres de asumir un nuevo cuerpo tan pronto como lo deseemos, dentro de un mundo compatible con nuestra evolución.

– Pero – respondí en pensamiento, razonando con los conceptos que aprendimos aquí en la Tierra, dentro de la visión espírita – ¿A dónde va tu espíritu cuando tu cuerpo muere allá en tu mundo?

– Durante el período que precede a una nueva encarnación, nos quedamos con amigos espirituales estudiando, planificando el nuevo día, como en la antesala de una gran fiesta. E incluso durante este período, podemos, si nuestros superiores nos lo permiten, visitar otros planetas en expedición de ayuda o aprendizaje. En estas ocasiones, no necesitamos naves espaciales, utilizamos el poder de desplazamiento que nos da nuestro propio pensamiento cuando, entonces, nuestra influencia sobre los seres físicamente vivos de estos otros planetas se produce exclusivamente a través de la implicación intuitiva, ya que no tenemos cuerpos físicos materializados en la misma dimensión en la que se encuentran los habitantes de estos mundos.

Cuando nos movemos con nuestros cuerpos materiales – como ocurre en mi caso –, tenemos más posibilidades de actuar en el campo de las energías densificadas, diríamos, porque somos parte de la dimensión material más cercana a la que marca el mundo físico.

Fue entonces cuando me di cuenta que nuestro trabajo estaba terminando y que la conexión mental con esta entidad visitante se interrumpiría.

Hice mención de no querer despedirme, a pesar de saber que sería necesario. Me invadió un grandísimo estado de paz, en una seguridad fraterna inigualable. No quería perderlo o alejarme de un ser que me hacía sentir tan bien. Al notar mis luchas internas, el espíritu volvió a levantar la mano en un gesto de afecto y me hizo escuchar:

– Siempre estaremos unidos, hermana mía. Somos parte de la misma familia. Nos volveremos a ver. ¡Paz para todos!

Olivia controló su emoción cuando pronunció las últimas palabras, como si fuera muy difícil describir lo que había sentido en los últimos momentos.

Al mismo tiempo, todos los oyentes captaron su estado emocional y lo compartieron con sinceridad, entendiendo la profundidad de cada enseñanza, reconociendo la inmensidad del amor de Dios por sus hijos, permitiendo que los más capaces ayuden a los menos desarrollados en su propio crecimiento. Demostró la evolución en la bondad, la que deja más preparado el liderazgo de los menos avanzados.

La experiencia había sido brillante tanto para Olivia como para todos los miembros del grupo quienes, meditando sobre lo que escucharon, no tenían dudas ni incredulidad.

Jurandir, aprovechando el silencio que se hizo, terminó la noche comentando, elevado:

– La palabra de nuestra hermana Olivia revela una parte más del sublime plan que implica la solidaridad a todos los niveles. Solo los muy egoístas ven las cosas de forma aislada, viviendo como almejas en sus caparazones de exclusividad y disputa. Como ciegos, son incapaces de ver el océano que los rodea, los corales donde se refugian, las corrientes marinas que llevan alimento y oxígeno a donde están. Piensan solo en la presa que les servirá de almuerzo y en la reproducción instintiva para perpetuar su propia especie. Hoy pudimos aprender lecciones muy importantes. Sobre todo, que somos parte del océano, integrados en la misma realidad de todo lo que nos rodea y que, de la misma manera que a los hermanos de Antares se les permite venir aquí para ayudarnos, también estamos llamados a trabajar en nombre de nuestros hermanos japoneses, victimizados por el dolor que cayó en su mundo. Si los hermanos Antáricos viajan 600 años luz para estar aquí, no olvidemos dejar nuestro cuerpo físico estacionado en nuestras casas y, esta noche, regresar aquí en respuesta al pedido de nuestro querido hermano Ribeiro. Sería una lástima que nos perdiéramos la obra del amor en nuestra propia casa, cuando aquí aparecen hermanos de estrellas lejanas para cooperar en la obra. Que la lección nos haga meditar profundamente, agradeciendo a Dios y a estos miembros de la inmensa familia humana que habitan otros orbes por su generosidad al tolerar la ignorancia y el mal. Que realmente nos amemos unos a otros y no rechacemos el servicio.

Con estas palabras, Jurandir dio por finalizado el encuentro y cada uno emprendió el rumbo de su vivienda física meditando sobre el alcance de la solidaridad real que todos deben desarrollar, conectando con todo lo que les rodea.

34. Explicando

Las actividades espirituales se multiplicaron en todos los sentidos. Si un solo núcleo espírita–cristiano merecía la atención de las nobles inteligencias interesadas en abrir conciencias, de la misma manera continuó el esfuerzo del mundo invisible dirigido a los miembros de la gran familia humana, en todos los ámbitos de su influencia.

Acompañando a los heraldos de la palabra divina, los espíritus dedicados a la siembra no desperdiciaron la más mínima oportunidad de difundir la luz dondequiera que fueran escuchados.

Los filósofos recibieron el apoyo de espíritus misioneros del pensamiento superior, inspirándolos a reflexiones críticas, estableciendo análisis sobre la puerilidad de las preocupaciones materiales, la inversión de valores y el fracaso emocional de la humanidad, regidos por principios morales inadecuados.

Autoridades en diferentes esferas de influencia fueron también objeto de la acción de entidades invisibles, que buscaban insertar en sus almas ideas superiores a favor de la comunidad, opuestas a las que cultivaban, privilegiando, en la mayoría de los casos, el mantenimiento de poderes y riquezas a costa de personas.

Siguieron de cerca las decisiones políticas sobre el destino de la humanidad. Por eso, en todos los grandes acontecimientos de la comunidad internacional, nobles emisarios invisibles conformaron la colectividad de los constructores de un mundo mejor, apoyando el razonamiento de los representantes de los diferentes países, en un intento de revertir sus actos espurios, en un esfuerzo por modificar el panorama de intereses subordinados y manipuladores que siempre han sido el telón de fondo para la adopción de diferentes estrategias e intervenciones políticas en general.

El modelo basado en la codicia, el lucro y la influencia del poder económico estaba agotando sus posibilidades, sobre todo cuando utilizó la noble democracia para, defraudando sus conceptos básicos, esclavizar naciones, explotar a las personas, chupando su salud y fuerza para garantizar la riqueza. A partir del mecanismo de generación de necesidades para estimular el consumismo, y la corrupción, para debilitar los valores, la máquina administrativa, con el falso discurso de la libertad para todos, multiplicó las angustias mediante la creación artificial de ambiciones y deseos, dejando el campo abierto a la frustración de los derrotados y a la degeneración ética, favoreciendo el soborno, el juego de intereses, los tratos fraudulentos y la depravación del personaje, siempre en busca de los laureles del éxito material.

Esta forma de conducir los destinos de la humanidad, ya sea desde un simple padre de familia, desde un líder público o desde un gobernador electo para dirigir una nación, fue un cáncer social, cuya existencia dependía de los vicios de carácter los cuales estimulaba para hacerlos crecer en el ser humano.

Por más saludable que parezca en términos de avance tecnológico, la sociedad actual se encuentra en un avanzado estado de decadencia, como nunca antes se había visto en todos los tiempos.

A pesar de las luminosas conquistas de la ciencia, el pueblo sufre bajo los tiranos que lo dominaban, inclemente y egoístas. Nunca, en ningún momento, la democracia ha sido tan irrespetada y manipulada, en la práctica, como en el período histórico en el que se le decantan tantas virtudes y valores.

Las oposiciones legítimas se consideran amenazas al Estado democrático, justificando masacres o persecuciones. La dictadura de los partidos y agrupaciones políticas, mantenidos en el poder gracias al voto comprado por la influencia económica, eternizan las dinastías regionales y nacionales, garantizando ventajas a sus cómplices de ciega fidelidad y carácter venal, mientras opositores y adversarios se ven agobiados por la persecución o la ley injusta, al servicio de los intereses económicos.

Esta podrida red mantiene una precaria paz social, como un delicado escenario de belleza sostenido tras bambalinas del crimen, la guerra, la escalada de ambiciones, la corrupción y la inhumanidad.

La inversión de valores marca una sociedad hipócrita basada más en la opinión que en el ser.

Así, los espíritus superiores redoblaron sus esfuerzos en la lucha contra la conciencia perversa, aunque los resultados no fueran muy productivos, ante la sociedad enfrentada a los momentos difíciles que marcarían la nueva era de crecimiento real, la que no se fundamentaría más en estadística y números fácilmente manipulables, pero, sí, en el hombre moral, para cuya existencia sería indispensable transformar el carácter de los espíritus.

Y eso no sucedería sin dolores profundos porque muchas veces la medicina amarga es la única que, además de salvar al paciente, lo educa para que ya no se entregue a excesos de todo tipo.

Los predicadores se inspiraron, los promotores del bien recibieron incentivos para no darse por vencidos, los constructores del ideal contaron con el apoyo espiritual de almas devotas que sostuvieron sus luchas, sin importar en qué área del mundo actuaran.

Mientras tanto, una pequeña comunidad de científicos y partes interesadas se sorprendió por los cambios generales que experimentaron las estrellas del sistema solar, incluida la Tierra misma.

Estos cambios estimularon una intensa investigación sobre sus causas, en cuya raíz se sintió el acercamiento del conocido cuerpo celeste predicho hace muchos siglos.

Al mismo tiempo, estos intelectuales se vieron obligados a no hacer públicas sus inquietudes y hallazgos, ya que, por razones de seguridad, primero tenían que notificar a sus respectivos gobernantes. Esto creó un monopolio de la verdad, impidiendo que la gente, una vez más, estuviera claramente informada sobre los hechos. Con esta característica de confidencialidad, los países garantizaron el privilegio de la información para usarla de acuerdo con sus intereses más secretos, además de controlar a la sociedad, que podría permitirse disturbios colectivos difíciles de contener.

Los gobernantes más importantes fueron, por tanto, conscientes de los descubrimientos al mismo tiempo que adoptaron medidas encaminadas a su propia preservación y la de la parte más importante, más capaz y más rica de su población.

Inversiones masivas en albergues subterráneos, en medidas de protección para autoridades y miembros de las más altas jerarquías sociales y económicas, se disfrazaron de la mirada de este público maniobrable, siempre manipulado y engañado por los líderes que habían elegido y que, a su vez, lo dejarían en peligro, expuesto a tragedias, sin derecho ni esperanza.

Los planes de contingencia se confeccionaban en los despachos presidenciales, mantenidos en absoluto secreto siempre con la justificación de garantizar la paz social. Además, los propios científicos no estaban del todo seguros, debido a la pobreza de la tecnología humana en el avistamiento e identificación de amenazas cósmicas con tiempo suficiente para evitarlas, si eran prevenibles.

Para mantener el control, las agencias gubernamentales utilizaron la estrategia de confundir información, desprestigiar a cualquier persona o información que llegara a contradecir sus políticas, revelando hechos que tales organismos insistían en ocultar.

Por eso, las fuentes oficiales no eran las más adecuadas para la construcción de una nueva conciencia o para el descubrimiento de la verdad real.

En lugar de difundir los hechos con claridad, adoptaron la estrategia sutil de utilizar los medios cinematográficos para difundirlos por el mundo, de manera que se generen ideas subliminales en preparación para temas delicados. Por ello proliferaron películas con temáticas catastróficas sobre el fin de los tiempos, choques cósmicos, luchas por la supervivencia, además de variados programas que se enfocaban en la capacidad de sobrevivir en situaciones adversas, enseñando las técnicas básicas para no sucumbir a los desafíos de la vida en la naturaleza. Sutiles o directas, tales intervenciones trajeron, en suma, el objetivo de crear en el inconsciente colectivo la convicción que algo muy grave podría sucederle al ser humano, tratando indirectamente de cosas que, sabían, podrían convertirse en hechos concretos en la vida de los seres humanos.

Mientras los gobiernos creaban esta cortina de humo en una política engañosa, estaban cavando montañas y construyendo refugios para sus miembros, en un intento de garantizar la perpetuación de las dinastías materiales que representaban.

Siempre la ilusión humana imaginándose superior a los eventos evolutivos que marcaron el pasado y dieron forma al futuro.

A pesar de las teorías encubiertas, no fueron los gases del progreso los únicos responsables de los cambios atmosféricos. Junto a ellos estaba una causa más grave, el origen de los cambios climáticos y magnéticos en casi todos los planetas del sistema solar, una fuente externa cuya existencia sería negada hasta la última hora, cuando ya no sería posible que los funcionarios del gobierno ocultaran la realidad.

Sin noticias que los alertaran, los hombres seguían viviendo como si nada especial fuera a pasar y sin motivos para creer que les esperaba lo contrario.

Por eso, en los Evangelios canónicos están estampadas estas escenas:

> *Y, como fue en los días de Noé, así será la venida del Hijo del Hombre.*
>
> *Porque, así como en los días previos al diluvio comieron, bebieron, se casaron y dieron en matrimonio, hasta el día en que Noé entró en el arca y ellos no se dieron cuenta, hasta que vino el diluvio y se los llevó a todos, así también será la venida del Hijo del Hombre.* (Mateo, 24:37–39)

Los astrónomos modernos tendrán que establecer otros nombres para la estrella que se aproxima, incluso con el objetivo de no estimular predicciones y antiguos vaticinios.

Sin embargo, sea cual sea la denominación que se les dé, ciertamente no evitarán los efectos renovadores que ya se están sintiendo de manera directa sobre todas las cosas, incluido el propio sol, con la modificación de su actividad.

La omisión de los gobiernos y de los responsables de la información; sin embargo, no perjudicará la salvación de las personas, ya que la verdadera salvación no es la del cuerpo, fatalmente condenado al colapso, sino la del espíritu indestructible.

Acostumbrado al mundo de mentiras que construyeron para deleitar sus vicios, el hombre se asusta ante las amenazas externas e imagina que se salvará escondiéndose bajo la corteza terrestre. Sin embargo, si están negando a sus semejantes las advertencias sobre los próximos eventos, los espíritus no han descansado en el sentido de despertar la conciencia de todos, resaltando la necesidad de reformar sus sentimientos, no de conectarse con el mal, de aprender a verdaderamente perdonar, olvidando las ofensas. Las entidades amigas no renuncian a informar sobre la necesidad de cambiar el patrón vibratorio interno, desconectando lo más posible de las cosas materiales para intimar, manteniendo una atmósfera de elevación y calma, fe y devoción al bien, a través de la constancia de las pequeñas actitudes, de pensamientos positivos.

No están restringidos a la vocación religiosa ni están apegados al hombre que usa la fe como símbolo externo. Están dirigidos a todos los que tienen buena fe, a los que pueden sublimar sentimientos y pensamientos, superando las tendencias inferiores, tengan o no religión.

Cualquiera que desee la vida verdadera no debe buscarla en el interior de las montañas ni en refugios subterráneos. Necesitan excavarse y quitar los escombros acumulados por siglos de adicciones, ofreciendo a la vida un nuevo panorama íntimo en el que no hay lugar para la ausencia de ética, el interés egoísta, la inferioridad de intenciones.

Este es el escudo real, el que puede garantizar al candidato la única salvación que merece la pena buscar.

Por tanto, es una ilusión creer que las medidas materiales adoptadas por la tecnología y el dinero son capaces de burlar la perfección de la justicia divina, garantizando la supervivencia física de quienes no están preparados para la nueva fase evolutiva de la humanidad.

Los crueles, los fomentadores de guerras, los explotadores de la miseria humana, los esparcidores de adicciones, los acaparadores de esperanza, todos ellos han cavado su propio foso moral del que no saldrán debido a medidas desesperadas.

La transformación moral interior es el único salvavidas que garantiza el alma en el escenario de la Tierra en un momento tan especial. Cuando el barco se hunda, las ratas escondidas en su bodega se ahogarán con él. El viejo mundo es ese barco que se hace añicos y los seres humanos que siempre han vivido a costa de roer sus estructuras, serán los ratones que morirán con él. Por eso, amigo lector, no intentes escapar del naufragio siguiendo a los roedores que se esconden en los refugios. Si lo haces, además de demostrar ser tan frívolo como ellos, correrás la misma suerte.

Antes que el barco se hunda, ejercita tu voluntad y cambia su interior mientras haya tiempo, para que no sea demasiado tarde cuando, en medio del naufragio, todos tus esfuerzos producidos por el miedo sean inútiles.

No te dejes encantar por las apariencias ni por la seducción de los sentidos materiales. De todas partes se hacen llamados a la realidad espiritual para que no se consideren olvidados o descuidados por la solicitud divina.

¿Cuánta importancia le ha dado a su propia renovación?

En su interior, ¿todavía hay dolor contra alguien?

¿Tu corazón todavía alimenta el deseo de ver el sufrimiento de los demás si no te entendieron o no te lastimaron?

¿Mantienes una relación poco amistosa con vecinos o familiares? ¿Le faltas el respeto a tus padres, sin tener en cuenta su edad y sus necesidades de cuidado?

¿No hablas con ciertas personas por no encontrarlas dignas de tu atención?

¿Sigues embelleciéndote para ser un obstáculo en la vida de otras criaturas? ¿Codicias a las personas comprometidas, expones tu propio cuerpo para provocar el interés de los demás?

¿Estás celoso de lo que otros tienen y no puedes vivir con el éxito de tus semejantes? ¿Hablas mal de ellos a sus espaldas o incrementas las calumnias que escuchas transmitiéndolas?

¿Utilizas la fe como un instrumento de intercambio y a Dios como un socio poderoso en los malos tiempos?

¿Llevas "santos" en tu billetera o la cruz como una joya en tu cuello, pero no abres tu billetera para ayudar a alguien o tu corazón a tener compasión por el sufrimiento de los demás?

¿Descuidas la palabra comprometida, traicionando compromisos profesionales, familiares, religiosos?

¿Apoya las actitudes agresivas, fomenta la violencia de cualquier tipo y cree que la guerra es la forma más adecuada de lograr la paz?

¿Dices siempre la verdad, incluso cuando no te conviene o no sea adecuada? ¿Sabes posponerla cuando lastime a tu prójimo con comentarios duros e inútiles para su crecimiento, evitando la franqueza destructiva?

¿Sabes vivir con los recursos que tienes? ¿Los conquista con un trabajo honesto que no les quita nada a los demás, ni siquiera con la excusa del lucro?

¿Superas las críticas de los demás y sigues trabajando en el bien tanto como puedas? ¿Aprendiste a no escuchar tu orgullo, superándolo con una actitud decidida?

¿Cuántas veces te miras al espejo cada día?

¿Sufres cuando tienes que compartir lo tuyo o cuando pides prestado algo? ¿Y cuándo eres tú quien pide prestado, te preocupas por devolverlo correctamente conservado y corregido?

¿Te comportas con honestidad en las cosas más pequeñas todos los días?

¿Puede enseñar sin humillar a los que no saben?

¿Sabes cómo aprender sin herir el orgullo demostrando tu propia ignorancia?

No puedes decir que nunca conociste estos deberes morales en tu vida, porque durante milenios, los hombres han vivido con los llamados de la ley, gracias al esfuerzo del valiente Moisés que fue su portador, para que no se olviden de las metas de Dios.

La ley de Dios está formulada en los siguientes diez mandamientos:

I. Yo soy el Señor tu Dios, que te sacó de Egipto, de casa de servidumbre. Frente a mí, no tendrás dioses extraños. No harás una imagen esculpida, ni ninguna figura de lo que está arriba del cielo, o abajo en la Tierra, o lo que sea que haya en las aguas debajo de la tierra. No los adorarás y no les prestaras cultos soberanos.

II. No pronuncies en vano el nombre del Señor tu Dios.

III. Recuerde santificar el día sábado.

IV. Honra a tu padre y a tu madre, para que tengas una larga vida en la tierra que el Señor tu Dios te dará.

V. No matarás.

VI. No cometerás adulterio.

VII. No robarás.

VIII. No darás falso testimonio contra tu prójimo.

IX. No desearás a la mujer de tu prójimo.

X. No codicies la casa de tu prójimo, ni su criado, ni su sierva, ni su buey, ni su asno, ni ninguna de sus pertenencias. (Capítulo I de *El Evangelio según el Espiritismo*, "No vine a abrogar la ley")

Cada día es la oportunidad de hacer esta reforma, sin la cual no se logrará la salvación, aunque se construya el más sólido de los refugios subterráneos.

Salvarse a sí mismo, por tanto, no significa buscar la oscuridad para esconderse a la sombra de los propios inadaptados.

Corresponde a iluminarse desde dentro, abrir el corazón y llevar la conciencia limpia ante la luz de la verdad.

No dependas de los gobiernos y los anuncios para preocuparte por comenzar. Cuando lleguen, será demasiado tarde.

Piensa y hazlo mientras haya tiempo.

35. El Bien y el mal

Mientras se observaba el esfuerzo de los espíritus superiores por influir en los pueblos a través de sus jefes y líderes o por la influencia positiva de los miembros de los diferentes movimientos pacíficos, las entidades inferiores se agitaban por todos lados.

Capturando la energía primitiva que envolvía la psicósfera terrestre, se alimentaron de las densas vibraciones que los estimulaban en la exacerbación de sus adicciones.

En todas partes, espíritus degenerados y primitivos vagaban en conexión con los encarnados que facilitaban su acoso e influencia.

A pesar de todas las advertencias, tales avisos fueron recibidos por la mayoría como un canto moralista, predicciones apocalípticas repetidas por quienes, usando interpretaciones personales, usaron el miedo para dirigir a las personas, asustándolas.

Por ello, la mayoría inconsciente consideró cualquier tema trascendente como una invasión indebida de la libertad personal, la conciencia o las creencias, interpretada como una violencia inaceptable.

Y la gente preferiría acercarse a las instalaciones adictivas que meditar serenamente en los inconfundibles signos que se hinchaban.

Fue esta desconexión entre la voluntad y la bondad la que encarnó imanes poderosos que atrajeron la presencia de entidades de igual vibración, participando en el banquete orgiástico del egoísmo, el orgullo, la indiferencia y el abuso.

No les parecía prudente ningún límite.

"Sin regla" – esta era la regla.

Los encarnados repitieron los mismos conceptos que les fueron transmitidos por las malas compañías con las que se identificaron, como la unión entre noche y oscuridad.

Las entrañas de la Tierra continuaron abriendo sus núcleos para que emergieran los seres oscuros, encontrando el ambiente adecuado para la multiplicación de locuras y crímenes con los hombres y mujeres en la superficie.

Una ola contundente de tragedias familiares, personales y colectivas impresionó a los más atentos, además de impactar a los propios reporteros, quienes quedaron igualmente sorprendidos por la magnitud de la violencia y la frialdad de los delincuentes.

Crece la presión psíquica sobre los vigilantes que, por cualquier motivo, se dejan llevar al crimen, convirtiéndose en homicidas, parricidas, filicidas, infieles, agresores, criminales diversos.

En todo el mundo, los dolores volcaron las entrañas sociales a través de hechos traumáticos, agravados y acelerados por el aumento de las influencias externas de espíritus impuros cada vez más excitados.

A pesar de esto, continuó el desplazamiento de tales entidades para transportar vehículos que, según el plan celeste, los mantenía alejados de la compañía de los encarnados, dirigiéndolos a la superficie del satélite lunar, donde esperarían los mecanismos de transferencia al inframundo.

En todos los continentes, los inmensos transportadores continuaron la tarea ininterrumpida, además del vasto contingente de espíritus ejecutores que continuaron en la selección de las entidades inadecuadas para la continuidad de las experiencias en el orbe terrestre, remitiéndolas al destino que les aguardaba en medio de mundos inferiores. (Tema tratado en detalle en la novela *Herederos del Nuevo Mundo*).

Las turbas de entidades afligidas se movían como manadas de seres locos, descontrolados por las extensiones umbralinas, no solo en busca de burdas aventuras en compañía de grupos humanos en sintonía con ellos, sino también huyendo de las fuerzas del bien que podrían detenerlos en la realización de la augusta ley.

Mientras tanto, otros, más maliciosos que malos, se aferraron a los encarnados que exploraron con fluidez, imaginándose capaces de esconderse de la selección estrechando aun más los lazos de influencia que mantenían con los vivos con cuyos vicios estaban asociados.

Creían que, si la conexión energética con sus anfitriones era intensa, los espíritus ejecutores no serían capaces de separar la planta invasora y el ser invadido.

En este escenario nefasto, la propia vida del mundo se convirtió en la causa del mal que sufrieron.

Los violentos dejaron aflorar la violencia, con la excusa de la violencia ajena.

Los rebeldes estaban agitando contra la orden, reclamando derechos bajo los cuales tendrían derecho a ofender los derechos de otros al faltar al respeto a los derechos comunes promovidos por funcionarios corruptos.

La mayoría de los que dijeron que eran honestos abrazaron la indignidad después de observar la prosperidad de los malvados.

Muchos, que lucharon contra sus tendencias conductuales basados en la moderación y la disciplina, abandonaron la lucha, entregándose a experiencias permisivas impulsadas por la exaltación televisiva de valores promiscuos y el estímulo a conductas adúlteras, facilitando la desconexión entre virtudes nobles y vicios exaltados.

El cultivo de la libertad sin restricciones facilitó la mala interpretación que todos podían hacer de todo y, así, entronizado el culto al derecho, se descuidó el cumplimiento de los deberes.

Los hombres con deberes paternos renunciaron a las responsabilidades familiares para vivir aventuras emocionales y sexuales de todo tipo, reclamando derechos a la felicidad personal. Las madres extremas renunciaron al ejercicio maternal responsable para entregarse al culto del placer en brazos de aventureros agradables y llenos de dinero.

Cuerpos esculpidos y músculos torneados se convirtieron en la medida de las aspiraciones afectivas de la mayoría de los despreocupados, asociados a estrategias inferiores, en la identidad de los deseos con las entidades ignorantes e impuras.

En este panorama de consternación y frenesí, la religión emergió como un puente seguro entre la loca realidad y el sentido común de la vida real. Sin embargo, buena parte de los caminos religiosos de la Tierra se habían comprometido en la misma locura, habiendo perdido el respeto de la comunidad que pretendía dirigir. Se estaba demandando a iglesias y sacerdotes en varios países por indemnizar a las víctimas de abusos sexuales, muchos de ellos cometidos dentro de sus templos de enseñanza, contra jóvenes de todas las edades. Por otro lado, la explotación económica del pecado transformó los templos de la fe en un mostrador de negocios, en el remate de la conciencia con la culpa como fiel de la balanza. De otras formas, la discusión y la polémica combinada con el culto a la personalidad crearon tertulias teóricas y cónclaves sociales en cuyo peso se ahogaron los cantos sinceros de la fraternidad que perdona, la compasión que comprende y la indulgencia que tolera la ignorancia ajena.

La fe, confundida con la persona de sus representantes, fue así torpedeada por todos lados, haciendo muy fácil que los espíritus malignos induzcan a los incautos y despreocupados a culpar a Jesús de los errores y debilidades de los hombres, estrategia eficaz para profanar la fe, sublimidad del cristianismo, atacando el punto vulnerable de la figura de sus sacerdotes o representantes vacilantes. Tomando sus deslices para desacreditar el liderazgo moral que representaban, confundieron las mentes de los afligidos menos maduros y así vaciaron iglesias o las convirtieron en un mostrador de negocios.

Algunos heroicos representantes de la fe permanecieron en la lucha de vanguardia, en el afán de ser un lugar de esperanza y paz basado en el desinterés y la defensa de la verdad espiritual. En general, resistieron basándose en los ejemplos de nobleza de líderes individuales que no habían sido envenenados por el desencanto o intoxicados por las seducciones de la facilidad.

Los sacerdotes dedicados al rebaño afligido sirvieron de apoyo a quienes necesitaban encontrar a Jesús, lejos de los grandes templos suntuosos y fríos.

Amables pastores que no midieron su amor a Jesús por las ganancias obtenidas en los servicios de su templo ni fueron engañados por la alucinante competencia por el poder y la hegemonía económica, permaneciendo en la sacrosanta función de ser referentes positivos a la duda y al miedo, sin valerse de sí mismos de las debilidades humanas para explotar la conciencia culpable de quienes les confiaron sus miedos.

Líderes anónimos de varias otras religiones, notablemente entre los espíritas, cuya firmeza en el manejo de las cuestiones morales del Evangelio fue capaz de mantener el rumbo seguro, no dejándose engañar por disputas de intelectualidad vana, tomando partido en discusiones apasionadas, fermentando la discordia de unos contra otros.

Estos sirvieron a los amigos invisibles como fieles defensores de la lucha por la elevación vibratoria del planeta, a través de las prácticas sinceras de la Buena Nueva, renunciando al "canto de sirena" que sedujo a buena parte de los demás "siervos de Dios."

Si bien el panorama mundial se complicó por las elecciones con las que cada uno revelaba su esencia, las leyes infalibles continuaron cumpliendo sus determinaciones, estableciendo el futuro de cada uno en base a elecciones personales, llevando los conceptos de Buena Nueva como principal tamiz selectivo.

Los espíritus amigos se multiplicaron en acciones de amor por quienes se mostraban comprometidos con los esfuerzos de la tarea, luchando por la victoria del ideal sobre la seducción de los intereses personales.

Por eso no despreciaron a ningún trabajador del bien, apoyándolos en actos que significaban sembrar amor hacia los corazones afligidos.

* * *

En sus peregrinaciones con los diversos siervos de Cristo trabajando con los hombres, Bezerra y Chico conversaron, junto a un dedicado trabajador del bien encarnado, a quien siguieron fortaleciendo, en la ardua tarea de esparcir la semilla luminosa.

– En el valor de la voluntad sincera, encontramos un poderoso instrumento para la multiplicación de la paz y la fe, aliviando ansiedades y miedos – dijo Bezerra, señalando al valioso predicador.

— Sí, querido doctor. Nuestro hermano se ha mantenido fiel como el buen soldado que no olvida la misión a cumplir, a pesar de los disparos y agresiones que recibe en el camino. Por eso es acreedor de nuestras oraciones, a través de las cuales deseamos colaborar con sus esfuerzos en la representación de la voluntad divina donde quiera que él vaya, difundiendo los nobles conceptos espíritas a quienes lo escuchan a través de buenos ejemplos.

— Pocos de nuestros hermanos conocen los innumerables sacrificios a lo largo de tantas décadas de servicio al bien. La mayoría aun no se ha molestado en meditar libremente sobre las interminables renuncias que este compañero ha mostrado y sigue demostrando hasta hoy, a pesar del desgaste de su cuerpo – respondió Bezerra.

— Lamentablemente, el fantasma de los celos aun reina en buena parte de nuestros hermanos encarnados, por lo que, cuando no pueden igualar las hazañas de un idealista dedicado, prefieren actuar atacando su integridad, planteando interpretaciones sesgadas sobre los hechos, planteando hipótesis que deberían pertenecer al pasado de nuestros errores, sobre todo porque nadie encarna, hasta que llegan al mundo de la verdad, se da a conocer en profundidad todos los elementos del proceso para redactar la sentencia absoluta o condenatoria.

— Tu experiencia personal te permite hablar de esa manera con la propiedad de quienes han sufrido mucho en el juicio de los demás.

— Aprendí mucho de usted, Dr. Bezerra, que enfrentó las diferencias teóricas en las largas luchas por la implantación de la doctrina espírita–cristiana en tierras brasileñas, allá por el siglo XIX, en disputas entre científicos y doctrinas religiosas. Sin perder el sentido de la fraternidad cristiana, su ejemplo de bien obró en silencio para que el ideal de Jesús produjera los dulces frutos del entendimiento y la paz en la casa de Ismael. Es lamentable que algunos de los "nuestros" estén perdiendo esta oportunidad al olvidar sus ejemplos de vida, querido doctor. Y no fue porque les faltara el contacto con los espíritus, ni porque no conocían el movimiento del amor en acción, en el que la bondad de Dios me concedió el honor de participar modestamente en la última experiencia. Algunos de los amigos, a los que ciertamente seguimos dedicando el mismo cariño que antes, parecen haber sido envueltos en la nube de sentimientos menores que los embota el sentimiento cristiano de verdadera fraternidad. Olvidaron el agua de la paz, con el objetivo de expandir su propio personalismo, en detrimento de la armonía en la obra de Dios. Cuando vemos en ellos el resplandor del servicio en el bien que una vez hicieron por la causa de Cristo, podemos imaginar la desilusión y la vergüenza que sentirán de este lado, cuando los velos de la carne se desvanezcan y solo quede la verdad. Qué podemos hacer sino lamentar su desafortunada elección y seguir amándolos, ¿verdad, doctor?

– En verdad, hijo mío, eso es lo único bueno que tenemos para ofrecerles mientras están desafinados, rezando para que más temprano que tarde vuelvan al redil.

– Y lo más interesante, doctor, es que ni siquiera sueñan que, de este lado, el poco amor que dispongo se compromete a proteger a este devoto siervo de Dios, al que algunos de mis antiguos amigos acusan o atormentan, usando como excusa la defensa de mi memoria.

– Ese será el descubrimiento más doloroso para ellos, Chico: que vivieron muchos años a tu lado, pero...

✳ ✳ ✳

Y con la reticencia que decía más que todas las palabras, Bezerra y Chico siguieron el lado del hermano que luchó con heroísmo en la fidelidad a Jesús y en la superación del mar salvaje de las adversidades vibrantes, difundiendo la luz espiritual donde la salud lo permitía y el cuerpo se lo llevó.

36. Traje nupcial

Bajo la dirección directa de Antênio, la comunidad de Sirio se reunió para despedir el contingente de almas que seguiría a la atmósfera terrestre, en cooperación constructiva con la reforma de la humanidad.

La gran plaza estaba llena de hermanos cuyas dulces vibraciones abastecían a los cientos de miles que habían respondido a sus llamados espirituales.

De igual manera, en otras innumerables casas del Padre cuya evolución lo permitió, se observaron preparativos para la asistencia del servicio de emergencia para sostener las luchas en el mundo terrenal, dejando caravanas de diferentes regiones cósmicas, en el mundo espiritual, destacándose cada una por su idealismo y solidaridad en el bien, conscientes que el trabajo que tenían que hacer en el mundo de los hombres era de esfuerzo colectivo, equilibrio de pensamiento, fortalecimiento de sentimiento y, en algunos casos, zambullirse en la vida física.

Algunos de los integrantes de estas grandes caravanas eran los que, en el pasado, habían chupado el pecho que la Madre Tierra les había ofrecido como cuna primitiva y generosa. Para ellos, había llegado el momento precioso de devolver todo lo que habían recibido ayer en la oscuridad de la evolución.

Multitudes espirituales fueron proyectadas al espacio, sometidas al control de inteligencias angélicas que fueron directamente responsables del éxito de este indefinible movimiento de cooperación voluntaria y fraterna.

En ningún momento de la historia de la humanidad la idea de la paternidad común había producido un esfuerzo tan concertado para apoyar decisivamente las reformas fundamentales que tendrían lugar en el seno físico y psíquico del mundo.

Por ello, las actividades previstas para los voluntarios del amor se realizarían en un amplio frente de dedicación y renuncia, asegurando que, en todas partes, las necesidades evolutivas fueran apoyadas y suplidas.

Varias delegaciones llegaron a la psicósfera de la humanidad, todas ellas con características más evolucionadas que las de los humanos terrestres.

Los coordinadores celestiales que estaban a cargo de desarrollar los planes superiores observaron la disponibilidad y los recursos de cada grupo de voluntarios, permitiendo encontrar el mejor uso para los variados potenciales y tareas que tales espíritus realizarían.

Tenían en cuenta las afinidades naturales que se observaban entre los recién llegados y las culturas que ya existían en el mundo, las mismas en las que varios de ellos habían participado en el remoto pasado de la evolución personal, adaptando sus fuerzas positivas a estos núcleos civilizadores más aptos para capturar sus intuiciones.

Ciertamente, todos debían soportar el pesado traje de buceo que vibraba caracterizado por el nuevo periespíritu, tomado de las propias vibraciones telúricas de la tierra, que les imponían restricciones aun mayores, pero no equivalentes al sacrificio que aquellos que serían capaces de reencarnar en cuerpos densos en la esfera física de los hombres.

Las comunidades espirituales sabían que el sistema planetario, compuesto bajo los auspicios luminosos del Sol, como ya ha ocurrido en el pasado, estaría sometido a procesos de reorganización general de carácter cíclico. Cooperando para acelerar la evolución, algunos podrían solicitar el renacimiento en cuerpos humanos, compartiendo físicamente la tormenta para ser anclas de equilibrio, puntos de apoyo visibles por los ejemplos de serenidad en medio de la confusión, mientras que otros, sin vestirse con el atuendo carnal, apoyarían a los hermanos de la humanidad a través de la intuición, guiando la voluntad por los mecanismos indirectos de sugestión benéfica.

Mientras los de Sirio se organizaban junto a los atrios de Jesús ubicados en las cercanías del globo azul, otro contingente de almas mejoradas, provenientes de Capela, también traía su parte de fuerzas positivas para sublimar los esfuerzos del divino maestro de cara a renovar las pruebas.

Hérilon, el iluminado representante de los del sistema Capelino, se había presentado ante una de las autoridades espirituales responsables de la Tierra, informando:

– ¡Aquí estamos, querido Miguel! Regresamos al planeta del exilio con la doble tarea de rescate y colaboración.

Se refería a los lazos ancestrales que unían el mundo que orbitaba la estrella Capela con el planeta terrestre, una pequeña casa del Padre que había abierto su psicósfera primitiva para ayudar a elevar a todos los componentes del grupo que, miles de años antes, había sido exiliado de su comunidad de origen, por no haber alcanzado los niveles evolutivos adecuados para permanecer allí.

Marcada en la historia humana como la expulsión de Adán y Eva del paraíso, la trayectoria de los Capelinos representó la epopeya de la evolución para espíritus tan rebeldes al mismo tiempo que marcó también la transformación del panorama primitivo de las poblaciones semi–salvajes que existían en la humanidad terrestre.

Esta misión reformadora se había iniciado, por tanto, cientos de siglos antes, a través del arduo y laborioso trabajo de transformar los caracteres de los dos contingentes que integraban la humanidad cósmica. Si, en ese momento, la comunidad de Capela contaba con la ayuda de la modesta casa terrena para garantizar la elevación moral de sus miembros, había llegado el momento en que sus representantes comparecerían ante las cortes de Cristo para expresar su gratitud y solidaridad. Si alguna vez había enviado a los exiliados a recolectar las lecciones que los transformarían, ahora trajeron espíritus mejorados, dispuestos a servir como aceleradores del progreso moral entre todos los habitantes de la humanidad ubicados aquí.

– Entre nosotros – continuó Hérilon –, están los voluntarios del amor, no los desterrados de la ignorancia. Personalmente, fue muy emocionante observar entre nuestro pueblo la inmensa cantidad de quienes se unieron, atendiendo al llamado del Cristo de Dios. Sobre todo porque, como es fácil de entender, la misión renovadora significó dejar nuestro mundo para hacer una pasantía en otro planeta, abdicando de los logros ya alcanzados en nuestra comunidad. Sin embargo, los candidatos se multiplicaron de tal manera que nuestros líderes establecieron criterios para la selección. Cada uno debe explicar de manera sucinta, en un diminuto cristal que sirve de vehículo de transmisión de datos – con la misma función que el papel en el ámbito de los documentos o solicitudes – la esencia de las razones que lo llevaron a ofrecerse por la trayectoria misionera. Fue entonces cuando se evaluó con más profundidad y seleccionó a los que mejor se adaptaban a los desafíos del amor, porque traen en el alma el sello de lo que, aquí en la humanidad terrena, se conoce por la gratitud.

Todos los que integran nuestra caravana, Miguel, además de estar preparados para la aceptable evolución de la misión que les espera, están marcados por un gran sentimiento de agradecimiento que los impulsa aquí con determinación y alegría. Buena parte de ellos todavía guardan en el alma la marca del exilio en estos lugares, a expensas del cual han superado sus males, sus imperfecciones y sus vicios. Como el médico agradecido a los libros viejos o el orfebre que conquistó las culminaciones del reconocimiento artístico en el entorno de un taller viejo y gastado, la mayoría de los de aquí están formados por los que vuelven a los libros gastados o al viejo taller, para defenderlos, reformándolos, apoyándolos para que sigan existiendo como una herramienta de bien para los demás.

Para todos nosotros, este es el momento de agradecer a este hermoso planeta que ha soportado nuestra locura, que ha alimentado nuestros cuerpos carnales, a pesar del mal que poseíamos. Este es el primer y principal criterio que se encuentra en cada petición, seleccionando a los candidatos.

En el pasado, Capela era un paraíso y la Tierra había surgido como un campo difícil. Ahora cooperamos para que la vieja y mala cosecha se convierta en el paraíso.

Así, además de los agradecidos, también traemos a los que se ofrecieron voluntarios para trabajar en el desarrollo tecnológico, modificando sistemas, intercambiando conocimientos, profundizando la fe, despertando la sensibilidad, todos dotados de una gran riqueza de conocimientos para comprometerse con la inteligencia humana de este orbe, apoyando la reconstrucción de la nueva civilización a través del cultivo constante del bien en la atmósfera espiritualmente desafiante que encontraremos aquí para probar la perseverancia de nuestras almas.

Además, tenemos una misión de rescate porque, de la misma forma que trajimos nuestro concurso, estamos abiertos a recoger a aquellos seres que, como exiliados de ayer, aun permanecen en la

Tierra hoy, pero que ya han superado los lazos de inferioridad, habiéndose calificado en los estándares de bondad real que los autoriza a volver al sistema original.

Nos encomendamos, por tanto, a las manos luminosas del Cristo de Dios, poniéndonos bajo su mando, ángel amado del Señor, para las determinaciones indispensables.

Miguel había recogido de Hérilon las recomendaciones que llevaba en nombre de los líderes superiores del sistema de Capela, agradeciéndoles la demostración del amor verdadero, hermano del sacrificio personal, garantizándoles una oportunidad sublime de colaboración directa en los esfuerzos de Jesús y sus ayudantes, con el objetivo de la renovación del medio terrenal.

A los de Sirio y Capela les siguieron las comunidades espirituales de Pléyades, Antares, Orión, además de los contingentes de voluntarios oriundos de los planetas más avanzados del propio sistema solar, como Júpiter, Saturno, Urano y Neptuno, capacitados para trabajar en áreas específicas del mundo en el gran plano crístico de la elevación de los seres.

Vista desde el mundo espiritual, esta gran comunidad de voluntarios del amor compuso un gran halo iluminado alrededor del núcleo oscuro que caracterizaba a la Tierra en el mundo invisible. Algo parecido a un tumor canceroso que sería envuelto por la luz del bisturí de la bondad y que, bajo su determinada acción, sería extirpado, liberando el órgano afectado.

En la dimensión espiritual, por tanto, todo estaba organizado para las horas decisivas de renovación.

Al mismo tiempo, en otra dimensión física no estaba el arreglo.

Procedentes de todas las comunidades evolucionadas que dominaban la tecnología avanzada de acuerdo con principios físicos específicos, una multitud de naves y transportes especiales reunidos alrededor del mundo material, dentro de los cuales seres humanos de otras casas del Padre observaban los hechos desplegarse en el seno de los hombres terrestres, mientras que, en diferentes partes del mundo, tales objetos se hacían visibles, sumergiéndose en la densa dimensión de la atmósfera, refugiándose en las profundidades del océano, escondiéndose en lugares remotos dentro de bosques o desiertos, acompañando las transformaciones telúricas. Por otro lado, varios integrantes de estas otras humanidades, aprovechando su capacidad para densificar sus cuerpos y hacerse visibles al ser humano, frecuentaban lugares públicos, visitaban hogares, ambientes de estudio, centros de investigación, colaborando con inspiraciones, haciendo alertas, realizando estudios, mientras que otros se reunieron con los encarnados extraídos del cuerpo por efecto del sueño físico para estimular sus elevados sentimientos, la confianza en Dios, infundiéndoles valor para el testimonio del bien. Sus advertencias sobre la modificación de sentimientos y pensamientos se sumaron a las de las innumerables entidades espirituales que también actuaron como tutores y protectores, dando a los miembros de la familia humana, en todas las latitudes de la Tierra, las advertencias y orientaciones esenciales para los momentos importantes de la transición del planeta por el cual solo el alma, sinceramente arrepentida del mal, estaría preparada para enfrentar sin los tormentos del miedo.

Como en los tiempos de Adán y Eva, cuando la vergüenza los denunció ante el ángel de la guarda del paraíso, la conciencia de culpa, la noción de error deliberado, la adicción a la conducta basada en intereses mezquinos, esto hará que cada individuo informe cuando llegue el tiempo señalado para el juicio de la verdad sobre las fuerzas de la mentira.

El cambio de actitudes mentales y físicas sería fundamental para adaptarse al nuevo ciclo vibratorio, de tal manera que, quienes no siguieran estas transformaciones, ciertamente sucumbirían a la nueva tensión magnética, dejando de sostener los cuerpos físicos por la ruptura de las líneas de fuerza de un periespíritu inadecuado para convivir en armonía con las nuevas fuerzas del planeta.

Junto a estas entidades en los dos planos vibrantes, la Tierra ya contaba con un avanzado programa de reencarnación en el que los espíritus precursores y preparadores aceptaban renacer, para estar ya vivos en el mundo cuando los eventos transformadores se hicieran evidentes, buscando servir de cimiento y ejemplo de coraje y equilibrio, indicando el guion a seguir para todo aquel que no supiera qué hacer en el momento de la decisión.

En todas partes, preparados en su inconsciente, se habían sumergido en el cuerpo de espíritus de carne sembrando virtudes, trabajando en nombre de todos, para servir como heraldos que anunciaban la gran fiesta.

Esto sería muy importante porque, catalizados por los nobles ejemplos de estos misioneros anónimos, se sumarían muchos de los que, cansados del viejo estilo de vida, buscarían una nueva forma de construir su futuro. Los miembros de la familia humana cansada, agotados en la fricción de la expiación por los errores del pasado, encontrando la lógica de la bondad y entregándose a ella como quien se aferra a la tabla savadora, en la que deposita sus más profundas esperanzas, podría renovar su disposición en momentos finales antes de la tormenta.

La posibilidad de la iluminación de la conciencia mediante el arrepentimiento y la implementación de nuevas actitudes estaba abierta a todos. Este fue el gran papel de los espíritus renacidos en el mundo físico en este período, cuya voluntad de servicio condujo sus acciones hacia la iluminación colectiva, dedicando todas sus energías a este esfuerzo y, renunciando a la realización de los sueños personales, trabajando por el despertar de sus semejantes...

Para ello, trabajaron en todos los ámbitos de la vida humana, desde la religión hasta la ciencia, desde los movimientos de concientización popular hasta la defensa de los menos privilegiados, desde la protección del medio ambiente hasta la ejemplificación de la higiene personal para quienes aprendieron los primeros pasos de una vida civilizada.

Maestros que sirvieron idealmente en la educación de niños rebeldes o jóvenes engañados, padres que se dedicaron a moldear almas indiferentes como niños, maridos y esposas luchando por la consolidación de un hogar virtuoso y noble, empresarios honorables preocupados por los deberes sociales, sacerdotes humildes y rectos que no se doblegaron al cultivo del becerro de oro, agentes públicos y servidores del pueblo cumpliendo deberes sin ceder a la corrupción de sus ideales, todos aquellos que encajan en estas virtudes fueron parte de los enviados por Dios y Jesús en la moralización de un mundo podrido y devorado por adicciones.

De ahí que sus esfuerzos se verían recompensados con el ciento por uno de sus sacrificios si permanecían fieles a la empresa que aceptaban, ya que debían trabajar en un entorno antagónico, verdaderamente hostil a todo lo que defendían.

Para todos los que fueran fieles hasta el fin, serían considerados incluso con la ley.

Así, a pesar de toda la crisis del mal que existía y estaba proliferando en el corazón de los despreocupados y desprevenidos, de la agitación de los entes inferiores y rebeldes ante la pérdida definitiva de sus dominios, la vigilancia del Altísimo se había cuidado de sembrar por todos los lados de la humanidad los llamados a la transformación indispensable, antes que se cerraran las puertas del arca.

Fue la invitación que se extendió a todos, mediante la cual el rey pretendía llevar a la boda de su hijo a todos los que aceptaran asistirle, solo que aceptaran llevar la ropa adecuada, según la parábola empleada por Jesús:

> *Hablando en parábolas, Jesús les dijo: El reino de los cielos es como un rey que, queriendo celebrar la boda de su hijo, envió a sus sirvientes a llamar a los invitados a la boda; estos; sin embargo, se negaron a ir. El rey envió a otros sirvientes para decir de su parte a los invitados: he preparado mi cena; hice matar mis bueyes y toda mis animales cebados; todo está listo; ven a la boda. Sin embargo, sin preocuparse, se fueron, uno para su casa de campo, otro para su negocio. Los otros tomaron a los sirvientes y los mataron, después de haber cometido muchos atropellos. Sabiendo esto, el rey se enojó y, enviando sus ejércitos contra ellos, exterminó a los asesinos y quemó la ciudad.*
>
> *Luego dijo a sus sirvientes: La fiesta de bodas está completamente preparada; pero los que fueron llamados a él no eran dignos de él. Así que ve a la encrucijada y llama a todos los que encuentres para la boda. Los sirvientes luego salieron a las calles y trajeron a todos los que encontraron, buenos y malos; la sala de bodas se llenó de gente sentada a la mesa.*
>
> *Entonces el rey entró para ver a los que estaban a la mesa y, al ver a un hombre que no vestía el traje de boda, le dijo: Amigo mío, ¿cómo entraste aquí sin el traje de boda? El hombre guardó silencio. Entonces el rey dijo a su pueblo: Atadle de pies y manos y echadle a las tinieblas de afuera. Allí será el llanto y el crujir de dientes; porque muchos son llamados, pero pocos elegidos.* (Mateo, 22:1–14)

A medida que se acercaban las nupcias de Cristo, se preparaba toda la fiesta, con la presencia de los ennoblecidos colaboradores y servidores del rey, representados por las diversas humanidades que se reunían en el banquete de la gran celebración.

Solo faltaban los invitados a la fiesta. Lamentablemente, se observó que, si algunos asistían como invitados, buena parte de los que habían sido honrados con la convocatoria estaban más preocupados por sus negocios o placeres que por su participación en la gran celebración.

No faltaban ni el rey ni el novio ni los sirvientes dispuestos a una augusta celebración. Ahora, cuando todo estaba listo, había llegado el momento de lamentar la suerte de quienes preferían las cosas del mundo, así como de valorar si quienes accedieron a ir a la fiesta, realmente vistieron el traje nupcial adecuado para participar en ella.

37. Abriendo ojos y oídos

Mientras las fuerzas espirituales aceleraban los preparativos del sublime acontecimiento programado hacía milenios para el progreso de la humanidad, otra no fue la medida adoptada por los espíritus amigos para la protección de cada individuo.

Finalizada la reunión mediúmnica del grupo de Gertrudes, las dos trabajadoras, Marieta y Jandira, le entregaron el resultado del segundo intercambio realizado con los seres visitantes, comentando rápidamente el avance de la información.

La líder, a cada paso, se impresionaba aun más con el grupo, reconociendo que nada de eso podía ser el resultado de un desequilibrio mediúmnico o alguna alucinación nacida de un trabajador en una crisis obsesiva.

También se había asegurado que no hubiera interferencia de espíritus inferiores que se hacían pasar por entidades extraterrestres, con el fin de engañar o perturbar el trabajo.

Al finalizar la noche, disponía de material suficiente para meditar y remitir la información a los demás líderes responsables de los otros grupos, con quienes compartiría los resultados iniciales de los acercamientos, antes de llevar dichos informes a la atención de la dirección de la institución espírita a la que todos se conectaban.

Al día siguiente, se puso en contacto con dos de los otros líderes amigos y concertó una cita para intercambiar información y opiniones sobre algunos temas importantes.

Reunida con Alfonso y Gomes, Gertrudes inició la conversación, explicando el motivo de la reunión:

– Bueno, amigos míos, no se sorprendan del interés en traerlos aquí para intercambiar información. Sin embargo, antes de considerar la protección de los espíritus amigos que guían los destinos de esta institución, sabemos que nuestros procedimientos en la conducción del trabajo y los trabajadores de la mediumnidad deben estar guiados por la sobriedad y la rectitud porque, incluso cuando los mentores están mirando, si no nos mantenemos al día, atentos por nuestra parte, las entidades inferiores pueden socavar las defensas luminosas utilizando el desequilibrio y la fantasía mental de algunos de nosotros.

– Sí, Gertrudes, tenemos la obligación de estar atentos a todo para profundizar nuestra cautela ante ciertas amenazas – respondió Alfonso, coincidiendo con el cuidado de las tareas de su hermana.

– Bueno, amigos, por eso creo que esta reunión nuestra es crucial. Me gustaría que me informaran si identificaron, en los trabajadores de sus grupos, algún suceso insólito, alguna comunicación mediúmnica diferente, algún relato de una situación anormal desde el punto de vista de nuestras rutinas.

– ¿Qué quieres decir? Preguntó Gomes, interesado. ¿Te preguntas sobre el tipo de entidades que comunican o sobre el comportamiento de cada médium?

– De hecho, me pregunto sobre ambos. ¿Alguna información personal ya ha llamado su atención, incluso en forma de conversación privada, que es muy diferente a la que estamos acostumbrados a recibir a diario?

Ambos se pusieron a pensar, abriendo el baúl de la memoria donde almacenaban vivencias del trabajo espírita, buscando la información que el amigo solicitaba.

Después de unos momentos, Gomes informó:

– Bueno, no puedo decir si esto se ajusta a lo que estás preguntando, pero hace unos dos meses, uno de los médiums lo acusó de una alteración visual, alegando que no podía realizar la tarea mediúmnica de escudriñar, solicitando autorización para permanecer en el apoyo en tratamiento.

– ¿Profundizaste en el asunto, preguntándole por el verdadero motivo de su partida deliberada?

– Bueno... dentro de lo que considero plausible, traté de escucharlo sobre los motivos de su desajuste psíquico, pero, por mucho que traté de ahondar en los detalles sobre la causa de tal comportamiento, noté que él se mostraba reacio a revelarlo, siempre diciendo que era por problemas personales. Después de insistir mucho, noté que estaba avergonzado y, para no agravar su problema haciéndolo dejar el grupo, acepté sus evasiones y acordé que se quedaría un rato fuera de la mesa de trabajo, en actividades de vibrante apoyo y oración, pidiendo a los amigos de los espíritus que lo involucren para su recuperación total.

Aparte de este incidente, nada más sucedió de manera diferente en nuestras rutinas normales.

– ¿Y tú, Alfonso?

– Mira, Gertrudes, últimamente el grupo está sufriendo una especie de desánimo inconsciente, si eso es lo que quieres saber.

– ¿Cómo es eso? – Preguntaron los dos oyentes.

– Bueno, yo lo llamo así, aunque otros lo llamen con otro nombre. Es esa etapa en la que los trabajadores, en aislamiento, se ven envueltos en problemas físicos, emocionales, conflictos materiales y, a través de su invigilancia, cansancio o fragilidad emocional, se dejan debilitar en la resistencia. Entonces, lo primero que hacen es fallar en las tareas espirituales. Un día, uno de ellos me llama diciendo que no vendrá al próximo trabajo porque tiene que resolver un problema. En la misma semana recibo la información que otro médium del grupo tiene dolor en las piernas y, por tanto, no asistirá. Y el día de nuestro encuentro, cuántas veces dos o tres no se vinieron por causas aparentemente tontas, pero que pudieron haber sido superadas por el decidido ejercicio de la voluntad. Entonces, a esto lo llamo desánimo inconsciente, explicándole a los trabajadores que el médium siempre es susceptible de recibir este tipo de influencias que lo abruman, sobre todo cuando se permite ceder a sus decisiones de servir, incluso cuando las cosas se ponen difíciles. Observo, entonces, que cuanto más incisiva es mi desaprobación, más se agitan algunos de ellos, tomando las advertencias que les presento como reprimendas, acusándome de ser intransigente, desagradable o incluso intolerante ante sus excusas.

No se dan cuenta que, como quien centraliza la información del grupo, observo la acción de las entidades necesitadas en un esfuerzo por generar situaciones por las cuales manipulan la participación de los médiums en el encuentro, dificultando sus vidas para que se agobien y se retiren ante el deber libremente asumido... Y eso pasa casi siempre con las mismas personas. No comprenden que, cuando resisten un acoso sutil, después de algún tiempo de intentarlo, las entidades inferiores dejan de encender una buena vela con "malos difuntos", yendo a invertir sus fuerzas perturbadoras en otros sensibles.

– Sí – dijo Gertrudes – Ya lo he notado con los que vienen a nuestro trabajo. Sin embargo, utilizo una técnica que me parece más eficaz en el esfuerzo por hacerlos más responsables. Confirmo la asiduidad de cada trabajador y, en el caso de los que no permanecen constantes en la tarea, luego de una conversación franca sobre sus problemas, los aparto del trabajo mediúmnico, colocándolos en soporte vibratorio durante al menos una reunión. No se trata de castigo, como explico, sino de un período en el que estarán recibiendo un apoyo espiritual que los fortalecerá en la superación de estos problemas. Luego, después de esa fase, por lo general se vuelven más vigilantes, porque se dan cuenta que los males que los golpean, en su mayor parte, provienen de una influencia espiritual que deseaba apartarlos del deber.

Pero, Alfonso, ¿no hubo ningún caso especial o comentario extraño de los que se han mantenido en el grupo?

– ¡Claro! Gertrudes, eso siempre ha habido. El otro día, uno de los chicos empezó a relatar unas sensaciones extrañas. Dijo que, a pesar de no ver a los espíritus, tuvo la clara impresión, en el momento del trance psíquico psicofónico, que una entidad muy extraña lo rodeaba. Cuando le pregunté por la naturaleza de tal espíritu, el chico se aclaró la garganta, se rio entre dientes y explicó desconcertado: Mire, Sr. Alfonso, para ser honesto como siempre deberíamos ser en esta obra, debe ser alguna entidad muy perturbada, porque, incluso, transmitía una forma diferente a la humana. Entonces le pregunté si sentía algo parecido a un animal, algo que es más o menos común en la apariencia de ciertas entidades. Él, sudando, repitió su risa nerviosa y dijo que no era un animal, al menos no los que conocíamos. Fue cuando, ya incapaz de contenerse, dejó escapar que la naturaleza de esta entidad era diferente a todo lo que existe en la Tierra, pareciendo pertenecer a otra humanidad.

– ¡Caramba! – Exclamó Gomes – Incluso se me pone la piel de gallina con solo escuchar eso.

– Yo también – confirmó el amigo que dio el reporte –, y para no dejar que eso impresione a los demás, corté el tema, explicando que podría ser algún espíritu que finge ser un ser extraño para confundir al propio médium. Como nuestros dos médiums psíquicos no habían asistido ese día, no pude pedirles confirmación de las impresiones del hermano que relató el hecho, con miras a una valoración más profunda en la búsqueda de la comprensión del fenómeno. No dudé del médium, porque solo él sabe lo que sentía. Sin embargo, esta historia extraterrestre suele impresionar a cualquiera, y si estas personas están tan desanimadas por nada, ¿has pensado en si más gente tiene miedo de venir a trabajar? Ahí es donde estoy sin "mi trabajo."

Después de escucharlos, Gertrudes comenzó a explicar:

– Bueno, eso es exactamente de lo que necesito hablarles.

– ¿Sobre "perder nuestro trabajo"? ¿Es consciente de algo "allá arriba" que todavía no sabemos? ¿Algún cambio de actividades, alguna reformulación de rutinas aquí en el Centro?

– No, mis amigos. Todo está bien y nada cambiará. Me refiero a estos comportamientos extraños de estos trabajadores. Ambos están pasando por una experiencia anormal y, como es tan inusual, piensan que es una locura. En el caso de Gomes, la solución fue solicitar la remoción del trabajo directo. En la de Alfonso, la confesión espontánea no pareció resolver el problema. Sin embargo, les puedo decir que estos dos no son los únicos, ni son informes aislados. En mi grupo, también fui abordada por dos trabajadoras que, a pesar de tener miedo, me contaron sobre el contacto con entidades extraterrenas, que no se suelen ver en nuestras tareas de desobsesión. Y solo me animé a no considerar esto como resultado de la imaginación o influencia negativa, porque estas dos trabajadoras que mencionaste hace unas semanas vinieron a mí, en días diferentes, pidiéndome los servicios, porque creían que estaban bajo un disturbio espiritual. Nos pidieron apoyo para encaminar a las posibles entidades perturbadoras que las acosaban. Consideraron más natural y menos peligroso, ser atendidas en un grupo diferente al de ellos. Fue entonces cuando les pregunté por la causa de estos disturbios rutinarios y, con mucha vergüenza y discreción, hablaron sobre la visión y el sentimiento de entidades distintas a nosotros que se acercaron a ellas en el trabajo, hecho que las perturbaba en el sereno ejercicio de la mediumnidad.

Los dos líderes se sorprendieron por la noticia, pero Gertrudes no interrumpió el informe:

— Ante eso, entonces, les pedí que no comentaran el hecho con nadie más, ni siquiera con ustedes, hasta que nuestras oraciones y las pautas que recibimos pudieran aclarar estos hechos. Por eso las dos están esperando que les informe del resultado de nuestras intervenciones vibratorias en estas semanas. Hasta ese momento pensaba que era un hecho aislado, pero justo después les pasó a las dos trabajadoras, como ya les revelé. Fue entonces cuando noté un patrón que debía repetirse y que quizás no fuera el resultado de ninguna perturbación o acción inferior sobre los médiums invigilantes o vulnerables.

Acordamos una experiencia en secreto y, aislados de los demás, abrimos los canales de la mediumnidad para recibir la información que se hizo posible. Tengo conmigo, por escrito, el contenido de este tipo de conversaciones y, sin exagerar, creo que son muy importantes para nuestro estudio y comprensión de la urgencia del momento en el que nos encontramos.

Los dos amigos se miraron sobresaltados, principalmente porque consideraban a Gertrudes, entre ellos, la más experimentada en la doctrina, rigurosa en la conducción de la tarea y segura en la valoración del trabajo. Y si se entregaba al trabajo de investigación, haciendo esta revelación, la curiosidad inicial se convertía en interés real.

— ¿Crees, entonces, Gertrudes, que este asunto de otra entidad no es la fértil imaginación de un médium desprevenido?

– Para mí, Gomes, creo que el trabajador de tu oficina está confundido por lo inusual de lo que encontró. Y si te das cuenta del contenido de la noticia que nos llega de la experiencia que hicimos, seguro que entenderás que no se trata de una entidad frívola ni lúdica. Es algo tan grave y novedoso, que quería hablar contigo para confirmar estos hechos que me acabas de informar y, si lo deseas, compartir el fruto de nuestras primeras exploraciones.

– Por supuesto que sí queremos, Gertrudes. Si nos está diciendo algo así, necesitamos saber qué está sucediendo para poder avanzar.

– De ahora en adelante, entonces, creo que es importante mantener la discreción, primero para no despertar la tonta curiosidad sobre el tema, y también para que no induzcamos a otros médiums a pensar que todo lo que sienten debe atribuirse a extraterrestres. En general, los médiums tienen buenas intenciones, pero, lamentablemente, no todos son rigurosos en su evaluación, lo que permite que algunos de ellos reciban influencias sin una adecuada selección a través del análisis racional y sereno que todo médium necesita aprender a cultivar. Hagamos cosas entre nosotros antes de dar el siguiente paso. En mi oficina, los dos médiums solo me hablan de esto. Traje copias de los documentos para que ambos pudieran leerlos con atención. Si lo consideraban prudente, podían hablar a solas con las dos trabajadoras, profundizando el tema y permitiéndoles convertirse en colaboradores conscientes en este proceso, en lugar de considerarse perturbadas o en desequilibrio. Con lo que hayan logrado, en conversaciones privadas, podremos conocer el carácter común y universal de la información, comparándola con la información que se nos transmite a través de estas respuestas. De esta manera, tendremos más seguridad antes de llevar el asunto a nuestros directores.

– Creo que esta será la mejor medida. ¡Venga! y yo que le hice pasar un mal rato al pobre Miranda cuando trató de hablar de eso – exclamó Alfonso.

– Así es, amigo mío, intentamos hacerlo de la mejor manera, pero estamos lejos de ser perfectos. ¿No ves mi caso? Tampoco pude darle a Alcântara la confianza suficiente para informar de los hechos que le molestaban. Esto es algo que necesito corregir en mí mismo, para permitir un mayor acceso a los acompañantes para que, aunque sea de forma particular, me informen de lo que les molesta. Gracias a Dios, somos capaces de entender nuestras limitaciones y mejorarlas – reflexionó Gomes.

– Ciertamente habría actuado así en esas circunstancias, de no haber sido por el hecho que nuestras dos hermanas vinieron a contarme historias similares. Si no fuera por ellas, tal vez también estaba considerando a Marieta como un "golpe de cabeza" o una víctima de pura obsesión. Lo que importa ahora es tratar la cosa con discreción y seriedad para que aprendamos más de la experiencia.

Nos reuniremos otro día para reevaluar los hechos, después de leer estas comunicaciones. Hasta entonces, por favor, mantengan el secreto, porque tenemos que preservar a los trabajadores a través de los cuales llega la noticia, para no ser ridiculizados. Nos enfrentamos a la confianza que no podemos defraudar bajo el riesgo de dañar a nuestros hermanos y hermanas, además de obstaculizar los próximos pasos.

Todos coincidieron con Gertrudes y se despidieron, con mucho que leer, pensar y mejorar.

38. ¡Por fin, una cosecha que ya estaba produciendo!

El mecanismo de la evolución continuó girando sus engranajes, llevando a cada uno a los desafíos que revelaban su esencia espiritual predominante.

Organizada con milenios de antelación, la renovación de los astros y de la familia celestial que la acompañaba era tan cierta que el mismo Jesús, en su tiempo entre los hombres, había anunciado estos hechos, dando a conocer la noticia sobre las profundas transformaciones al final de los tiempos donde el examen final evaluaría en cada ser humano la suficiencia o insuficiencia de las lecciones impartidas.

Tal medida se haría observando los frutos producidos, las actitudes auténticas y la modificación interior, por lo que las apariencias y conductas disímiles serían inútiles.

Sería bajo la edad del espíritu que se llevaría a cabo tal evaluación, con las almas sometidas a esta investigación según las cualidades consolidadas.

Tal evidencia la producirían naturalmente las fuerzas cósmicas, las que organizan el movimiento de las estrellas en el cuadrante celeste al que pertenece la Tierra, en repetición de los ciclos transformadores ya experimentados en otros períodos, cuyas marcas aun se trazan en las capas geológicas, como heridas curadas durante millones o miles de millones de años.

No hay, por tanto, improvisación ni excepcionalidad en el orden de la justicia divina, que todo lo prevé y planifica, con millones de años de antelación.

Cada criatura recibió las oportunidades necesarias de trabajo, crecimiento y aprendizaje, además de numerosas alertas sobre las etapas de evaluación.

Se implantaron escuelas de pensamiento y sentimiento con un alto programa espiritual, sembrando los gérmenes de nuevas conquistas para todos. Al precio del martirio y la violencia, el paganismo se transformó lentamente, dando paso a la lógica de la unidad divina, observada como el centro de todas las fuerzas constructoras y renovadoras del universo.

A pesar de un tesoro tan valioso, las criaturas aun inmaduras despreciaron su esencia, prefiriendo su corteza.

Bajo los cánticos religiosos en los que se unen sacerdotes y fieles, se escuchan los sonidos de las bombas lanzadas entre hermanos, gracias a la hostilidad que, por la dictadura de las armas o monedas, la política de la fuerza o el egoísmo, las personas aun se nutren entre sí.

Cantan himnos de alabanza a Dios mientras diezman inocentes, corrompen costumbres, difunden mentiras y versiones adulteradas de la verdad, para dar legitimidad a las atrocidades que cometen.

Junto a los numerosos avances tecnológicos, cualquier novedad en este ámbito pronto se transforma en un arma de destrucción o en el dominio del prójimo.

Se está investigando con el objetivo de controlar el clima artificial, mientras que los juegos electrónicos de contenido violento y alienante mantienen la mente distraída y entrenada para aceptar conceptos agresivos, como parte natural de la sociedad y de la persona humana.

En todos los niveles de la vida social se observa este mecanismo, que llega al fundamento de su constitución cuando desagrega a la familia difundiendo conceptos inmundos e inmorales, facilitando su aniquilación con la siembra de frustraciones afectivas que disuelven el cemento de las verdaderas uniones.

El organismo social está tan enfermo que la cirugía radical se vuelve imperativa para la salvación del paciente.

Solo a costa del sufrimiento, los valientes, para atacar, pero los cobardes para perdonar, comprenderán que incluso sus poderes tecnológicos, sus tácticas políticas, sus argumentos falaces, no serán tomados en cuenta a la hora de valorar el mérito real.

Pueden estar escondidos en lo más profundo del subsuelo y eso será inútil.

De la misma manera, querido lector, solo tu verdad real en el bien te defenderá eficazmente porque, en los exámenes finales, no es la nota la que aprueba, es el conocimiento.

* * *

Se observó la falta de preparación de los numerosos dirigentes y obreros espíritas en el sentido de asumir una posición clara y serena ante los acontecimientos para los que el mundo espiritual, en peso, estaba preparado.

En la mayoría de las instituciones, el desconocimiento de los hechos que se avecinaban era furor y no dejaba lugar a ninguna advertencia.

Cuando alguien se atrevía a indagar sobre tales rumores, llegaba el "mayor" afirmando que estos temas no debían ser tocados, para no provocar la perturbación de los menos preparados o el desequilibrio de las almas tímidas.

En otros centros, los trabajadores se negaron a creer que el escenario de transformación les pudiera afectar, lo que, de solo pensarlo, les hizo temblar. Estaban demasiado apegados a las cosas del mundo para darse cuenta que trabajaban en un campo que estaba apegado a las cosas del otro mundo.

Esta patente contradicción se hizo más visible y cruel cuando se planteó la posibilidad de perder bienes materiales, sus hogares, sus negocios, sus relaciones afectivas, viendo destruido todo aquello por lo que siempre habían luchado. Esta fue la reacción de quienes, en el fondo, siempre se habían dedicado al culto simultáneo de los dos maestros, con predominio de los intereses de Mamón.

Luego, en un momento determinado de su labor de visitación, Jerônimo y Adelino llegaron a un Centro Espírita en el que se reunió una pequeña audiencia para escuchar la conferencia evangelizadora. Esperarían a que se desarrollara la obra y, después, podrían transmitir el mensaje del que eran portadores.

Atentos al orador que realizaba las tareas públicas de la noche, el público se dejó llevar por la explicación simple y clara de las cuestiones evolutivas que el texto evangélico hizo posible.

El modesto auditorio reunió a más de treinta personas y, rodeado por la luz que se proyectaba sobre él, el responsable de la explicación abordó el tema del capítulo XVIII, sobre "La puerta estrecha", diciendo:

– Jesús compara nuestra salvación con el esfuerzo de buscar la puerta. No nos aconseja quedarnos quietos esperando o incluso escapar del agarre cuando aparece. Sabiendo cuánto dependía de nosotros el ingreso a mejores niveles evolutivos, el Señor enfatiza el poder de la voluntad, colocando la puerta estrecha como símbolo de la dificultad que debemos superar para penetrar en un nuevo entorno. Y esto le está sucediendo a la Tierra ahora mismo. Los cambios colectivos se están acelerando. La puerta estrecha nos pide que nos apresuremos y nos demos prisa para atravesarla, antes que ya no podamos superarla. Siempre se ha hablado del fin de los tiempos y, por esta repetición, quienes la escuchan la consideran monótona y sin valor, ignorando información preciosa sobre cómo comportarse, cuando llegue el momento. Descuidados de las disciplinas del bien durante mucho tiempo "fin de los tiempos", decidieron deleitarse en el banquete de la futilidad, explorar al máximo las malas tendencias, disfrutar de vicios fáciles y placeres indignos. Sin embargo, ha llegado el momento que el dueño de la casa regrese y, al pasar, cerrará la puerta con llave, dejando fuera a los bromistas. ¿No ves todos los cambios en el clima, los cambios atmosféricos, la modificación de los polos magnéticos, el aumento del vulcanismo, la multiplicación de movimientos sísmicos con terremotos cada vez más intensos y repetitivos?

¿Las noticias sobre extraños cuerpos celestes, los desconcertantes descubrimientos astronómicos que destruyen de la noche a la mañana viejas teorías infalibles, para aceptar aquellas que antes eran consideradas por la misma comunidad científica como absurdas o ridículas?

¿No eres consciente del aumento de las llamaradas solares, del cambio de atmósferas de nuestros hermanos planetarios? ¿La proliferación de observatorios astronómicos lanzados al espacio por el hombre, orbitando la atmósfera en busca de algo que no nos revelan?

¿No ves la preocupación de las autoridades por construir gigantescos refugios dentro de las montañas para los seleccionados para refugiarse allí? ¿La preservación de semillas en el interior profundo de montañas heladas para replantar la Tierra después de un evento cataclísmico?

¿Y qué hay de la inmensa cantidad de películas y series de televisión que hablan sobre la ocurrencia de brutales desastres que involucran a toda la humanidad? ¿Caída de cometas, turbulencias en la atmósfera, cambio de eje de la Tierra, aumento de las emisiones solares, lecciones de supervivencia como manuales que capacitan a las personas, enseñándoles a enfrentar tiempos difíciles?

¿No viste la multiplicación de las apariciones de naves no identificadas, de las esculturas en las plantaciones, ninguna de las cuales puede atribuirse al ser humano?

Documentales sobre estas reuniones, ¿el encubrimiento reacio de los gobiernos sobre la existencia de vida fuera de la Tierra? El propio Vaticano, en una declaración pública, ya ha admitido que la vida en otros niveles físicos además de la vida humana en la Tierra es plausible, abriendo el camino para la aceptación de la vida extraterrestre.

Se multiplica la información que anuncia los cambios. Desde los llamados pueblos civilizados hasta aquellos que todavía cultivan sus tradiciones indígenas, los mensajes son los mismos, y el momento en que ocurrieron apunta al nuestro ahora.

Las profecías de todo tipo abordan el mismo tema.

Y para nosotros, los mensajes espirituales se nos envían alertándonos sobre el trabajo de renovación constante, la única forma de prepararnos para los eventos que se avecinan.

No nos engañemos creyendo que Dios no permitiría que esto sucediera. La certeza de la ley del universo no considera piedad ni complacencia. Solo considera la necesidad de un progreso inexorable y constante. Entonces, así como un padre humano no dejará de enviar a su hijo a la escuela para que pueda aprender, incluso si le causa incomodidad y contratiempos cuando sus juguetes son reemplazados por el cuaderno, Dios no deja de enviar a los niños que ama a la escuela, incluso cuando ellos prefieren jugar.

Mientras el orador hablaba, inspirado por el poderoso rayo de luz que venía de arriba, Adelino se acercó a algunos presentes, cuya respuesta al poderoso chorro de luz que salía de la boca del orador no correspondía al mismo nivel de confianza y decisión.

En un rincón de la habitación, una mujer de mediana edad pensaba en todo lo que escuchó.

– Pero si todo sale así, podríamos morir... Dios mío, ¿me pasará esto a mí? ¡Soy tan joven, tengo tantos planes que cumplir! No, no puede ser eso. Si las cosas se confirman en este sentido; es decir, si estamos atravesando momentos decisivos, prefiero morir antes para no tener que afrontar estas dificultades.

No había terminado de pensar la última frase cuando el conferencista atacó, diciendo:

– Y no pienses en huir de la vida, cortando el hilo de la existencia por miedo a afrontar lo desagradable. No habrá actitud más comprometedora hacia nosotros mismos que la del suicidio.

Esto se debe a que la evaluación es para todos los vivos, encarnados o desencarnados, y también están sujetos a los mismos criterios. Y en el caso del suicida, este acto de rebelión es un testimonio de su falta de preparación. Es una especie de intento de defraudar al examen final utilizando sus notas como táctica. Atrapado en el acto fraudulento, su destino definitivo ya está impedido de terminar la prueba que podría salvarlo. El suicida será el primer tipo de estudiante en reprobar el examen al que todos nos estamos sometiendo. Eso es porque, repito, la prueba es para los vivos, y no huimos de la vida, incluso cuando logramos huir del cuerpo.

La respuesta directa desconcertó a la tonta mujer, estremeciéndola de la cabeza a los pies, entendiendo que, por algún mecanismo que ella desconocía, el conferencista era un instrumento para que la respuesta llegara de inmediato.

Jerônimo estaba escudriñando las ideas de otro miembro de la audiencia. Hombre maduro, dueño de muchos recursos y apegado a los bienes materiales, trató de devaluar las palabras de advertencia, fingiendo en la oración, con los ojos cerrados, como si tales exhortaciones no fueran para él.

Al escuchar su pensamiento, el espíritu amistoso observó la naturaleza humana, siempre voluble y volátil:

– ¿Crees que con este tipo de conversación dejaré de seguir mi vida? ¡Quiero ver quién paga las facturas y si no es el dinero lo que gobierna el mundo! Este discurso es bueno para los derrotados, para los que siempre intentaron estabilizarse y nunca trabajaron como yo trabajaba para lograr lo que otros envidian. Me sorprende mucho que algún líder permita que aquí, en un Centro Espírita, hablemos de este tipo de tema, tan inapropiado para una casa religiosa. Además, es de mi dinero que retiro la ayuda que traigo aquí y a otras iglesias. Después de todo, ¿no fue el santo de Asís quien dijo que "es dando como se recibe"?

Mientras pensaba en este tema, tratando de escapar de la carga de la responsabilidad debido al demasiado apego, he aquí, la palabra del orador cayó como una piedra en el punto débil de su personaje:

– Jesús nos enseñó a guardar nuestros tesoros en el cielo, donde ni el óxido ni la polilla ni los ladrones los oxidarán, corroerán o robarán.

Además, nos dijo:

> Si alguien quiere venir en detrás de mí, renuncie a sí mismo, que tome su cruz y sígame;
>
> Porque el que quiera salvar su vida, la perderá, y el que pierda su vida por amor a mí, la encontrará.

Porque, ¿de qué le sirve al hombre ganar el mundo entero si pierde su alma? ¿O qué dará un hombre como recompensa por su alma?

Entonces, queridos hermanos, ¿de qué le sirve al hombre ser rico y poderoso, si eso le hace perder toda una existencia? Puedes apegarte a lo que quieras. Sin embargo, ¿te servirá para algo? Puedes pensar que es bueno por el dinero que tiene, pero, en verdad, ¿sabrás cómo ser bueno incluso cuando seas pobre? ¿Eres capaz de renunciar a la riqueza y seguir con la conciencia en paz? ¿Estás dispuesto a ser desalojado de todo, sin recurrir a posponer indefinidamente la abdicación?

Por eso la salvación no está en los bienes materiales, sino en la conciencia de quienes los administran. Hay personas que se creen buenas porque donan cosas a iglesias o actividades asistenciales cuando, en verdad, están tratando de compensar con unas migajas los muchos millones que robaron a sus prójimos, en tratos, en estafas bien aplicadas. Estos son a los que Jesús se refiere y que estarán fuera de la puerta. Dirán que hablaron con él, comieron con él, estuvieron en plazas públicas, bebieron del mismo vaso, expulsaron al diablo en su nombre, pero, en el fondo, practicaron la iniquidad, cuyo significado es perversidad, maldad o profunda injusticia.

El hombre ahora se movió impaciente en su silla, esperando que la conferencia terminara pronto.

La respuesta inmediata del orador le molestó tanto como su contenido ya que, como la mujer anterior, parecía que alguien había escuchado sus pensamientos.

A pesar de estos casos aislados, cuando el rechazo se debió a una conexión entre el encarnado y las ilusiones o cómodas mentiras, la mayoría de la audiencia respondió a las palabras como el individuo inteligente que escucha la sirena de alarma y sabe que el peligro está cerca, necesitando adoptar las medidas indispensables para superar la dificultad.

La oratoria avanzaba hacia el final, dejando en el aire una atmósfera de confianza y energía positiva:

– No te dejes abrumar por las dificultades de la vida o la dureza del camino. Esta es la hora más importante de nuestra existencia desde que fuimos creados por Dios. Nada debería ahogar el espíritu idealista. El Padre los preparó para ser los héroes de la batalla. No se comporten como ratas de barco, porque todos estamos de acuerdo en venir al mundo en este momento para actuar como un salvavidas. Esta es la noble función que les espera, gracias a la cual contarán con el apoyo de sus amigos espirituales, en el cuidado del rescate de los más frágiles. Vivir en el mundo de hoy es el mayor honor que podríamos haber soñado alcanzar. Pero para que esto sea así, es necesario hacer aquello para lo que nos preparemos. Seamos el batallón del bien, el amor, el equilibrio, la rectitud y el optimismo para ayudar a los que no saben aferrarse a los momentos difíciles.

El Señor gobierna la vida, sabiendo lo que necesitamos.

Confiemos en él y no perdamos más tiempo, porque nos pasamos un día sin hacer nada por el bien de todos, ¡ese es el verdadero "fin del mundo"!

El encuentro finalizó dejando a la mayoría de oyentes construidos sobre sus ideales, alerta a sus responsabilidades y confiados ante las pruebas que les aguardaban. Los pocos que salieron del lugar incómodos con lo escuchado, mostraron su alma comprometida con el viejo mundo, reacia a defender las estructuras podridas de un ambiente desmoralizado, lo que les bastaría para ponerse en su lugar cuando llegara el tiempo de verdadera separación.

El encuentro mediúmnico conducido, inmediatamente después, por los mentores espirituales de la institución y con la participación únicamente de trabajadores autorizados, se llevaría a cabo en un ambiente dinamizado por las fuerzas sublimes que surgen de la palabra iluminada y directa de la hermana que llevó los anuncios espirituales, según el testamento. del Padre.

Verdades sin amenazas, razonamiento directo sin sofismas, reflexiones sin fines subordinados, amor sin mezclar a Dios con ningún interés.

Jerônimo y Adelino, que fueron recibidos allí con cariño por las atenciones de los líderes, agradecieron la fraternal acogida, diciendo que habían venido a traer un mensaje.

– Porque es con gran alegría que nuestra institución se abre a escuchar la noticia que son portadores, en nombre de Dios – respondió Aloísio.

Mostrando un rostro de alegría y júbilo, Jerônimo respondió:

– Estamos muy agradecidos por la generosidad, pero más felices que tú, nos despedimos.

Extrañamente sorprendido por su inusual actitud, Aloísio exclamó:

– Pero ¿no nos consideras dignos de recibirte? Es cierto que tenemos muchos defectos, pero, por eso mismo, necesitamos tanto los consejos superiores que fortalezcan nuestro crecimiento.

Deshaciendo el malentendido, el visitante sonriente aclaró:

– No se trata de eso, querido hermano, sino todo lo contrario. Nuestro trabajo aquí es innecesario porque trajimos una semilla para plantar y, cuando llegamos, encontramos el campo sembrado y germinando. Demuestran que ya se han hecho dignos de recibir el mensaje y difundirlo a sus oyentes incluso antes que estuviéramos aquí para realizar esta tarea. Se encuentran entre los pocos que, de hecho, ya están trabajando como deberían. Prosigan con esta lucidez por el bien y la responsabilidad hacia la vida porque, en verdad, este es el primer Centro Espírita que ya está cumpliendo con su deber, demostrando estar en perfecta conexión con las fuerzas superiores que son las que deben dirigir las instituciones religiosas en nombre del Padre.

Felicitaciones a todos, queridos hermanos. Acepten nuestra admiración por lo que ya es vida y alimento sembrado en los corazones que buscan el pan de Dios.

Abrazaron a Aloísio y, a modo de despedida, dejaron el entorno, exigiendo otros centros donde, ciertamente, el trabajo de los dos espíritus no sería tan fácil como lo había sido allí.

39. Lo que condena y lo que absuelve

La ley del progreso fue la palanca poderosa de la creación para ayudar al crecimiento de cada uno, para suplantar incluso la ley de la libertad, he aquí, era imposible que nadie ejerciera esta ley para evitar que ocurriera la primera.

Pese a ello, incluso algunos de los admiradores de la verdad revelada por las voces del mundo invisible se perdieron en la suma de los intereses del mundo, posponiendo la decisión de abdicar de la inutilidad concentrando sus esfuerzos en construir otro modelo de vida.

Provocando a Jerônimo, Adelino revela sus preocupaciones a su amigo, mientras se dirigen a la reunión de Bezerra de Menezes:

– Si los propios espíritas siguen adormecidos ante tantas revelaciones, noticias, mensajes y llamadas directas, ¿cómo se encontrarán los infelices que no conocen estas realidades? Me refiero a los que no comparten principios tan reveladores como las leyes espirituales que rigen nuestros destinos. ¿Son discriminados por Dios por los beneficios de la salvación?

– Creo que no hay partidismo de ningún tipo en la administración del universo, Adelino. Aquellos que imaginan un Dios que prefiere a uno más que el otro, ciertamente son todavía inmaduros en su razonamiento. Primero, debemos estar convencidos que no es el conocimiento lo que salva. Leer, por muy esclarecedor que sea, no significa pasar la prueba. En segundo lugar, las diferentes escuelas religiosas son puntos de apoyo de la Divinidad para el esclarecimiento de las almas de buena voluntad que desean escuchar sus lecciones. Entonces, no hay nadie despreciado u olvidado. Y no me refiero solo a las iglesias cristianas en Occidente o en Oriente. Las leyes del universo están esparcidas por todos los cánones morales de todos los tiempos, en todos los pueblos o civilizaciones. Encontraremos estos conceptos tanto entre los aborígenes australianos como entre los iniciados tibetanos. Así, se observa que no hay nadie a quien no haya llegado el contenido más o menos claro de la justa convocatoria.

A la vista de cada característica cultural se tendrán en cuenta los valores cultivados y vividos por esa etnia, sus comportamientos colectivos, sus actitudes personales, su empeño en vivir los preceptos morales de carácter superior.

En el momento de la selección de los espíritus no se apreciará ninguna distinción de carácter superficial. Todos serán evaluados por la esencia espiritual.

En las Sagradas Escrituras, concretamente en el Nuevo Testamento, en el Evangelio de San Juan, capítulo 12, versículos 47 al 50 hay un pasaje en el que Jesús nos enseña:

Y si alguno oye mis palabras y no cree, yo no lo juzgo; porque no vine a juzgar al mundo, sino a salvarlo. (v. 47)

Notemos, Adelino, que Jesús deja claro que no está en el mundo para juzgar, sino para salvar. Sin embargo, no entendemos sus palabras como niños engañados a quienes no se les asigna ningún deber. Ciertamente, Jesús nos trae enseñanzas morales, consuelos espirituales, exhortaciones idealistas que pueden o no ser seguidas. Por eso, en este pasaje, se refiere a los que le escuchan, pero no creen, porque Cristo no los evalúa, ya que su misión en la Tierra es eminentemente salvadora, por la iluminación de las conciencias que apuntan a la comprensión de los caminos rectos.

El versículo nos educa, por tanto, en el sentido que no imaginamos que él es el mesías del amor, el ejecutor de la justicia. Él mismo nos lo revela, en el versículo que sigue al citado, diciendo:999

> *El que me rechaza y no recibe mis palabras, ya tiene quien lo juzgue; la palabra que he predicado, que os juzgará en el último día.* (v. 48)

Jesús redirige la responsabilidad de la salvación a aquellos que escuchan sus consejos. Dice, una vez más, que no es él quien debe juzgar, porque vino a salvar. Sin embargo, quien juzgará a quienes lo niegan es el hecho de haber escuchado la palabra salvadora, no pudiendo alegar ignorancia de su significado. Que no estén de acuerdo, que no lo sigan por conveniencia o interés, eso no altera el amor de Jesús por todos. Sin embargo, la consecuencia de esta indiferencia la experimentará el indiferente él mismo y por su propia culpa. No podrá alegar ignorancia para tratar de escapar del juicio, que lo alcanzará como fuerza ineludible del universo.

Entonces, el simple conocimiento de escuchar, de haber tenido acceso a un consejo o a una parábola, de haber escuchado ya la predicación de alguien, eso es suficiente para poner a la criatura en el banquillo de los acusados para la evaluación de sus comportamientos a la luz del conocimiento que había llegado a sus oídos, aunque no le dio crédito.

Para facilitar la comprensión, Adelino, pensemos en esta hipótesis: en una industria donde se manipulan materiales altamente explosivos, se deben tomar todas los cuidados y precauciones en el manejo de sustancias altamente volátiles. La empresa realiza todos los cursos y capacitaciones para los empleados, para que se comporten de acuerdo con las normas de seguridad.

Todos conocen los estrictos procedimientos para evitar una gran tragedia. Sin embargo, uno de los empleados piensa que tales recomendaciones son exageradas, especialmente una que prohíbe fumar en cualquier área de la empresa, incluso fuera del sector de almacenamiento de explosivos. A pesar de conocer las recomendaciones, el empleado se encierra en el baño donde cree que puede fumar sin ser visto, eludiendo la vigilancia. Sin embargo, los sensores de humo lo informan y lo llevan de inmediato a la mesa del gerente.

Cuando se le preguntó si conocía las reglas, no se puede negar su ciencia. Cuando se le preguntó si conocía las consecuencias de la infracción, tampoco puede alegar ignorancia. Entonces, conociendo la palabra que prohibía la peligrosa actitud, el indiferente colocó su capricho personal por encima del respeto a la vida de sus compañeros. Su despido se produjo por sus propias decisiones.

En silencio, Adelino siguió el razonamiento de Jerônimo, que profundizó la valoración de las circunstancias, siguiendo la conversación.

— Algunos menos maduros para entender las responsabilidades, amigo mío, pueden pensar que el gerente había sido muy rígido, que se había mostrado inflexible con la debilidad del empleado. Argumentarán que no hubo ningún accidente, que nada obstaculizó el funcionamiento de la industria, que nadie murió, etc. Sin embargo, Adelino, el gerente tiene una responsabilidad específica, que es enseñar las reglas y supervisarlas para la protección de toda la industria y sus trabajadores. No se trata de una cuestión de rigidez o intolerancia, sino de la consecuencia de un acto irresponsable que, aunque no hubiera causado ningún daño en ese momento, podría, en el futuro, producir la tragedia que se intentaba evitar.

La actitud del administrador honesto no puede calificarse, por tanto, de inadecuada, y esto es lo que nos enseña el mismo Jesús, en la misma secuencia evangélica:

> *Porque no he estado hablando de mí mismo; pero el Padre, que me envió, me ordenó qué decir y qué hablar.* (v. 49)

Así, Adelino, el gerente es un administrador y no el dueño del negocio. Ocupa el cargo de quien maneja con altos deberes de fidelidad y celo, según la voluntad del verdadero dueño. Aceptó respetar las leyes tanto como hacerlas cumplir. Si el deseo del dueño es establecer esos hitos de seguridad, debe actuar para que se obedezca dicha determinación, incluso si los empleados no están de acuerdo con ellos. Se entiende, por tanto, que el gerente no actúa para vengarse del empleado, por malicia personal o imposición de su mando. Aplica la ley por obediencia al verdadero dueño. Si lo hiciera de otra manera, él mismo estaría defraudando la confianza que se merecía.

Jesús concluye la lección profunda diciendo:

> *Y sé que su mandamiento es la vida eterna. Por tanto, lo que digo, lo hablo como el Padre me lo ha dicho.* (v. 50)

Entendiendo la analogía, Adelino, podemos decir que el administrador Jesús obedece las reglas del mandato que recibió del Padre, haciéndolo tan perfectamente a gusto, que no es él quien habla, sino, por su boca y sus actitudes, habla quien le había enviado.

Cuando llevemos esta enseñanza a nuestro mundo, amigo mío, entenderemos que todas las criaturas de la Tierra han recibido, de una forma u otra, las lecciones sublimes que enseñan el bien, el honor, la fidelidad, el amor al prójimo, el perdón de delitos, entre muchos otros.

Por tanto, no es necesario ser espírita para participar del banquete de la verdad y la salvación. Nuestra responsabilidad se medirá por la cantidad de lecciones que ya tenemos en relación con la calidad de los frutos que producimos.

Ante el silencio de Jerônimo, Adelino exclamó:

– Qué bueno es hablar contigo, amigo. Todo es tan sencillo y tan fácil de entender que nos sorprende nuestra propia ingenuidad.

– Nada de eso, Adelino, todos somos aprendices.

– Pero ¿crees, Jerônimo, que en materia de salvación y de estas advertencias que hemos transmitido a los diferentes Centros Espíritas, nuestros hermanos de otras creencias están recibiendo las mismas alertas?

– ¡Claro! ¿cómo no? De diferentes maneras, ¿no se cansan los evangélicos de hablar del fin del mundo, y tampoco los católicos recibieron las advertencias de la virgen a través de los tres pastores? Todos los caminos religiosos son caminos hacia el despertar y los fenómenos espirituales no son exclusivos del Espiritismo. Hay innumerables evangélicos, católicos, budistas, musulmanes, todos como canales para la transmisión de tales advertencias.

Desafortunadamente, no tienen el entendimiento completo que proporciona la Doctrina Espírita. Sin embargo, mi querido amigo, si cultivas la palabra divina, ciertamente no puedes alegar ignorancia.

Y hablando de eso, a la hora de valorar el momento de la transición, el llamado fin de los tiempos, vean cuán claros son estos pasajes de los Evangelios, ya sean religiosos o indiferentes a la fe, de aquellos que siempre quisieron desconocer el papel moralizador de Recomendaciones de la Buena Nueva:

Para los indiferentes y materialistas, leemos en Mateo, 16:1-4:

Y cuando los fariseos y saduceos vinieron a tentarlo, le pidieron que les mostrara alguna señal del cielo.

Pero él, respondiendo, les dijo: Cuando llegue la tarde, diréis: Habrá buen tiempo, porque el cielo está rojo.

Y por la mañana: Hoy habrá tormenta, porque el cielo es de un rojo oscuro. Hipócritas, ¿sabéis discernir la faz del cielo y no conocéis las señales de los tiempos?

Una generación perversa y adúltera pide una señal, y no se le dará más señal que la del profeta Jonás. Y dejándolos, se fue.

Aquellos que son sinceros y bien intencionados; sin embargo, no escatiman en las pautas directas – Mateo 24:14–51:

Y este Evangelio del reino se predicará en todo el mundo como testimonio a todas las naciones, y entonces vendrá el fin.

Así que cuando vean en el lugar santo "el horrible sacrilegio", de la que habló el profeta Daniel (el que lee, que lo entienda), los que estén en Judea huyan a las montañas.

El que esté en la azotea no baje a llevarse nada de su casa. Y el que esté en el campo no regrese para buscar su capa. ¡Qué terrible será en aquellos días para las que estén embarazadas o amamantando!

Oren para que su huida no suceda en invierno ni en sábado. Porque habrá una gran tribulación, como no la ha habido desde el principio del mundo hasta ahora, ni la habrá jamás.

Si no se acortaran esos días, nadie sobreviviría, pero por causa de los elegidos se acortarán. Entonces, si alguien les dice a ustedes: "¡Miren, aquí está el Cristo!" o "¡Allí está!", no lo crean.

Porque surgirán falsos Cristos y falsos profetas que harán grandes señales y milagros para engañar, de ser posible, aun a los elegidos.

Fíjense que se lo he dicho a ustedes de antemano.

Por eso, si les dicen: "¡Miren que está en el desierto!", no salgan; o: "¡Miren que está en la casa!", no lo crean.

Porque, así como el relámpago que sale del oriente se ve hasta en el occidente, así será la venida del Hijo del hombre.

Donde esté el cadáver, allí se reunirán los buitres.

Inmediatamente después de la tribulación de aquellos días, "se oscurecerá el sol y no brillará más la luna; las estrellas caerán del cielo y los cuerpos celestes serán sacudidos".

La señal del Hijo del hombre aparecerá en el cielo, y se lamentarán todas las razas de la tierra. Verán al Hijo del hombre venir sobre las nubes del cielo con poder y gran gloria.

Y al sonido de la gran trompeta mandará a sus ángeles, y reunirán de los cuatro vientos a los elegidos, de un extremo al otro del cielo.

Aprendan de la higuera esta parábola: Tan pronto como se ponen tiernas sus ramas y brotan sus hojas, ustedes saben que el verano está cerca.

Igualmente, cuando vean todas estas cosas, sepan que el tiempo está cerca, a las puertas.

Les aseguro que no pasará esta generación hasta que todas estas cosas sucedan.

El cielo y la tierra pasarán, pero mis palabras jamás pasarán.

Pero en cuanto al día y la hora, nadie lo sabe, ni siquiera los ángeles en el cielo, ni el Hijo, sino sólo el Padre.

La venida del Hijo del hombre será como en tiempos de Noé.

Porque en los días antes del diluvio comían, bebían y se casaban y daban en casamiento, hasta el día en que Noé entró en el arca; y no supieron nada de lo que sucedería hasta que llegó el diluvio y se los llevó a todos. Así será en la venida del Hijo del hombre.

Estarán dos hombres en el campo: uno será llevado y el otro será dejado.

Dos mujeres estarán moliendo: una será llevada y la otra será dejada.

Por lo tanto, manténganse despiertos, porque no saben qué día vendrá su Señor.

Pero entiendan esto: Si un dueño de casa supiera a qué hora de la noche va a llegar el ladrón, se mantendría despierto para no dejarlo forzar la entrada.

Por eso también ustedes deben estar preparados, porque el Hijo del hombre vendrá cuando menos lo esperen.

¿Quién es el siervo fiel y prudente a quien su señor ha dejado encargado de los sirvientes para darles la comida a su debido tiempo?

Dichoso el siervo cuando su señor, al regresar, lo encuentra cumpliendo con su deber.

Les aseguro que lo pondrá a cargo de todos sus bienes.

Pero ¿qué tal si ese siervo malo se pone a pensar: "Mi señor se está demorando", y luego comienza a golpear a sus compañeros, y a comer y beber con los borrachos?

El día en que el siervo menos lo espere y a la hora menos pensada el señor volverá.

Lo castigará severamente y le impondrá la condena que reciben los hipócritas. Y habrá llanto y crujir de dientes.

Lucas 21:7–38:

— Maestro — le preguntaron —, ¿cuándo sucederá eso, y cuál será la señal que está a punto de suceder?

—Tengan cuidado; no se dejen engañar — les advirtió Jesús —. Vendrán muchos que usando mi nombre dirán: "Yo soy", y: "El tiempo está cerca." No los sigan ustedes.

Cuando sepan de guerras y de revoluciones, no se asusten. Es necesario que eso suceda primero, pero el fin no vendrá en seguida.

Se levantará nación contra nación, y reino contra reino — continuó —. Habrá grandes terremotos, hambre y epidemias por todas partes, cosas espantosas y grandes señales del cielo.

Pero antes de todo esto, echarán mano de ustedes y los perseguirán. Los entregarán a las sinagogas y a las cárceles, y por causa de mi nombre los llevarán ante reyes y gobernadores. Así tendrán ustedes la oportunidad de dar testimonio ante ellos. Pero tengan en cuenta que no hay por qué preparar una defensa de antemano, pues yo mismo les daré tal elocuencia y sabiduría para responder, que ningún adversario podrá resistirles ni contradecirles.

Ustedes serán traicionados incluso por sus padres, hermanos, parientes y amigos, y a algunos de ustedes se les dará muerte. Todo el mundo los odiará por causa de mi nombre. Pero no se perderá ni un solo cabello de su cabeza. Si se mantienen firmes, se salvarán.

Ahora bien, cuando vean a Jerusalén rodeada de ejércitos, sepan que su desolación ya está cerca.

Entonces los que estén en Judea huyan a las montañas, los que estén en la ciudad salgan de ella, y los que estén en el campo no entren en la ciudad. Ése será el tiempo del juicio cuando se cumplirá todo lo que está escrito.

¡Ay de las que estén embarazadas o las que estén amamantando en aquellos días! Porque habrá gran aflicción en la tierra, y castigo contra este pueblo. Caerán a filo de espada y los llevarán cautivos a todas las naciones. Los gentiles pisotearán a Jerusalén, hasta que se cumplan los tiempos señalados para ellos.

Habrá señales en el sol, la luna y las estrellas. En la tierra, las naciones estarán angustiadas y perplejas por el bramido y la agitación del mar. Los hombres se desmayarán de terror, temerosos por lo que va a sucederle al mundo, porque los cuerpos celestes serán sacudidos.

Entonces verán al Hijo del hombre venir en una nube con poder y gran gloria.

Cuando comiencen a suceder estas cosas, cobren ánimo y levanten la cabeza, porque se acerca su redención.

Jesús también les propuso esta comparación: – Fíjense en la higuera y en los demás árboles.

Cuando brotan las hojas, ustedes pueden ver por sí mismos y saber que el verano está cerca.

Igualmente, cuando vean que suceden estas cosas, sepan que el reino de Dios está cerca.

> Les aseguro que no pasará esta generación hasta que todas estas cosas sucedan.
>
> El cielo y la tierra pasarán, pero mis palabras jamás pasarán.
>
> Tengan cuidado, no sea que se les endurezca el corazón por el vicio, la embriaguez y las preocupaciones de esta vida. De otra manera, aquel día caerá de improviso sobre ustedes, pues vendrá como una trampa sobre todos los habitantes de la faz de la tierra.
>
> Estén siempre vigilantes, y oren para que puedan escapar de todo lo que está por suceder, y presentarse delante del Hijo del hombre.
>
> De día Jesús enseñaba en el templo, pero salía a pasar la noche en el monte llamado de los Olivos, y toda la gente madrugaba para ir al templo a oírlo.

Ahí están, amigo mío, los comentarios a los que me referí antes, en el sentido que no hay quien se olvide del cariño de Dios o no haya recibido una llamada de Él, escuchado una predicación, buscado una palabra de advertencia para que luché por soltar sus vicios morales y materiales y se apegue a las cosas más puras y elevadas.

✷ ✷ ✷

Para que esto sea válido para todos, querido lector, pensemos nuevamente en este párrafo:

> Y cuidaos de vosotros mismos, no sea que vuestro corazón se llene de glotonería, embriaguez y las

preocupaciones de la vida, y venga sobre vosotros ese día.

Porque vendrá como una trampa sobre todos los habitantes de la faz de toda la tierra.

Esta palabra es suficiente para llevarnos a juicio como acusados conscientes de nuestros errores, en las desafortunadas decisiones que hemos tomado durante tantos siglos y siglos.

Después de todo, "ese día" ya está en la puerta.

40. Preparando la gran vibración

En cierto punto del mundo espiritual, Jerônimo y Adelino se encontraron con Bezerra de Menezes, siempre rodeados del halo luminoso que caracterizaba su elevación y bondad.

Con él se posicionó una gran falange de entidades trabajadoras, las que cooperaron en la transformación de mentes y corazones en todos los rincones de la Tierra, notablemente en la atención dedicada a los miembros de la familia espírita en tierras brasileñas.

Todos estaban unidos según los principios universales del amor y la fraternidad, sin rastro de importancia o predilección entre los representantes de los distintos credos o grupos civilizadores, sino, por el contrario, unión en torno a cualidades comunes, comprometidos en combatir los defectos de los cuales la mayoría luchó por liberarse. En este afán, varios espíritus se unieron con el objetivo de solidificar la civilización del futuro en las bases superiores de la compasión, la bondad espontánea, la solidaridad entre todos, el desprendimiento y la fe, cualidades naturales de la nación brasileña que la acercó a las realidades del espíritu.

De ahí que estuvieran particularmente involucrados en los esfuerzos del mundo invisible por consolidar estos cimientos, haciendo todo lo posible por descontaminar a las criaturas de las influencias materialistas y pragmáticas de una mentalidad utilitaria, según la cual el fin justificaba los medios.

La crisis económica, las luchas por la supremacía, las ambiciones desenfrenadas y la búsqueda de la grandeza y el protagonismo han ido minando principios sublimes e inoculando el corazón de los cristianos en general y de los espíritas en particular, sentimientos de antagonismo y disputa de la inferioridad que aun padecen como almas imperfectas. Espoleados por sus debilidades, se perdieron en las contiendas del intelecto, en las que algunos se esforzaron por combatir los principios sublimes de la caridad muy evangélica sobre los que se había construido el vasto edificio del cristianismo puro. La inflamación del cerebro había borrado el sentimiento de muchos seguidores de la doctrina consoladora.

A pesar de todo esto, las fuerzas del mal no tendrían tiempo de mezclarse con la verdad por segunda vez, con el objetivo de desnaturalizarla o vilipendiarla, como había sucedido siglos atrás.

El patrimonio celestial estaba muy bien protegido por los heraldos del Creador, celosos en proteger los valores conquistados, no permitiendo que los viejos antagonistas del bien volvieran, con sus técnicas evasivas y divisivas, para lanzar hermano contra hermano, en detrimento de la pureza esencial de una doctrina. de amor.

Aun más dramático, se descubrió que la levadura de los fariseos se esparcía entre algunos de los líderes espíritas, identificados en las disputas a través de las cuales dejaron lugar para que entidades oscuras y divisivas invadieran la obra del Padre de prender fuego a la cosecha y quemar las buenas semillas.

Se perdieron en discusiones doctrinales, generando tesis y polémicas, de modo que prevalecieron sus puntos de vista.

Si eso era de lamentar en algunos, de hecho, tal comportamiento formaba parte del escenario de la purificación del cristianismo, al permitir que cada uno demostrara su verdadera esencia como cristiano, purificación que llegaría también a las filas espíritas con redoblado peso, como apunta en las advertencias evangélicas que más se exigiría al que más había recibido.

A pesar de estos pequeños obstáculos en el camino, lo cierto fue que, gracias a lo mucho que habían luchado los espíritas sinceros, en la experiencia real de un Evangelio de amor, incluso con los antagonistas, las entidades superiores se apoyaron en un terreno mucho mejor que en el pasado, ya pudiendo utilizar el proceso mediúmnico con libertad y seguridad, encontrando espacio y comprensión en la mayoría de los hombres y mujeres cuya espiritualidad floreció gracias al buen ejemplo de muchos adherentes a la doctrina consoladora, durante más de cien años.

Las barreras más pequeñas significaron más posibilidades de salvación, difundiendo llamadas de diferentes maneras.

Nada, ni siquiera la mala voluntad o la pereza de unos o el interés personal de otros, podría detener el avance de las voces invisibles que, por supuesto, convocan a los seres a las medidas indispensables para el progreso común.

En vista del vasto contingente de trabajadores que operan en la psicósfera brasileña, el amable anciano explicó:

– No nos dejemos desanimar ante las tareas que nos esperan en la siembra en general, cuando debemos esparcir semillas por todo tipo de suelos, incluso los que no están preparados para recibirlos. No es trabajo del sembrador evaluar su calidad. Su deber es sembrar. El terrateniente es el dueño del campo que identifica la roca tanto como sabe dónde está la tierra obediente y amorosa.

No son los resultados los que deben orientar nuestras actividades, ya que no nos pertenecen. Nos sentimos honrados de poder servir a pesar de nuestras inmensas deudas bajo la ley. Somos como los pacientes que la misericordia utiliza como enfermeras que atienden a otros pacientes. Por lo tanto, no desperdiciemos la oportunidad de reequilibrarnos dedicándonos al equilibrio de nuestros semejantes. Sus necesidades se revelan espontáneamente por las reacciones de locura, violencia y el ejercicio de todos los vicios y debilidades en esta delicada hora de destinos colectivos.

El llamado se repitió a lo largo de las décadas y, si muchos pudieron escucharlo, muy pocos tuvieron el valor de elegir el camino real, a través de la experiencia del consejo de Cristo. Y eso era cierto en todos los ámbitos de la fe, indiscriminadamente. Más ligado al movimiento espírita–cristiano, nuestros esfuerzos con sus seguidores también identificaron un problema similar, cuando algunos de sus seguidores no comprendieron el sentido profundo de sus máximas, dejándose desviarse del camino seguro. Recordemos la palabra de Erasto dirigida a los verdaderos espíritas:

> Si, entre los llamados al Espiritismo, muchos se han descarriado, ¿cuáles son las señales por las que reconoceremos a los que van por buen camino?
>
> Respuesta: Los reconocerá por los principios de la verdadera caridad que ellos enseñarán y practicarán. Los reconocerás por la cantidad de personas afligidas a las que consuelan; los reconocerás por su amor al prójimo, por su abnegación, por su desinterés personal; finalmente los reconocerás por el triunfo de sus principios, porque Dios quiere el triunfo de su ley; los que siguen su ley, esos son los elegidos y él les dará la victoria; pero destruirá a los que falsifican el espíritu de esta ley y la convertirá en un trampolín para

satisfacer su vanidad y ambición –. Erasto, ángel de la guarda del médium (París, 1863)

No nos falta comprensión de las tareas que nos esperan. Lamentaremos no haber hecho más cuando observemos la dimensión real de la cosecha, en un mundo donde más de dos tercios de los espíritus que orbitan allí son aquellos que no desean hacer esfuerzos en la dirección de su propio crecimiento.

Una palabra de aliento podría despertar un corazón caído, dándole fuerza.

Un gesto de apoyo podría paliar el hambre que inspiraba robos o violencia.

Un acto de compasión produciría la paz que alguien no ha encontrado en décadas.

En cada uno de nosotros, nuestra luz u oscuridad pueden prevalecer. Por lo tanto, no nos corresponde a nosotros elegir el terreno para esparcir la semilla. Todos son dignos de recibirla. Si no la usan y no la hacen producir, mostrarán su negligencia y se condenarán a sí mismos.

Nuestra hora es de coraje para el bien, durante el cual debemos superar los límites, ejercitando nuestra voluntad.

El concierto de evolución ya está listo y pide cooperación en los toques finales.

Es por ello que nos trasladaremos a los alrededores de nuestro hogar terrenal, donde se reúnen los demás servidores del amor puro y nos integraremos en una gran vibración para todos los pueblos del mundo.

El esfuerzo sublime no pierde el tiempo ni se desgasta en palabras inútiles. Funciona para que las fuerzas se equilibren con los recursos que Dios pone a disposición.

Y si es cierto que un cuerpo carnal se enferma por el contacto con los desequilibrios espirituales de su administrador humano, también ocurre lo contrario en todos los ámbitos de la vida.

Donde arraiga el pensamiento noble, donde fluye la palabra optimista, donde la alegría encuentra eco, se establece el equilibrio, porque representa la armonía que nace en el Creador y mantiene toda la creación.

Incluso los más endurecidos no pueden resistir su propia maldad para siempre. Llega el día en que se cansan y deciden hacer cambios esenciales, ya que no pueden negar la paternidad divina de la que están investidos.

Cooperemos con nuestros mayores, ofreciéndoles la pequeña dosis de bendiciones que tenemos al dedicarnos al trabajo que aceptamos.

Nuestro encuentro no tendrá lugar en los palacios espirituales ni en las grandes salas de los cónclaves superiores.

Seremos eslabones en esta vasta cadena de amor que envolverá a la Tierra, dirigiéndonos a sus habitantes de ambos lados de la vida, pasajeros y tripulantes de este gran barco que se acerca a mares agitados, con el fin de infundirles coraje y serenidad, una fe inquebrantable y equilibrio.

Estaremos bajo el mando superior de quien, durante milenios, se ha dedicado a la salvación de todos nosotros, cuyo corazón representa tan bien la función maternal de un mundo que tantas veces nos cobijó, nos alimentó con su savia de vida, sirvió de apoyo a nuestras luchas, sin rechazar nunca nuestro regreso, sufriendo en silencio los efectos de nuestra locura, tolerando al mal alumno para que, un día, sea él quien lo defienda y proteja, preocupado por asegurar las buenas condiciones de la generosa escuela que lo educó.

Será nuestra Madre, quien nos infunde una veneración pura, quien dirigirá nuestro encuentro, dirigiendo las vibraciones que se derramarán sobre la humanidad, en un vínculo de esperanza destinado a preparar las etapas venideras.

¿Cuándo sucederán todas las cosas? – puedes preguntarte.

No se preocupe por establecer fechas o considerar procesos de depuración.

Otros más sabios que nosotros ya nos hemos ocupado de todo, solo bastando tener oídos para oír y ojos para ver para la comprensión de las grandes verdades, repetidas y anunciadas secularmente.

La Tierra está bajo el mando directo de Dios y pase lo que pase, saldrá enriquecida y mejorada de cualquier tormenta que la golpee, porque es el amor el que gestiona todas las cosas. De la misma manera que Dios no eximió a su hijo celestial del sufrimiento en la cruz para mostrarnos el camino seguro hacia la elevación moral, tampoco eximirá a la civilización de las consecuencias necesarias para cosechar su siembra, llevándola luego en la misma dirección de marcado progreso.

Estos últimos esfuerzos tienen como objetivo garantizar el apoyo de todos a las últimas decisiones, demostrando que al ser humano nunca le ha faltado el soporte adecuado para su crecimiento.

Si el más desafortunado de los bandidos abraza el arrepentimiento y está dispuesto a rectificar sus acciones, aunque todavía sea responsable del mal hecho, puede valerse de la misericordia que pospone el rescate que impone la justicia, para que pueda ser salvo, primero, aprovechando su compromiso con el bien.

No hay nadie que esté excluido previamente.

Sin embargo, solo la devoción decidida y sincera podrá justificar la intervención de la misericordia por un tiempo, antes que la justicia dirija al imputado a la ejecución de la sentencia.

    Un silencio significativo amalgamó los sentimientos de los trabajadores que lo escucharon, unidos en una misma disposición y conscientes del significativo valor de esos momentos en la evolución de los hombres.

Desafortunadamente, entre los vivos del mundo, había pocos interesados en usar el tiempo que les quedaba para cultivar las verdades celestiales en la dirección de la verdadera purificación de sus almas.

Allí, en el corazón del planeta azul, la mayoría siguió entrando en las iglesias, olvidándose de permitir que Jesús entrara en sus corazones y viviera a través de sus actitudes.

41. Corazón de María

El fondo de terciopelo oscuro salpicado de diamantes vivos fue el mejor escenario para el encuentro singular, en el que, en primer plano, se vio la Tierra azul cubierta por el manto blanco de las nubes, dándole la armonía de la majestuosidad natural que acompaña a todas las obras de Dios.

No es una impresión rígida, no una construcción artificial.

La vida exuberante pulsada en frecuencia cósmica ensalzando la bondad de todas las cosas del Creador.

Rodeando el globo físico, como una corona sobre la cabeza de un monarca, las procesiones de almas devotas de la propia Tierra se fusionaron con las diversas delegaciones de otros mundos pertenecientes a la gran familia cósmica, representantes de las diversas humanidades en solidaridad con los habitantes terrenales en un momento tan especial de sus destinos, con el objetivo de fortalecerlos e iluminarlos en sus decisiones.

El volumen de tales representaciones celestiales demostraba la importancia de ese evento, en un espectáculo que atestiguó la fidelidad de todos a los principios universales del amor incondicional y la sublime abnegación.

Entre todos los espíritus, idéntico sentimiento de respeto y santidad, como si todos esperaran el nacimiento de un nuevo ser, en la intimidad de la alcoba, donde la grandeza de la vida es precedida por las medidas adecuadas para preparar el nacimiento que se espera, con el fin de garantizarle excelentes condiciones, rodeándolo de la mejor atención.

En el centro del gran círculo estaba el mundo, como la matriz que sostenía la preciosa carga y que recibiría las vibraciones armoniosas de las millones de almas allí reunidas, provenientes de las diferentes humanidades hijas del mismo Padre generoso.

En un lugar destacado, unido al gigantesco anillo de entidades, destacaba un rincón luminoso donde aparecería la dulce madre de todos, aquella cuyo corazón de amor conocía profundamente el dolor de sus hijos, como una preciosa diadema para unir las partes de una sublime corona, con la función de reunir y dirigir las energías divinas hacia los habitantes del mundo, encarnados y desencarnados.

El lector que desee imaginar la escena podría compararla con un majestuoso topacio alrededor del cual se organizaban miríadas de diamantes, unidos por los diáfanos filamentos del oro más puro, en un camafeo tridimensional incrustado en el terciopelo y oscuro tejido cósmico.

Voces invisibles realizaban cánticos serafínicos, incomprensibles para la sensibilidad humana, pero de una belleza tan superior que era como si Dios cantara su amor por los hombres.

Componiendo la tiara espiritual, estaban los servidores del bien que prestaron largos servicios a la evolución planetaria, desde los ancestros más olvidados cuyo sacrificio había sido borrado en el corazón de los antiguos continentes hace mucho desaparecidos, seguidos por los diversos agentes del progreso, por todas las almas comprometidas con el proyecto de Jesús para la remodelación del mundo.

Armonizando con esta procesión de espíritus, el séquito de naves espaciales que representan a otras civilizaciones avanzadas rodeó el globo físico, igualmente unidas al esfuerzo cósmico de la evolución de los humanos conectados a los mismos objetivos en el congreso de los altos sentimientos. Esto se debe a que, aunque estaban en la dimensión adecuada del mundo físico, pudieron conectarse con las dimensiones espirituales de manera más completa, frente a sus sentidos más esenciales.

Sería impresionante para cualquier humano admirar el volumen de seres y vehículos estacionados a una distancia significativa del globo terrestre, en armonía con los mismos objetivos espirituales de despertar a las criaturas dormidas.

Esta contienda de almas en las dos dimensiones de la vida podría compararse a una reunión de sabios y santos alrededor de una sublime placa de cultivo de laboratorio, analizando la proliferación de colonias bacterianas, vibrando para su crecimiento y progreso.

Fue, por tanto, a partir de este gran centro de irradiación que se basarían los sentimientos maternales de María para enviar las últimas llamadas al ser humano, preparando el entorno para las inevitables transformaciones.

* * *

Sin embargo, antes de continuar, es imperativo recordar al querido lector que aquí no estamos fijando una fecha o estableciendo un marco de tiempo definible para tal cónclave, ya que el propósito de esto no es profetizar el apocalipsis, para el cual no faltan candidatos en el mundo.

La presente narrativa está hecha en un contexto atemporal, por lo que no importa en qué momento ocurrió u ocurrirá.

La idea principal es alertar a quienes tienen oídos para oír y ojos para ver para que no pierdan el tiempo posponiendo los cambios necesarios.

Además, a los interesados en las cuestiones del futuro se les brinda la información que cada uno construirá la suya en base a las decisiones del presente.

Por tanto, la salvación no es cuestión de privilegios externos, sino de las decisiones del alma, que repercutirán en su destino.

Sobre todo recordar que no hay indiferencia de los gobernantes espirituales sobre el futuro de los gobernados, destacando el esfuerzo milenial que se ha realizado con el objetivo de cambiar a todos, algo que, lamentablemente, apenas se ha observado en la celeridad y constancia con que debería estar sucediendo.

No te dejes engañar preguntándote cuándo será, como el mal estudiante que solo estudia el día anterior al examen.

Pregúntate, sí, ¿por qué no ha mejorado todavía, por qué no lleva la conciencia tranquila, por qué no está tranquilo ante lo que se anuncia por delante?

Cada malestar de la mente o emoción corresponde a un reconocimiento de una tarea incumplida, una conducta en el bien que se ha descuidado, un trabajo aun por hacer. Por eso los indiferentes prefieren negar los hechos, pretender ser incomprendidos, atacar las advertencias con palabras de desdén o descrédito, como si eso tuviera el poder de evitar lo que se espera en un futuro próximo.

El mayor problema es no saber cuándo será, sino observar que ya tiene dos mil años de retraso.

Por lo tanto, no uses estos informes para perseguir a tus hermanos, diciendo que los espíritus afirman que el fin es ahora. Al contrario, sorpréndete de ti mismo preguntándote por qué aun no has hecho las maletas, ¿por qué todavía llevas dolor o resentimiento contra tus hermanos, por qué explotas a las personas como si fueran animales, por qué hablas mal de los demás y envidias sus logros?

Nuestra evolución no tiene más siglos o milenios por recorrer. Ahora, están en juego décadas o años en los que se cumplirán las palabras del Señor. Que estas advertencias se sumen a las muchas otras de todas las fuentes para que no quede duda que las trompetas del Señor suenan para despertar a los perezosos y débiles, para que tomen una actitud de valor.

✳ ✳ ✳

La gran comunidad cósmica abrazó la Tierra como vientre materno, cuna de la vida, el mayor altar de la divinidad alrededor del cual se imponía la veneración, derivada de las profundidades de la esencia de cada uno.

Por las que parece que cada uno vuelve a ponerse en contacto con su propia esencia, con el ánima divina de la que habían salido en virtud de la voluntad majestuosa, en el momento de su individualización.

Fue en este ambiente de reverencia, que los miembros del congreso celeste vieron una pequeña lluvia de estrellas que se proyectaba desde lo alto sobre el lugar que centralizaba toda la atención, una suave serenidad que se intensificaba como una alfombra luminosa ante el paso del ángel de Dios.

Fue así como la madre de todas las madres estuvo presente en medio de los presentes.

Su figura infundía una veneración espontánea capaz de calmar a la bestia más tormentosa.

Frente a ella, todos se sorprendieron al ver que la infancia inocente se mezclaba con una madurez enérgica.

Las corrientes magnéticas se intensificaron y la corona de luces apareció más dorada y brillante, como efecto inmediato de su llegada al ambiente. La luz de esa santa alma la transformó en un pequeño sol, que no deslumbró a quienes la miraban y, además de envolverlo, cayó sobre todos, inundando el orbe de la Tierra.

Su bondad invadió corazones que, en virtud de su presencia, parecían tocados por la emoción celestial, como si ya fueran buenos sin serlo todavía.

Su mirada; sin embargo, reflejaba la melancolía de los grandes dolores soportados con valentía entre la resignación y el testimonio, pero que no representaban la amargura o la rebelión tan común en los seres terrenales.

Era el sentimiento de resignación de la madre que, con la intención de hacer todo lo posible por sus hijos, se horroriza ante la locura de sus tutelados.

Su rostro, que estaba cubierto de discretas lágrimas, era testimonio de sus preocupaciones y desvelos, destinados a los miembros de la cuna divina donde el niño humano rebelde resistía el crecimiento real.

Fue entonces cuando se escuchó su voz angelical, en la expresión de nobleza y poesía incapaz de transcribir, pero cuyo contenido claro y directo se expresaba en las siguientes ideas:

– Que el Padre generoso nos involucre en un tiempo de grandes dificultades.

En su abultamiento sacrosanto, donde el agua humilde disuelve la dura piedra al beso de su cariño, donde el musgo aterciopela las asperezas del suelo para tapar sus defectos, donde la brisa esparce el polen fecundo sembrando campos de flores sublimes y el grano de arena talla la roca como el cincel paciente que da forma a las montañas, encontramos al hombre transformando dones tan preciosos que porta en armas de destrucción.

Con la madurez de la inteligencia conquistada, la mayoría pasa a la posición moral infantil. Hablan con destrucción, oyen con malicia y actúan como si las armas fueran azotadas.

Los hombres mueren luchando por una primacía inútil.

A pesar de sus majestuosas construcciones hechas de cemento y acero, actúan como habitantes de la selva, donde una vez se asociaron en los esfuerzos de supervivencia.

La obra de Dios a la que mi hijo está tan dedicado; sin embargo, no puede revertirse. No es concebible que abandonemos el logro de altos valores para regresar a la jungla de los sentimientos salvajes.

Durante muchos siglos, los instrumentos del amor se han dedicado a la obra de la iluminación, de la que muchos de ustedes han sido exponentes valiosos y activos, contribuyendo con el mayor valor de la vida misma a fecundar otras almas.

¡No hay confusión en el orden divino! Los hijos de Dios que no se entendían y todavía no se entienden, incluso ahora, tantos milenios después, ven los últimos granos de arena agotados en el reloj de arena de la oportunidad.

Recemos por ellos para que las vibraciones que emitimos sirvan de estímulo hacia la decisión final y definitiva.

Todos ustedes, miembros del colegio apostólico que se organizan en torno al destino de estos hermanos en crecimiento, tienen en el corazón las huellas del agradecimiento que estos valles y bosques, flores y frutos terrenales han grabado en su memoria.

Entreguemos lo que mejor tenemos, porque se acercan los días en que, finalmente, todos comprenderán el mensaje del Padre.

Mi hijo tiene paciencia celestial y prisa divina para que todo sea transformado según los dictados eternos. Preparémonos para su regreso con las fuerzas de nuestra devoción.

Entonces, llevados por el sentimiento más noble que jamás pudieron sentir, cada miembro de este gran contingente siguió el ejemplo de María, extendiéndose hacia el mundo que giraba en silencio, en una corriente de luces que trascendía cualquier posibilidad imaginativa.

En ese momento, el corazón de la madre amorosa ardía en llamas, expandiendo su luz, como si abandonara su cuerpo diáfano y abarcara a todos, espíritus encarnados y desencarnados de diferentes dimensiones.

Este gran y espontáneo acontecimiento trasladó, a hombres de todos los ámbitos de la humanidad, la inspiración superior para que, en tiempos difíciles, no desperdiciaran su vida en el cultivo de sentimientos inferiores dominados por el orgullo y el egoísmo.

Como canto de advertencia, la donación vibratoria colectiva fue precursora de los acontecimientos, penetrando en las almas sintonizadas con buenos propósitos y fieles hasta el final, en los testimonios de su fe manifestados en actitudes generosas.

✳ ✳ ✳

Su acción purificó la psicósfera terrestre como si estuviera bajo la acción de rayos que la limpiaron y esterilizaron, como ocurre en los momentos que preceden al parto en los centros quirúrgicos.

Incluso en el tejido superior, en dimensiones aun más sublimadas, esta exaltación del amor también hizo eco.

Las fuerzas sublimes fueron orquestadas de tal manera que las mismas emanaciones que descendieron en dirección de los hombres, se perdieron en el firmamento, como destinadas al Creador de todo, ensalzando su soberana bondad e implorando piedad y protección para los ignorantes, recordándole los esfuerzos de Jesús en los momentos previos a su partida física, volviendo al seno del Padre.

Parecía posible escuchar, en el canto de los seres angelicales, las mismas palabras cuyo significado marcó para siempre la conciencia del mundo con la marca del bien ante la injusticia, para repetir:

"Señor, perdónalos porque no saben lo que hacen."

42. Al final de la última hora

Mateo, 24:29–31:

> *Y justo después de la aflicción de aquellos días, el sol se oscurecerá, y la luna no dará su luz, y las estrellas caerán del cielo, y los poderes de los cielos serán sacudidos.*
>
> *Entonces aparecerá en el cielo la señal del Hijo del Hombre; y se lamentarán todas las tribus de la tierra, y verán al Hijo del Hombre viniendo sobre las nubes del cielo, con poder y gran gloria.*
>
> *Y enviará a sus ángeles con un fuerte toque de trompeta, que reunirá a sus escogidos de los cuatro vientos, de un extremo al otro del cielo.*

Mateo, 25:31–32:

> *Y cuando el Hijo del Hombre venga en su gloria, y todos los santos ángeles con él, entonces se sentará en el trono de su gloria;*
>
> *Y todas las naciones se juntarán delante de él, y se separarán unas de otras, como el pastor separa las ovejas de las cabras;*
>
> *Y pondrá las ovejas a su derecha, y las cabras a la izquierda.*

Allí estaban, alrededor de la morada de los hombres, las comunidades espirituales que tenían una conexión ancestral con ella, además de las que se erigían como retaguardia, en respuesta al llamado del augusto general, dispuestas a demostrar una verdadera solidaridad en las difíciles horas de las pruebas colectivas.

Fueron los llamados de un extremo al otro de los cielos los que asistieron, aceptando la invitación al banquete de luz que se había organizado desde los últimos milenios.

El corazón amoroso de María presidió la ceremonia alta, que contó con las entidades más puras vinculadas a la pedagogía divina con miras al progreso de la criatura, según las metas de la creación.

Lo único que faltaba era el nacimiento del hijo, la llegada del augusto gobernante a asumir el cargo en el importante cónclave, demostrando que tal evento no estaría muy lejano en la época de los hombres.

Imagínese un aula en la que el profesor deja a los alumnos con las respectivas pruebas y está ausente, confiando en la honestidad e integridad de cada uno.

Al hacerlo, el maestro deja a todos en control de sí mismos, confiando en la condición moral y la seriedad de los propósitos de quienes están bajo la prueba.

El buen alumno, el que se preparó para el evento mediante el estudio de las lecciones recibidas, no necesita recurrir al fraude para lograr el éxito en la resolución de problemas. Honesto, responde lo que sabe y no se preocupa si está o no bajo la supervisión del profesor.

El mal estudiante, el que no hizo la lección o no estudió como debería, ciertamente puede verse tentado a defraudar, demostrando su deshonestidad. Por no haber cumplido con su deber, al notar que no hay vigilancia, exterioriza su defecto y engaña la confianza del maestro, imaginando que se le mide por la nota que obtiene en la respuesta a los problemas.

Sin embargo, lo que está en juego en esta prueba no es la precisión de las respuestas, sino el comportamiento personal ante el desafío.

Al final de la última hora, lo que se evalúa es el carácter del alumno, no su conocimiento. Es con honestidad que responde al desafío. Así es como responde, más de lo que sabe.

Esta es la realidad de la Tierra.

Todos los estudiantes de la vida están a la vista de quienes los protegen e inspiran, las veinticuatro horas del día.

Al final del examen, se determinará no la precisión de las respuestas que dieron en las experiencias de aprendizaje, sino cómo se comportaron al participar en la prueba.

Las calificaciones altas, como resultado de una conducta fraudulenta, descalificarán al estudiante deshonesto que, en verdad, no entendió que una escuela no tiene la función principal de transferir conocimientos, sino la de formar el carácter.

Por ello, los alumnos que no obtuvieron calificaciones altas, pero fueron honestos en su conducta antes de la prueba, pueden terminar siendo promovidos por haber perseverado en corregir la conducta, sin ceder a la tentación de las buenas calificaciones obtenidas por medios ilícitos.

La Tierra no está siendo sometida a una purificación intelectual. Ha avanzado mucho en esta dirección y ya ha conquistado un tesoro de aprendizaje.

Esta es la depuración ética, que solo una prueba no tributaria puede valorar, porque entonces, cada uno demostrará su verdadero carácter.

Al final de esta última hora, observemos el contenido de *El Evangelio según el Espiritismo*, en el capítulo XX, "Los últimos serán los primeros":

> "El trabajador de última hora tiene derecho a un salario, pero su buena voluntad debe haberlo mantenido a disposición de quien tuvo que contratarlo y su retraso no debe ser fruto de la pereza o la mala voluntad. Tiene derecho a un salario, porque desde la madrugada esperaba con impaciencia a alguien que finalmente lo llamara para trabajar. Laborioso, simplemente le faltaba trabajo.
>
> Sin embargo, si se había negado a trabajar en cualquier momento del día; si hubiera dicho: "ten paciencia, el descanso me agrada; cuando suene la última hora, será el momento de pensar en el salario del día; ¡Qué necesidad tengo que me moleste un jefe al que no conozco y no aprecio! cuanto más tarde, mejor"; éste, amigos míos, no habría tenido el salario del trabajador, sino el de la pereza.
>
> Qué decir, entonces, de quien, en lugar de permanecer inactivo, ha utilizado las horas dedicadas al trabajo del día en la práctica de actos culposos; que blasfemó contra Dios, derramó la sangre de sus hermanos, provocó problemas en las familias, arruinó a quienes confiaban en él, abusó de la inocencia, que, al fin, se hartó de todas las ignominias de la humanidad; ¿Qué será de este? Bastará con que diga en el último minuto: Señor, malgasté mi tiempo; ¿Me lleva hasta el final del día, para hacer un poco, si no muy poco, de mi tarea y darme el salario del trabajador de buena gana? No,

no; el Señor le dirá: "No tengo trabajo que darte ahora; perdiste tu tiempo; olvidaste lo que habías aprendido; ya no sabes trabajar en mi viña. Por eso, vuelve a aprender y cuando te sientas mejor ven a mí y te abriré mi vasto campo, donde podrás trabajar en cualquier momento del día."

Para tener derecho al salario del buen servidor, es necesario haberlo sido siempre, incluso cuando el trabajo aun no le ha sido asignado.

Y los invigilantes habituales, al sentir que se acerca la tormenta, intentarán ocupar el lugar de los buenos servidores, invocando una falsa devoción ante el juez.

Inmaduros, defraudarían todo el proceso si se les permitiera. Sin embargo, sucesivas adulteraciones pesan en su contra, mostrando sus malas inclinaciones.

Por tanto, no será la religiosidad de los hombres la que decidirá el destino de cada persona. Aquellos que parezcan ser buenos estudiantes o aquellos que se hayan sumado a una u otra vía religiosa no obtendrán el diploma.

La corona de luz adorna la tierra y se prepara la gran fiesta, con solo la llegada del novio para presidirla.

Entonces, los que están en el mundo con ojos para ver y oídos para oír, no se permitan posponer para siempre el servicio del bien, el único que salva.

Algunos intentarán desnaturalizar la urgencia de este trabajo, lanzando indagaciones y argumentos contra las predicciones, intentando así mantener la apariencia de calma.

Algunos mantendrán a la orquesta tocando mientras el barco se hunde.

Sin embargo, no seas el que sigue bailando en el gran salón.

Ve en busca de tu salvavidas y póntelo a tiempo.

Al salir del hipnotismo colectivo, no entres en la desesperación generalizada. Mantén la serenidad y la confianza en Dios.

Recuerda que, si siempre has sido un buen alumno, no hay por qué tener miedo al examen. Mucho menos preocuparse por si está siendo monitoreado o no.

Multiplica tus esfuerzos, comprometiendo tu tiempo, tus recursos y todo lo que sea necesario para que cada vez más hermanos puedan salir de la ilusión.

Ve y predica la palabra divina. Ha llegado el momento en que debes sacrificar tus hábitos, tus trabajos, tus ocupaciones inútiles para su propagación.

El padre no podrá salvar al hijo, ni el hijo al padre, ni el uno al otro, he aquí, la salvación, como está estampada en la enseñanza de Jesús, es un logro individual.

Sin embargo, los buenos ejemplos pueden inspirar un buen comportamiento.

Las buenas palabras ayudan a nuevas deliberaciones.

El apoyo en la fragilidad puede levantar a alguien y hacer que se supere a sí mismo, creyendo una vez más en su capacidad.

Esta es la cosecha que espera a todos.

No interrumpa el paseo, ni siquiera ante las críticas, la deserción de amigos, la incomprensión de los compañeros o el fracaso del cuerpo.

Nada puede impedirte ser bueno y hacer el bien.

Y, cuando se acerquen los minutos finales de la última hora, recordemos las palabras del novio a punto de llegar, insertadas en el subtítulo "Los obreros del Señor", en el mismo capítulo de *El Evangelio según el Espiritismo* que aquí se comenta:

> En este momento, Dios procede al censo de sus siervos fieles y ya ha marcado con su dedo a aquellos cuya devoción es solo aparente, para que no usurpen los sueldos de los siervos animados, porque es a los que no se retiran ante sus tareas a quienes les va a encomendar los puestos más difíciles en la gran obra de regeneración por el Espiritismo. Estas palabras se cumplirán: "Los primeros serán los últimos y los últimos serán los primeros en el reino de los cielos" –. El espíritu de Verdad (París, 1862)

Por tanto, no esperes, querido lector, a que aparezca en el horizonte un cometa, un planeta o una estrella para estar seguro que ha llegado el momento.

Aproveche las horas que pasan para que, con el tiempo, esté en el trabajo para siempre, sin importar cuándo se establezca el momento del juicio.

Aquellos que estén lo suficientemente lúcidos para comprender los signos de hoy, no será necesario que pasen a estas páginas, ya que deben tener las manos en el arado, sin mirar atrás.

Pero a los que aun cojean, dudan o vacilan, que estas palabras sirvan de canto fraterno, recordándoles la misión de servicio para superarse, mediante la implantación de valores nobles en sus pensamientos y actitudes.

¡No es diciendo ¡Señor! ¡Señor! que entrará en el reino de los cielos – eso ya es conocido.

La cuestión es adoptar actitudes que hagan la voluntad del Padre.

Este es el objetivo de esta serie "Transición planetaria", que se ha ido desarrollando desde la novela *Despidiéndose de la Tierra*, seguida de *Esculpiendo su propio destino* y *Herederos del Nuevo Mundo*, hasta el presente Al final de la última hora.

Las fuerzas del espíritu se unen a los encarnados.

Las humanidades solidarias los apoyan y esperan la demostración de sus valores.

Y Jesús espera recoger las buenas semillas que sembró hace casi dos mil años, ahora multiplicadas por cien, por los esfuerzos que cada uno puede dedicar a la implantación del reino de Dios en sí mismo y en el corazón de los demás.

✳ ✳ ✳

No estamos en la hora del temor... he aquí, ha llegado la hora de las bodas del Señor.

No olvides el traje nupcial.

¡Brille tu luz!

¡Mucha paz!

Lucius

Campinas, SP, abril de 2011

Otros éxitos de André Luiz Ruiz y Lucius

Trilogía El Amor Jamás te Olvida

La Fuerza de la Bondad

Bajo las Manos de la Misericordia

Despidiéndose de la Tierra

Al Final de la Última Hora

Esculpiendo su Destino

Hay Flores sobre las Piedras

Los Peñascos son de Arena

Libros de Mónica de Castro y Leonel

A Pesar de Todo

Con el Amor no se Juega

De Frente con la Verdad

De Todo mi Ser

Deseo

El Precio de Ser Diferente

Gemelas

Giselle, La Amante del Inquisidor

Greta

Hasta que la Vida los Separe

Impulsos del Corazón

Jurema de la Selva

La Actriz

La Fuerza del Destino

Recuerdos que el Viento Trae

Secretos del Alma

Sintiendo en la Propia Piel

Grandes Éxitos de Zibia Gasparetto

Con más de 20 millones de títulos vendidos, la autora ha contribuido para el fortalecimiento de la literatura espiritualista en el mercado editorial y para la popularización de la espiritualidad. Conozca más éxitos de la escritora.

Romances Dictados por el Espíritu Lucius

La Fuerza de la Vida

La Verdad de cada uno

La vida sabe lo que hace

Ella confió en la vida

Entre el Amor y la Guerra

Esmeralda

Espinas del Tiempo

Lazos Eternos

Nada es por Casualidad

Nadie es de Nadie

El Abogado de Dios

El Mañana a Dios pertenece

El Amor Venció

Encuentro Inesperado

Al borde del destino

El Astuto

El Morro de las Ilusiones

¿Dónde está Teresa?

Por las puertas del Corazón

Cuando la Vida escoge

Cuando llega la Hora
Cuando es necesario volver
Abriéndose para la Vida
Sin miedo de vivir
Solo el amor lo consigue
Todos Somos Inocentes
Todo tiene su precio
Todo valió la pena
Un amor de verdad
Venciendo el pasado

Libros de Eliana Machado Coelho y Schellida

Corazones sin Destino

El Brillo de la Verdad

El Derecho de Ser Feliz

El Retorno

En el Silencio de las Pasiones

Fuerza para Recomenzar

La Certeza de la Victoria

La Conquista de la Paz

Lecciones que la Vida Ofrece

Más Fuerte que Nunca

Sin Reglas para Amar

Un Diario en el Tiempo

Un Motivo para Vivir

¡Eliana Machado Coelho y Schellida, Romances que cautivan,
enseñan, conmueven y
pueden cambiar tu vida!

Romances de Arandi Gomes Texeira y el Conde J.W. Rochester

El Condado de Lancaster

El Poder del Amor

El Proceso

La Pulsera de Cleopatra

La Reencarnación de una Reina

Ustedes son dioses

Libros de Vera Kryzhanovskaia y JW Rochester

La Venganza del Judío
La Monja de los Casamientos
La Hija del Hechicero
La Flor del Pantano
La Ira Divina
La Leyenda del Castillo de Montignoso
La Muerte del Planeta
La Noche de San Bartolomé
La Venganza del Judío
Bienaventurados los pobres de espíritu
Cobra Capela
Dolores
Trilogía del Reino de las Sombras
De los Cielos a la Tierra
Episodios de la Vida de Tiberius
Hechizo Infernal
Herculanum
En la Frontera
Naema, la Bruja
En el Castillo de Escocia (Trilogia 2)
Nueva Era
El Elixir de la larga vida
El Faraón Mernephtah

Los Legisladores
Los Magos
El Terrible Fantasma
El Paraíso sin Adán
Romance de una Reina
Luminarias Checas
Narraciones Ocultas
La Monja de los Casamientos

Libros de Elisa Masselli

Siempre existe una razón
Nada queda sin respuesta
La vida está hecha de decisiones
La Misión de cada uno
Es necesario algo más
El Pasado no importa
El Destino en sus manos
Dios estaba con él
Cuando el pasado no pasa
Apenas comenzando

Libros de Vera Lúcia Marinzeck de Carvalho y Patricia

Violetas en la Ventana
Viviendo en el Mundo de los Espíritus
La Casa del Escritor
El Vuelo de la Gaviota

Vera Lúcia Marinzeck de Carvalho y Antônio Carlos

Amad a los Enemigos
Esclavo Bernardino
la Roca de los Amantes
Rosa, la tercera víctima fatal
Cautivos y Libertos

World Spiritist Institute
https://iplogger.org/2R3gV6

www.ingramcontent.com/pod-product-compliance
Lightning Source LLC
LaVergne TN
LVHW041617060526
838200LV00040B/1314